U0842945

入中论善显密意疏

宗喀巴 著

法 尊 译

青海人民出版社

图书在版编目(CIP)数据

入中论善显密意疏 / 宗喀巴著 ; 法尊译. — 西宁 :
青海人民出版社, 2015.8(2022.2 重印)
ISBN 978-7-225-05004-1

Ⅰ. ①入… Ⅱ. ①宗… ②法… Ⅲ. ①中观派—佛经
Ⅳ. ①B946.9

中国版本图书馆 CIP 数据核字(2015)第 199367 号

入中论善显密意疏

宗喀巴 著

法 尊 译

出 版 人 樊原成
出版发行 青海人民出版社有限责任公司
西宁市五四西路 71 号 邮政编码:810023 电话:(0971)6143426(总编室)
发行热线 (0971)6143516/6137730
网 址 htpp://www.qhrmcbs.com
印 刷 青海西宁西盛印务有限责任公司
经 销 新华书店
开 本 720mm×1010mm 1/16
印 张 23.75
字 数 220 千
版 次 2015 年 8 月第 1 版 2022 年 2 月第 4 次印刷
书 号 ISBN 978-7-225-05004-1
定 价 58.00 元

内容提要

本书开篇即有颂曰："龙猛提婆所成宗，三派大车广解释，我以无垢净慧眼，不共要义皆善见。此间欲宣彼宗者，我为除其恶说垢。因众请故以净语，当即广释《入中论》。"龙树空宗修行次第为：先以闻思抉择此派宗义，于修行之真实道获大信解，以菩提心为前导，大悲心成就佛果。《入中论》即阐发此义。宗喀巴大师旁征博引，审慎抉择，纵论此中所阐奥义。以颂文为主，兼及释论，故名之曰疏。

中观应成派谓由甚深、广大二门可达《中观论》旨。由广大故，疏文随颂文顺序，以十波罗蜜配菩萨十地，每地皆说明其地体性、增胜功德、修习方便。由甚深故，第六地中，以破四生明法无我，以七相推求破人我执。唯识宗的阿赖耶识、自证分，唯心即唯识、离外境识有自性、依他起有自性，自续派的名言中许有自性，皆于此中广破。此中不共宗旨，如小乘亦达法无我义，如何安立二谛，如何安立业果，如何区分俱生、分别两种我执，如何界定烦恼、所知二种障碍，本书皆有广释。每述一义，下分数条，条分缕析，细致入微；印度诸说，藏地异见，先叙彼计，再申己见，后引经论，继以理证，必令水落石出而后已。经有了义，有不了义，此疏随文，阐其密义，故此书可谓入涅槃圣城之津梁，渡般若慧海之慈舟。

序　言

佛说法四十九年，全部精义实汇归于般若大海。《中论》为渡般若之慈航。《入中论》乃达《中论》之梯阶。总其要旨，是在成立一切法无自性而建立因果缘起。唯文义幽邃，极难通达。宗喀巴大师从而疏之，显彼密意。全论以十波罗蜜配释十地，其前五度及后四度与大乘各宗无大差异，而慧品中则详辨正见，广为质难，不但不共瑜伽经有，且不共自续，别于他生义中广破唯识分及清辨。精微奥妙，叹未曾有，诸有智者，幸善观择。次封仰慕此论，前年春间曾请悦西格什依据藏文原本讲授，严定法师翻译，惜甫毕初地，空袭频仍，格什复有赴藏之行，遂尔中辍。今幸法尊上人善能远承玄奘事业，译出斯论，使渴望月称者心愿圆满，《中现》正义亦得更为光显。嗟夫！正法凌夷，邪说横兴，杀伐相循，靡有攸止。用将此论付印流通，伏冀见者闻者，咸引发善根，深信因果。倘能于性空中不坏一切善行，缘起上不起我、我所执，则彼岸在望、跂足可跻、岂特止戈息苦而已哉！猗欤人法，皈命曷极，愿长住世，烛破群昏。

1942年初夏成都牛次封谨志于

成都西郊青龙埂子琉散区余团

【目录】

科　　判

甲一　释题义

甲二　释礼敬

甲三　释论义分四

　乙一　造论方便先伸礼供分二

　　丙一　总赞大悲分二

　　　丁一　明大悲心是菩萨之正因分三

　　　　戊一　明二乘从诸佛生

　　　　戊二　明诸佛从菩萨生

　　　　戊三　明菩萨之三种正因

　　　丁二　明彼亦是菩萨余二因之根本

　　丙二　别礼大悲分二

　　　丁一　敬礼缘有情之大悲

　　　丁二　敬礼缘法与无缘之大悲

　乙二　正出所造论体分二

子二　引教证成分二

丑一　引大乘经证

丑二　引论及小乘经证

子三　释妨难分二

丑一　释《释论) 已说之难

丑二　释《释论》未说之难

壬三　初地增胜德分四

癸一　释初地之布施

癸二　释下乘之布施分二

子一　由施能得生死乐

子二　由施能得涅槃乐

癸三　释菩萨之布施分四

子一　明菩萨布施之不共胜利

子二　明二种人皆以布施为主

子三　明菩萨行施时如何得喜

子四　明菩萨施身时有无痛苦

癸四　明施度之差别

辛三　结说地功德

庚二　离垢地分五

辛一　明此地戒清净分四

壬一　明此地戒圆满

壬二　明依此故功德清净

壬三　明戒比初地增胜

子一　多思安忍胜利

子二　总劝修习安忍

壬三　明忍度之差别

壬四　明此地余净德

辛三　明初三度之别

辛四　结明此地功德

庚四　焰慧地分三

辛一　明此地中精进增胜

辛二　明此地训释

辛三　明断德差别

庚五　难胜地分二

辛一　明此地训释

辛二　明静虑增胜善巧诸谛

己二　释第六现前地分四

庚一　明此地训释与慧度增胜

庚二　赞慧度功德

庚三　观甚深缘起真实分五

辛一　立志宣说甚深义

辛二　可说深义法器

辛三　说后引发功德

辛四　劝法器人听闻

辛五　宣说缘起真实分三

壬一　圣教宣说真义之理分二

午二　破其释难

午三　二位中应俱有俱无

辰二　明未学宗派者之名言中亦无

辰三　结如是破义

卯二　《以中论》之理破

寅二　破他生分二

卯一　叙计

卯二　破执分二

辰一　总破他生派分五

巳一　正破他生分三

午一　总破他生分二

未一　以太过破分二

申一　正明太过

申二　抉择彼过分二

酉一　明他生犯太过之理

酉二　许太过反义亦无违

未二　破释妨难分二

申一　释难

申二　破救

午二　别破他生分二

未一　依前因后果破他生分二

申一　正破

申二　释难

申五　明世间妨难之理

午二　明世名言亦无他生释世妨难

巳三　明破他生之功德

巳四　明全无自性生分二

午一　破计有自相分三

未一　圣根本智应是破诸法之因

未二　名言谛应堪正理观察

未三　应不能破胜义生

午二　释妨难

巳五　明于二谛破自性生之功德分二

午一　易离常断二见之功德

午二　善成业果之功德分三

未一　明不许自性者不须计阿赖耶等分三

申一　释连续文

申二　释本颂义

申三　释所余义分二

酉一　明灭无自性是不许阿赖耶之因由

酉二　明虽不许阿赖耶亦立习气之所依

未二　明从已灭业生果之喻

未三　释妨难分二

申一　释异熟无穷难

申二　释违阿赖耶教难分三

酉一　正释违教之文义

酉二　离意识外说不说有异体阿赖耶之理
酉三　明密意言教之喻
辰二　别破唯识宗分三
巳一　破离外境识有自性分二
午一　叙计
午二　破执分二
未一　广破分三
申一　破无外境识有自性之喻分二
酉一　破梦喻分三
戌一　梦喻不能成立识有自性
戌二　梦喻不能成立觉时无外境
戌三　梦喻成立一切法虚妄
酉二　破毛发喻
申二　破由习气功能出生境空之识分三
酉一　破说由习气成未成熟生不生见境之识分二
戌一　叙计
戌二　破执分三
亥一　破现在识有自性功能
亥二　破未来识有自性功能
亥三　破过去识有自性功能
酉二　重破说无外境而有内识分二
戌一　叙计

戌二　破执

酉三　明破唯识宗不违圣教

申三　明如是破与修不净观不相违

未二　结破

巳二　破成立依他起有自性之量分四

午一　破成立依他起之自证分四

未一　徵依他起之能立，明其非理

未二　破救分二

申一　叙计

申二　破执分三

酉一　正破他宗

酉二　自宗不许自证亦有念生分二

戌一　此论所说

戌二　余论所说

酉三　释难分二

戌一　释余现量及比量难

戌二　释余意识难

未三　以余正理明自证非理

未四　明依他起有自性同石女儿

午二　明唯识宗失坏二谛

午三　唯龙猛宗应随修学

午四　明破依他起与破世俗名言不同

巳三　明说唯心非破外境分三

丑一　破我有自性分六

寅一　破外道所计离蕴我分二

卯一　叙计分二

辰一　叙数论宗

辰二　叙胜论等宗

卯二　破执

寅二　破内道所计即蕴我分五

卯一　明计即蕴是我之妨难分二

辰一　正义分二

巳一　叙计

巳二　破执

辰二　破救

卯二　成立彼计非理

卯三　明计即蕴是我之余难

卯四　解释说蕴为我之密意分五

辰一　解释经说我见唯见诸蕴之义分三

巳一　明遮诠遮遣所破是经密意

巳二　纵是表诠亦非说诸蕴即我

巳三　破救

辰二　依止余经解释蕴聚非我

辰三　破蕴聚之形状为我

辰四　计蕴聚为我出余妨难

辰五　佛说依六界等假立为我

卯五　明他宗无系属

寅三　破能依所依等三计分二

卯一　正破三计

卯二　总结诸破

寅四　破不一不异之实我分二

卯一　叙计

卯二　破执

寅五　明假我及喻分四

卯一　明七边无我唯依缘立如车

卯二　广释前未说之余二计分二

辰一　正义分二

巳一　破计积聚为车

巳二　破计唯形是车

辰二　旁通

卯三　释妨难

卯四　余名言义均得成立

寅六　明此建立易除边执之功德分五

卯一　正义

卯二　释难

卯三　车与我名法喻相合

卯四　明许有假我之功德

卯五　明凡圣系缚解脱所依之我

丑二　破我所有自性

子三　观我及车亦例余法分三

丑一　例瓶衣等法

丑二　例因果法

丑三　释难分二

寅一　难破因果过失相同

寅二　答自不同彼失分四

卯一　自宗立破应理分二

辰一　于名言中许破他宗

辰二　许立自宗

卯二　不同他过之理

卯三　如成无性难成有性

卯四　了知余能破

壬三　说彼所成空性之差别分二

癸一　略标空性之差别

癸二　广释彼差别义分二

子一　广释十六空分四

丑一　释内空等四空分二

寅一　释内空分二

卯一　正义

卯二　兼明所许本性

寅二　释余三空

丑二　释大空等四空

丑三　释毕竟空等四空

己三　明三净地功德

丙二　果地分五

丁一　初成正觉之相分二

戊一　正义

戊二　释难分二

己一　叙难

己二　解释分二

庚一　释不证真实义难

庚二　释无能知者难分二

辛一　正义

辛二　明理

丁二　建立身与功德分二

戊一　建立身分三

己一　法身

己二　受用身

己三　等流身分三

庚一　于一身及一毛孔示现自一切行

庚二　于彼示现他一切行

庚三　随欲自在圆满

戊二　建立十力功德分四

己一　略标十力

己二　广释十力分二

庚一　释处非处智等五力

释第一胜义菩提心

敬礼皈依恩师妙音与圣者父子足!

一切深广善说藏，普为世间不请友，
启示三地善道眼，牟尼法王常照护。
遍于无央佛会中，演唱最胜甚深处，
作狮子吼无能等，妙音恩师恒加持。
三世诸佛心中心，缘起中道离二边，
佛记龙猛如理释，至心敬礼哀摄受。
由前教授登高位，以自所见示众生，
演说善道得自在，敬礼吉祥圣天足。
奉行至尊妙音教，开显龙猛究竟意，
证得悉地持明位，头面敬礼佛护足。
微细难测大仙道，龙猛不共诸关要，
圆满开显月称师，及静天足我敬礼。
龙猛提婆所成宗，三派大车广解释，
我以无垢净慧眼，不共要义皆善见。
此间欲宣彼宗者，我为除其恶说垢，
因众请故以净语，当即广释入中论。

今依月称论师《入中论释》解说无倒抉择深广二义《大入中论》，分四：

【科】甲一　释题义

甲二　释礼敬

甲三　释论义

甲四　结义

今初

摩陀耶摩迦阿波达啰拏摩

此论于印度四种语中，雅语为“摩陀耶摩迦阿波达啰拏摩”。藏语名“入中”，其所入之中，是《中观论》，如云“为入《中论》故”。又《释论》于引根本慧时，每曰“《中观》云云”。故知是《根本慧论》也。虽《般若灯论》，依“摩陀耶摩迦”字根，谓《中观论》与中观宗皆名中观，然此言“中观”，当知唯是（龙树）《中观论》，勿作余《中观论》及中观义解。

由此论入根本慧者，有谓彼论未广说世俗胜义自性，此论广说，故能入彼。然决择真实义之正理异门，根本慧中较《入中论》尤广，故彼说未善。自宗谓由甚深广大二门能入《根本慧论》。初如自释云：“智者当知此宗是不共法”。又云：“不通达真实义故，谤此深法，今欲无倒显示论真义故，造此入论，入《中观论》。”此说为显自宗所抉择之中观义，不共余中观师。乃显《中论》不可顺唯识释，故造《入中论》。《显句论》说：“依缘假立之理，如《入中论》应知”。又《根本慧论》与《显句论》，皆未广破唯识宗，唯此中广破。故依此论二种所为，乃能善解《根本慧论》之义，是为此论入中观之第一理门。二由广大门入中观者。圣者宗，不以有无通达甚深真实义慧而判大小乘。但《根本慧论》除《甚深品》外，未别说有广大大乘法。

此论说彼以无边理门广说法无我义，故于大小两乘中，唯为大乘所化而造。如自释云："又为光显法无我故，宣说大乘亦应正理，欲广说故。声闻乘中则唯略说。"此说最显，后当广释。是故若于彼论所说道中，别以圣者所说大乘广大道而满足之，极为善哉。为满足彼故，宣说异生地三法，圣位有学十地及果地。又于五地六地次第，宣说依止静虑自性修正奢摩他，以观察二无我真实义之妙慧，修毗钵舍那。故于思唯《根本慧论》义时，若不忆及此论所说诸法，而思唯甚深广大和合之道次者，则知彼人失于造《入中论》之二种所为。故依此论由广大门入《根本慧论》之道，即是入中观之第二理门。

【科】甲二　释礼敬

顶礼曼殊室利童子!

顶礼妙吉祥者，是法先王之遗制，以此论为胜义阿毗达摩，宣说慧学为主故。

【科】甲三　释论义分四

乙一　造论方便先伸礼供

乙二　正出所造论体

乙三　如何造论之理

乙四　回向造论之善

初又分二

丙一　总赞大悲

丙二　别礼大悲

今初

为令悟入《中观论》故，月称论师造《入中论》。非但不得以余论所礼声闻独觉为礼供之境，即较之诸佛菩萨，亦应先赞诸佛最初胜因，救护生死牢狱所系一切无依有情为相，因立果名号称佛母之大悲心。为显此故，颂曰：

声闻中佛能王生，诸佛复从菩萨生。

大悲心与无二慧，菩提心是佛子因。

悲性于佛广大果，初犹种子长如水。

常时受用若成熟，故我先赞大悲心。

【科】此中有二：

丁一　明大悲心是菩萨之正因

丁二　明彼亦是菩萨余二因之根本

初又分三

戊一　明二乘从诸佛生

戊二　明诸佛从菩萨生

戊三　明菩萨之三种正因

今初

从他闻正教授，修行证得声闻菩提果，能以此义令他闻，故名声闻。令他闻者，如经说“所作已办，不受后有”等。五色界声闻虽无此义，然不为过。以有彼名者不必定有彼义，如陆生莲花亦得有水生之名也。又声闻之梵语“萨啰波迦”亦训“闻说”。从诸佛德闻成佛妙果之道，为大乘种姓求彼道者说故，名曰声闻。如《法华经》云：“我等今者成声闻，闻佛演说胜菩提，复为他说菩提声，是故我等同声闻。”此二义虽菩萨与声闻相同，然“闻说”之义正属声闻。有说第三句中无“胜”字，故前句是大乘菩提，后是声闻菩提。但疏意不然，前是大乘菩提，次是往菩提之道。若谓何者？菩提虽亦从佛听闻佛道，为所化宣说，然经说声闻，意取但说彼道，而自身全不修者。

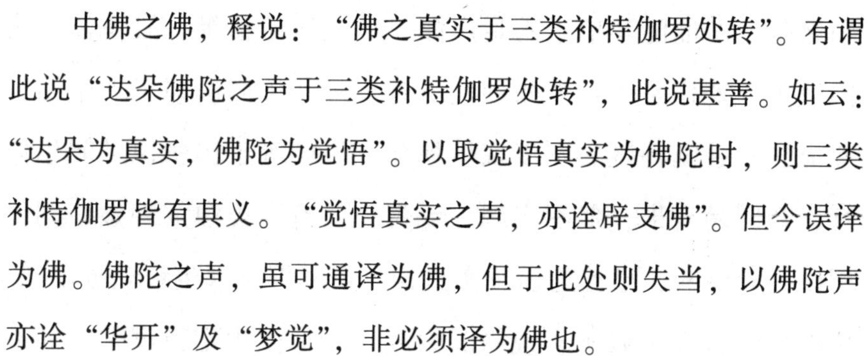

中佛之佛，释说：“佛之真实于三类补特伽罗处转”。有谓此说“达朵佛陀之声于三类补特伽罗处转”，此说甚善。如云：“达朵为真实，佛陀为觉悟”。以取觉悟真实为佛陀时，则三类补特伽罗皆有其义。“觉悟真实之声，亦诠辟支佛”。但今误译为佛。佛陀之声，虽可通译为佛，但于此处则失当，以佛陀声亦诠“华开”及“梦觉”，非必须译为佛也。

“中”者谓诸独觉辈，由百劫中修集福智胜进，故胜出声闻。然无福智二资粮，一切时遍一切有情之大悲及一切相智等，劣于正觉，故名曰“中”。有谓此智慧胜声闻之义，如云：“离所取分别”。彼说非理。此宗说声闻、独觉亦能通达一切诸法无自性故。即彼说者，亦许彼义故。故知释论说智胜进为胜出。言胜进者，谓所修道渐进渐妙。此复于百劫中勤修福智，非若声闻不耐久修。虽诸福智皆可名为资粮，然资粮之正义，乃无

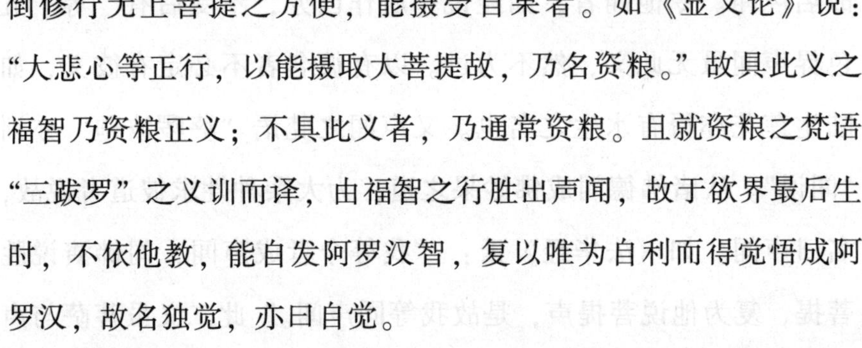

倒修行无上菩提之方便，能摄受自果者。如《显义论》说：“大悲心等正行，以能摄取大菩提故，乃名资粮。”故具此义之福智乃资粮正义；不具此义者，乃通常资粮。且就资粮之梵语“三跋罗”之义训而译，由福智之行胜出声闻，故于欲界最后生时，不依他教，能自发阿罗汉智，复以唯为自利而得觉悟成阿罗汉，故名独觉，亦曰自觉。

“能王”者，二乘阿罗汉虽亦可名能，然非能王；唯诸佛乃称能王，以得胜出声闻、独觉、菩萨之无上法王，彼三人亦依佛语而得法故。声闻、独觉从佛生者，谓由佛力之所植生。以诸佛出世，必无倒宣说甚深缘起，二乘种姓于此听闻思唯，精勤修行，即能随其信乐满足声闻、独觉所希愿果，故说彼二由佛植生。若作是念：声闻种姓虽有众多从佛闻法即于现生而证菩提，然独觉种姓必不于现生趣证，说彼等于佛所说义闻思修行，乃圆满自果，似不应理。无失，设有一类独觉种姓，闻佛所说甚深缘起，已善通达真实义谛，虽不即于现生证独觉涅架，然彼独觉行者由修佛所说缘起力故，于他生中定得涅架。如造定业虽不于造业生中即受其报，然于他世则定受也。前说亦尔，由于佛所说法，闻思修行能满所愿，亦非依现生说也。此如《四百论》云：“设已知真实，现未得涅槃，他生决定得，犹如已造业。”《中论》亦云：“若佛不出世，声闻已灭尽，诸辟支佛智，无依而自生。”

《释论》“设有一类”等义，有谓此答“若说缘起而非即得声闻等果，应说缘起不能满足声闻等希愿”之难，有谓此答

"修缘起无生义，应无间能生彼果。然无此事，故后亦应不生彼果"之疑。彼二家俱未了达文义，以于诸佛植生独觉最疑难处，理应别为断疑者，皆未能断故。

【科】戊二　明诸佛从菩萨生

若声闻独觉从诸佛生，诸佛复从谁生？曰：诸佛世尊从菩萨生。若作是念：岂非菩萨从佛教而生，名佛子乎？是佛子，而又说诸佛从菩萨生，云何应理？如说彼子之父从彼子生。答：虽诸菩萨是佛子，然有二缘，菩萨亦得为诸佛之因。初依分位差别说。如释说："以如来是菩萨之果故"。此谓一切证佛位者，皆先由学地菩萨位来。约佛果之同类因，故说菩萨是诸佛因。次依劝令发心者说。如契经说：文殊室利菩萨，劝吾等大师，及余诸佛最初发心。此约菩萨，与余菩萨所成之佛，作俱有因，成立诸佛从菩萨生。

有难："敌者谓诸菩萨是佛子故，应说菩萨从诸佛生，不应作相违说。诸菩萨是佛子，自既许之，则应解说彼与诸佛从菩萨生互不相违之理。今置彼不说，而别成立诸佛从菩萨生，云何应理？以纵能成此事，而前疑犹在，不能断故。"此无失，《释论》于解说佛从菩萨生之第一缘时，谓学位菩萨由修道而得佛果，是则彼菩萨非即彼菩萨所得佛果之子，盖亦可知，岂说是彼佛子！又如从吾等大师所生之菩萨，是此佛之子，非谓此佛亦从彼菩萨生。敌者未能辨此理而起疑。《释论》已为解答，则有智者，于此疑难已涣然冰释矣。然犹有多人妄于此义，而作无关之攻难，何哉！由菩萨是成佛之要因，故诸佛赞叹菩萨。赞义有四：一、菩萨为诸佛之圆满主因，故极应尊重。二、说因为菩萨是应供养，则果为诸佛之应供养，自可知故。三、如药树能与无量药果，则于彼树初生之嫩芽，应尤为爱护，如是可知诸佛树王能满一切众生所愿，则于如佛嫩芽之初业菩萨，亦应励力而爱护之。四、契经称赞菩萨，为令会中三乘有情决定趣入大乘道，如《宝积经》云：“迦叶！如初月为人礼敬，过于满月。如是若有信我语者，应礼敬菩萨过于如来。何以故？从诸菩萨生如来故。”此是以教成立诸佛从菩萨生。前二因缘是以理成。由是当知，余论所礼之声闻、独觉、诸佛菩萨，今此论中未礼供者，为欲礼供彼等之根本因。声闻等二句显示彼四为次第因果者，为抉出彼等之究竟根本因也。菩萨虽亦从佛教而生，然不于说“能王生”时，如二乘释者，以说彼二从“能王生”，为显彼二究竟根本亦是大悲。菩萨根本是大悲心，论后当别说故。

【科】戊三　明菩萨之三种正因

若声闻独觉从诸佛生，诸佛复从菩萨生者，是诸菩萨之因复云何？谓大悲心，与通达远离有事无事等二边之慧，及菩提心。此三即是诸菩萨佛子之正因。菩提心者，《释论》引经云：“如自所达法性，愿诸有情皆能了达，此所发心，名菩提心。”

此仅缘菩提心所为之一分。《释论》又云："应发如此心，愿我拔济一切世间皆令出苦，决定成佛。"此未缘所得菩提，亦仅是相之一分。当如《释论》于说依大悲心生菩提心处所说："正法甘露妙味之因，永离一切颠倒分别为相，一切众生亲友体性，正欲求得如是佛果。"此文显说缘所得之菩提，故应许为利一切有情，欲得无上正等菩提，乃为圆满发心之相。本论疏亦作此说，《现观庄严论》所说亦同。安立此三为菩萨正因，是《宝鬘论》意。彼云："若自与世间，欲得大菩提，本谓菩提心，坚固如山王，大悲遍十方，不依二边智。"此但说为菩提之根本，未直说为菩萨之根本。然根本即最初义，以彼以三种正因为最初，故知即是菩萨之正因。又说三法为菩萨因者，在观察声闻独觉既从佛生，诸佛从菩萨生，则菩萨复从何生，故知非是能建立因，乃明菩萨之能生也。

如是立此三法为菩萨因，其最初得名菩萨者，是否指最初入道者而言？是则不应安立大乘发心为彼之因，以初发彼心者，即立彼为菩萨数故；亦不应安立不依二边智为彼之因，以诸菩萨要先发世俗菩提心，而后乃学菩萨六度行，要学般若波罗蜜时，乃学不依二边之智故。若谓否，则与所说如初月及如药树嫩芽之菩萨皆成相违。答：不许后说。虽许初说，然无前二过。以菩萨前导之发菩提心，意在修学发心，非谓修成之真实发心。此如尝蔗皮及皮内之汁味。若但发宏誓，为利一切有情故，愿当成佛。此乃随言作解，如尝蔗皮之味。虽此亦名为发心，然非真发心。若依修菩提心之教授而修，发生超越常情之胜证，如尝蔗浆之真味，即真发心。劝发增上意乐会，即依此义密意说云："爱乐言说如蔗皮，思唯实义若真味。"利根菩萨种姓，先求真实正见，次乃发心，故亦无后过。所言无二慧，非无能取所取二，乃《释论》所说之离二边慧，此亦不妨于菩萨之前有之。有谓此是胜义菩提心，极为不可。以所言无二慧，是初入道菩萨之因慧也。

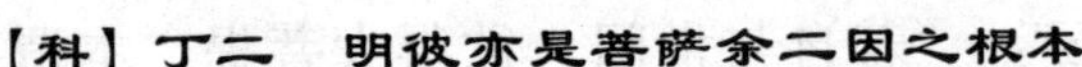

【科】丁二　明彼亦是菩萨余二因之根本

三因中以大悲为主，由大悲心亦是菩提心与无二智之根本。为显此故，说"悲性"等一颂。大悲心于丰盛广大之佛果，为初生要因，如种子；中间令增长，如水润；后为众生常时受用之处，如果成熟。故我月称，于声闻、独觉、诸佛菩萨及余二因之先，或造论之首，先赞大悲心。此非入后文方赞，即此所说于生佛果初中后等即是赞叹也。性者，显佛果三位中之心要，唯一大悲，不如外谷初中后三位之要因别有三事。为最初宗要如种子者，谓具大悲心者，见有情受诸苦恼，为欲救一切苦有情故，便缘所为事而发心曰："我当度此一切有情出生死苦，令成佛道。"又见要自成佛道，乃能满彼愿，故复缘菩提而发心言："我为利益诸有情故，愿当证得无上菩提。"又见不修无二慧所摄施等诸行，则彼誓愿终不能成办，乃进修智慧等行。是故大悲心为一切佛法种子。《宝鬘论》依此义云："若大乘经说，大悲为前导，诸行无垢智，有智谁谤彼？"此说大悲为前导，菩提心所引诸行，与离二边无垢净智，此三行摄一切大乘义尽。

为中间要因如水润者，谓大悲种子发生菩提心芽已，若不时以大悲水灌溉之，则不能修习二种广大成佛资粮，定当现证声闻独觉涅架。若以悲水时加灌溉，则必不尔。

为末后重要如成熟者，谓成佛已，设离大悲心，则必不能尽未来际为诸有情作受用因，亦不能令声闻独觉菩萨圣众辗转增上。若于果位有大悲相续者，则一切皆成。

如是解释悲性等四句之义，应知即是显示，乐大乘者应先令心随大悲转，次依大悲，至诚引发众相圆满大菩提心，既发心已，则学菩萨诸行，尤应彻了甚深正见。

【科】丙二　别礼大悲分二

丁一　敬礼缘有情之大悲

丁二　敬礼缘法与无缘之大悲

今初

颂曰：

最初说我而执我，次言我所则著法，

如水车转无自在，缘生兴悲我敬礼。

由我执萨迦耶见故，引生我所执萨迦耶见。故有情类于生我所执萨迦耶见之前，先起我执萨迦耶见，于无自性之我妄谓有性，乃于所说之我执为实有。次由我所执萨迦耶见，离于我执所缘境，缘余眼色等法，谓是我所有，乃于我所著为实有。由是流转生死，如水车之旋转不已，不得自在。缘此众生而兴大悲者，我今敬礼。此即敬礼缘有情之大悲。

诸众生类如水车者，诸有情与水车轮，是能同所同之总体。其相同之理，《释论》别说若喻若法各有六义，今且合说之。一、此有情世间，为惑业绳索所系。二、由识推动之，如旋转水车之人。三、于上自有顶下至无间，深邃生死大井中无间旋转。四、堕恶趣时不待功力任运而坠，升善趣时要极大勤勇方得上升。五、虽有无明爱取烦恼杂染，及行有业杂染，余七支生杂染，然前后次第则无一定。六、恒为苦苦、坏苦、行苦之所逼恼，故诸众生迄今未有出轮转之时。

此六门法喻合说，非仅令了知有情流转之理而已。前虽说乐大乘者应先发大悲，然未说如何修习，悲心乃发。今说有情无有自在，流转生死，即显由此修习乃能引发大悲心。此复应思由谁令其流转，谓最不寂静未善调伏之心。于何处流转？于上自有顶下至无间，流转不息。何因如是流转？由惑业增上力故。谓由非福业及烦恼力则堕恶趣，由诸福业、不动业及烦恼力则升善趣。堕恶趣者，不待功力而任运自堕；升善趣者，非极大勤勇修集彼因，难得上升。如阿笈摩说："从善趣恶趣死，堕恶趣者如大地土，从二趣死而生善趣者如爪上尘。"又于某一缘起中三种烦恼随一生时，其他缘起之余二杂染亦相续不断。又时时为三苦之所逼恼，如水浪之滚滚而来。此复应知初发业者，若未思自我流转生死而令心厌离，则于思唯他有情时，不忍其受苦之心，必不能生。故当如《四百论释》所说，先于自身思唯已，次缘他有情而修。修他有情于生死中受苦，为即此能引生大悲心耶？抑须余法助成之？曰：现见怨家受苦者，非但无不忍心，且心生欣幸；见非亲非怨者受苦，则多舍而不问，是于彼无悦意相之所致也。若见亲属受苦，则心多不忍，其悦意愈重，不忍受苦之心亦转增。故欲引生大悲心者，于余有情务须心生最可爱乐悦意之相。此悦意相由何方便得引生？诸大论师略有二规：一、如月称《四百论释》说："思唯一切有情从无始来，皆是父母等眷属，为度彼等故，能入生死。"大德月及莲花戒论师亦如是说。二、静天论师之规，如余广说应知。

若能于有情思唯最可悦意，及于生死受苦之理，而修大悲心，则月称论师作此不共礼敬方为有义。若不能者，虽自矜聪智，直与鹦鹉诵经等耳。此为缘有情大悲心之理，至下当释。

【科】丁二　敬礼缘法与无缘之大悲

缘法与无缘之大悲，亦由所缘而显。颂曰：

众生犹如动水月，见其摇动与性空。

由见众生如水中月影，为风所动，刹那动灭，缘彼而起大悲心者，我今敬礼，此即敬礼缘法之大悲。由见众生如水中月影，似有自性而性实空，缘彼而起大悲心者，我今敬礼，此即敬礼无缘大悲。《释论》略"缘生"而仅引上句"兴悲我敬礼"者，意谓后二所缘中，已说有"众生"矣。

此谓如澄净水，微风所吹故，波浪遍于水面。水中月影与彼所依之水，同时起灭，如有彼月自体显现可得。然诸智者，则见彼月刹那无常，及所现月自性本空。如是菩萨随大悲心者，见诸有情堕萨迦耶见大海，无明大水流注其中，令极增广，非理作意邪分别风鼓动不息，往世所造黑白众业，如空中月，今世有情如彼月影，刹那生灭，为诸行苦之所逼迫，而自性本空，缘此便有大悲心生。此亦由思有情悦意，及流转生死，而后能生，已如前说。此中萨迦耶见即是无明，而复别说无明者，意取能引萨迦耶见之法我执无明。

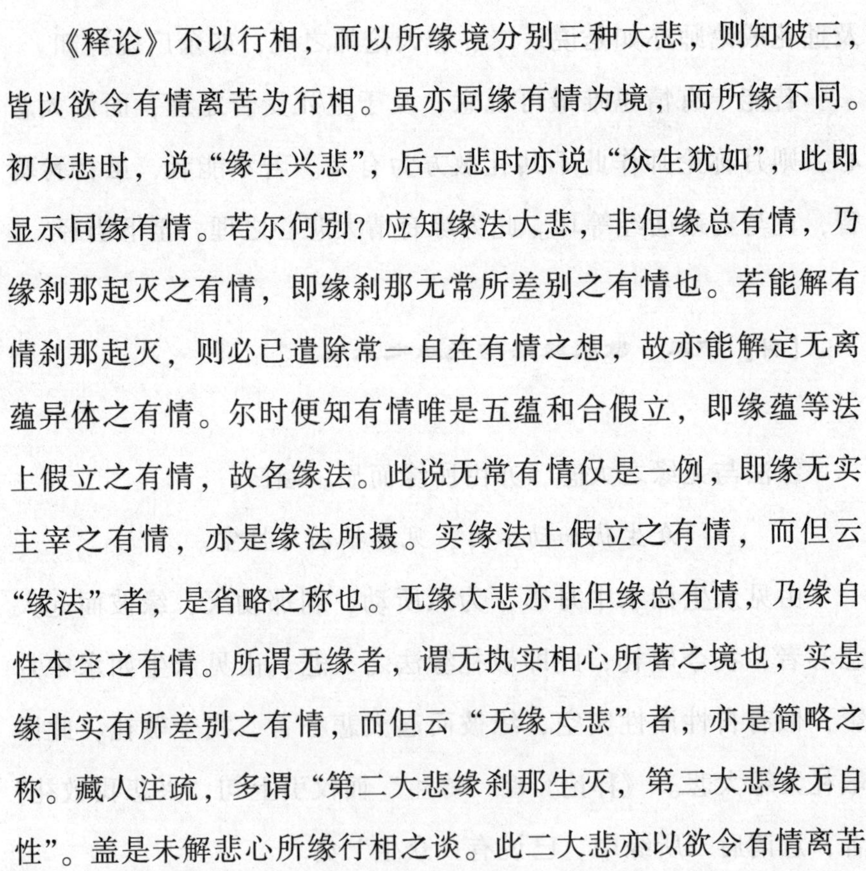

《释论》不以行相，而以所缘境分别三种大悲，则知彼三，皆以欲令有情离苦为行相。虽亦同缘有情为境，而所缘不同。初大悲时，说“缘生兴悲”，后二悲时亦说“众生犹如”，此即显示同缘有情。若尔何别？应知缘法大悲，非但缘总有情，乃缘刹那起灭之有情，即缘刹那无常所差别之有情也。若能解有情刹那起灭，则必已遣除常一自在有情之想，故亦能解定无离蕴异体之有情。尔时便知有情唯是五蕴和合假立，即缘蕴等法上假立之有情，故名缘法。此说无常有情仅是一例，即缘无实主宰之有情，亦是缘法所摄。实缘法上假立之有情，而但云“缘法”者，是省略之称也。无缘大悲亦非但缘总有情，乃缘自性本空之有情。所谓无缘者，谓无执实相心所著之境也，实是缘非实有所差别之有情，而但云“无缘大悲”者，亦是简略之称。藏人注疏，多谓“第二大悲缘刹那生灭，第三大悲缘无自性”。盖是未解悲心所缘行相之谈。此二大悲亦以欲令有情离苦为行相，若以刹那生灭与无自性为行相，则于一大悲中，应有不同之二行相矣。以是安立彼二义所差别之有情，为大悲之所缘。成就此二大悲心者，由先知有情是刹那生灭及无自性，便能现起二差别相（刹那相与无自性相），非大悲心直缘彼二也。

本论《释论》皆说后二大悲缘上述差别相所别之有情。第一大悲则非缘彼所差别者，但缘总相有情，依此说名缘有情大悲。以是应知或说第一大悲要缘常一自在之有情者，所说非理，以未得无我见者之大悲，多有仅缘有情总相者。即得共同人无我及真理见者之大悲，亦多有未缘差别相所别之有情。喻如能遣瓶上常执、已达无常者，非凡缘瓶心皆缘无常所别之瓶。即未达瓶无常者，亦非皆缘常相所差别之瓶也。此三大悲随缘某一所缘，皆以救拔一切有情出苦为相，故与二乘之悲心有大差别。若已发起诸大悲心，便能引大菩提心：我为利益一切有情，愿当成佛。礼供文中所赞之大悲，虽以最初大悲为主，但菩萨身中余大悲心，亦是所赞。故此处《释论》中说发大悲心之菩萨，亦不相违。

若尔，最初入道菩萨正因之大悲中，为有三种大悲否？曰：不定。大乘种姓随法行者则有。彼先抉择胜义之正见，次乃缘有情发大悲心，依大悲故，发菩提心，学菩萨行能仁禁戒。若大乘种姓随信行者则无。彼不能先达真理，待发心已，方能求真理正见及学菩萨行。如《中观庄严论》云："先求真理智，胜解胜义已，缘恶见世间，遍发大悲心，精勤利众生，增长菩提心，受能仁禁戒，悲慧所庄严。诸随信行者，发大菩提心，受能仁禁戒，次勤求真智。”

本论伸礼供已，虽未立誓愿，然亦无失。如《中观论》与《六十正理论》，亦有但立誓愿无礼供者，如《亲友书》。此《入中论》为造论而伸礼供，应亦兼含立誓之义。

使他趣入之因，谓所为系属等。本论所诠，即甚深广大二义，其不共所为如前已说。所为之心要，暂时者，谓由了解论义，如法修行，进趣四道；究竟者，谓证果地。所为心要，依于所为，所为依于论，即是系属也。

【科】乙二 正出所造论体分二

丙一 因地

丙二 果地

初又分三

丁一 总说此宗修道之理

丁二 别释异生地

丁三 广明菩萨圣地

今初

若谓此论随顺龙猛抉择菩萨甚深广大之道，未知龙猛宗于趣入佛地之道，次第如何？曰：应先以闻思力抉择龙猛菩萨等宗义，于修行之真实道获大信解，不为诸余似道所引。若于诸大论师之论典专精研习，而于修道之理心无定解，则彼闻思未见扼要。虽于大乘多施劬劳，终难得真实之果。故于修道之次第，当勤求了知。龙猛菩萨说道之一分者多，说道之全体谓依深广二分者，现有三论。一、《宝鬘论》：“本谓菩提心”，及“大悲为前导”等，前已引讫。论中又云：“菩萨诸功德，今当略宣说，谓施戒忍进，静虑慧悲等，施谓舍自利，尸罗则利他，忍辱离瞋恚，精进长白法，静虑专无染，慧抉择实义，悲于诸众生，一味大悲慧。施富戒安乐，忍悦进有威，禅静慧解脱，悲修一切利。此七能尽摄，一切波罗蜜，得不思议智，世间依怙尊。”此即说六度与胜利，及大悲之助伴，皆应修学。论中又说，诸行以菩提心为前导，及由诸行进趣菩萨十地等。二、《法界赞》：说皈依，次发菩提心，修习十度，增长界性，及十地等。此即道体之摄颂。三、《集经论》：广释彼（道体之摄颂）时，复说暇满难得，圣教难信，发菩提心尤为难能。又谓普于一切有情发大悲心甚不易，其能断除毁伤菩萨，轻蔑菩萨，诸魔事业，谤正法等障，则为尤难。此论所说虽较前二论为明显，然修道之次第犹难了知。

受持此宗之静天论师，造《集学》、《入行》二论，尤以《集学论》所说，显而且广。彼谓先思暇满难得，于现生中取坚摄义，次修净信，尤应思唯大乘功德，生坚固信，发菩提心；次受行菩提心之律仪；次缘自身、资财、善根，总修惠施、守护、清净、增长等。又《四百论》亦说甚深广大之道体。《中观心论》、《中观庄严论》、《中观修次第》三论等，略说道体亦复相同。故住持龙猛宗之诸大论师，所说之道体皆相同也。初修业者，于此等法易生定解之方便，然灯智于《菩提道次第论》中，已显了宣说，如彼应知。

【科】丁二　别释异生地

若此论中抉择菩萨甚深广大二道，及彼果者，则于菩萨道极关重要之异生地诸道次第，应于礼敬后宣说，今未说彼而即说圣地何耶？答：已于礼敬时说。前明修三种因乃成菩萨，即是显示欲入大乘者须先修彼三法，故此处不复宣说。又彼三法非仅道前须修，即成菩萨亦应修习。其不依二边之智尤为诸行之上首。以彼为例，则施等余行亦皆须学。如《集经论》云："菩萨若无善巧方便，不应修学甚深法性。以方便智慧双运，乃是菩萨之正行"。此说当学二种资粮双运之道，仅有智慧或方便一分，不应知足。若全无殊胜方便智慧，仅修心一境性，尤不可恃。未知观察真义正理所破之界限而妄破一切者，现世大有其人。误以一切分别皆是实执，谓一切名言安立皆唯就他而立，佛果唯有智慧观空之真如法身，佛色身是所化相续中摄。若尔，则以教理成立声闻独觉从诸佛生，诸佛从菩萨生等，一切皆非《入中论》之自宗。彼谓修三法乃成菩萨，亦非中观师自宗，唯就他而立。总之，凡自宗所应修之道，悉皆毁谤。与论说自性本空之有情，有六法如水车流转生死等，悉成矛盾。应知彼等始从礼供乃至论终，皆是倒说也。

圣地所说修学施等，多有为异生地所应学者，故于现在即应精勤修学。

【科】丁三　广明菩萨圣地分三

戊一　十地总相建立

戊二　诸地各别建立

戊三　明十地功德

今初

此中说极喜等十一地者，如《宝鬘论》云："如声闻乘中，说声闻八地，如是大乘中，说菩萨十地。"今依彼论所说十地及佛地略说为根本，并依《十地经》。彼说极喜等十地为十种发心者，意取胜义发心，建立为胜义发心之十地，《释论》以地之体性，何法摄持，得名，及其名义四义而释。如云："菩萨无漏为悲等所摄持，各别分位，名之为地，是功德所依故。"其体性之无漏智，有说如《俱舍》漏漏不随增者，名为无漏。是未解此宗安立无漏之义。自宗谓实执无明与彼习气随一所染，即为有漏，离染之智乃是无漏。如《显句论》云："离无明翳障诸智，非观待无漏境性"。此复应知，未得佛地以来，其未为无明习气所染之智，唯圣根本无分别智。彼亦是暂时。从根本定起，仍生习气，为彼所染，乃至七地以来有无明染。八地以后与阿罗汉，断尽能染之无明则无彼染，然仍为无明习气所染。又《释论》说初地始名无二智者，是约无心境别异之二相而说，非谓远离二边之智。又此论师多说离无明翳之智慧，故有说无明及彼习气尽时智慧亦灭，以为论师宗者。如观行派外道，妄

计垢尽心亦尽，是大断见。有说圣根本定中无智者，亦与彼同。《宝鬘论》云：“见彼则解脱，为由何法见？名言说为心”。此问由何法能现见真理?答：以于名言中由心现见。《法界赞》亦云：“犹如火浣衣，为众垢所污，投于猛火中，垢焚非衣损。如是光明心，为贪等垢染，智火烧其垢，非彼光明性。”此说如石绵衣若有垢染，投入火中，火能烧垢而不损衣。如是心垢用智火烧，仅烧其垢，非光明心亦随之而尽。

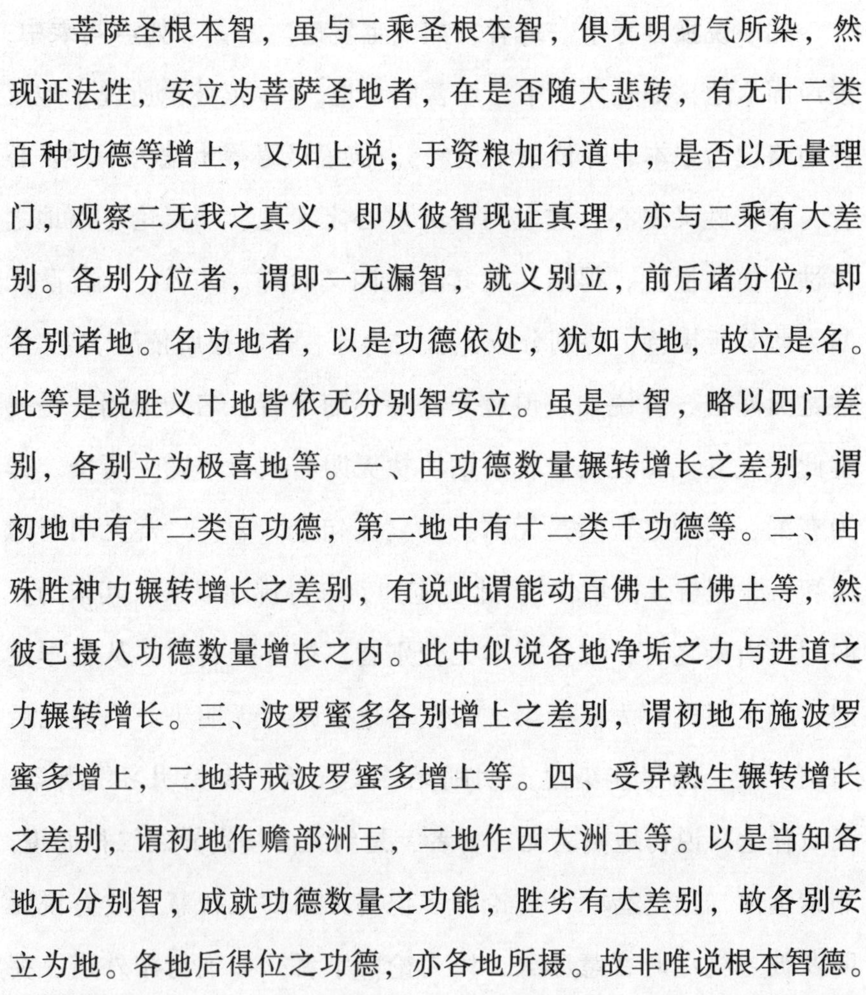

菩萨圣根本智，虽与二乘圣根本智，俱无明习气所染，然现证法性，安立为菩萨圣地者，在是否随大悲转，有无十二类百种功德等增上，又如上说；于资粮加行道中，是否以无量理门，观察二无我之真义，即从彼智现证真理，亦与二乘有大差别。各别分位者，谓即一无漏智，就义别立，前后诸分位，即各别诸地。名为地者，以是功德依处，犹如大地，故立是名。此等是说胜义十地皆依无分别智安立。虽是一智，略以四门差别，各别立为极喜地等。一、由功德数量辗转增长之差别，谓初地中有十二类百功德，第二地中有十二类千功德等。二、由殊胜神力辗转增长之差别，有说此谓能动百佛土千佛土等，然彼已摄入功德数量增长之内。此中似说各地净垢之力与进道之力辗转增长。三、波罗蜜多各别增上之差别，谓初地布施波罗蜜多增上，二地持戒波罗蜜多增上等。四、受异熟生辗转增长之差别，谓初地作赡部洲王，二地作四大洲王等。以是当知各地无分别智，成就功德数量之功能，胜劣有大差别，故各别安立为地。各地后得位之功德，亦各地所摄。故非唯说根本智德。

诸地差别虽如上说，然胜义地之所缘行相，则无不同。如《十地经》云："如空中鸟迹，智者难思议，菩萨地亦尔，难说能闻况。"此说如鸟虽于空中飞翔，然彼鸟迹，世间智者语所不能议，心所不能思。如是如飞鸟之胜义地，虽于如虚空之法性中行，然彼行相，即彼圣者亦不能如自所证而说，闻者亦不能如彼所现见而闻。

【科】戊二　诸地各别建立分三

己一　释极喜等五地

己二　释第六现前地

己三　释远行等四地

初又分五

庚一　极喜地

庚二　离垢地

庚三　发光地

庚四　焰慧地

庚五　难行地

初又分三

辛一　略说地体性

辛二　广释地功德

辛三　结说地功德

今初

佛子此心于众生，为度彼故随悲转，

由普贤愿善回向，安住极喜此名初。

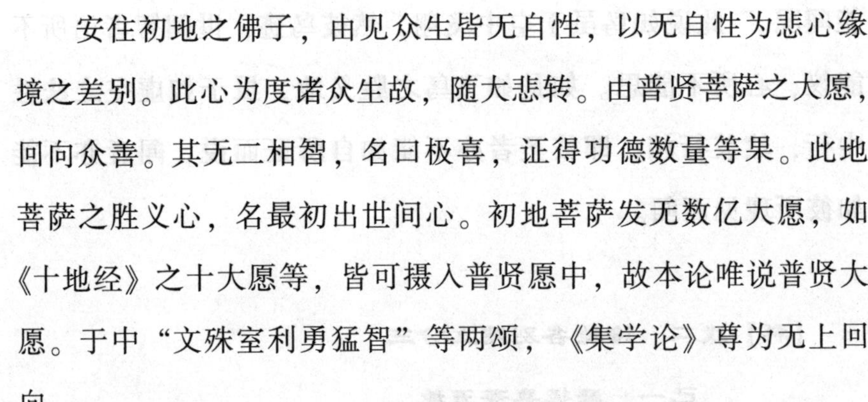

安住初地之佛子，由见众生皆无自性，以无自性为悲心缘境之差别。此心为度诸众生故，随大悲转。由普贤菩萨之大愿，回向众善。其无二相智，名曰极喜，证得功德数量等果。此地菩萨之胜义心，名最初出世间心。初地菩萨发无数亿大愿，如《十地经》之十大愿等，皆可摄入普贤愿中，故本论唯说普贤大愿。于中“文殊室利勇猛智”等两颂，《集学论》尊为无上回向。

《释论》说如声闻加行道非初果向，如是无间将入初地之胜解行地上上品菩萨，亦是未发菩提心地。此约未发胜义心说。于彼地前，早有菩萨，已发无上菩提心，为此宗所许，如前已说。

若作是念：《杂集论》说：“始从一座顺抉择分，乃至未得初果，是预流向。”故譬喻不成。答：此两派，《俱舍论》说要得圣道方立初果向，而《集论》则如上说。今此师所许同《俱舍论》，亦与《集经论》相顺。彼说假使有人经殑伽沙数劫，于日日中以百味饮食天妙衣服，供养世界微尘数随信行者，若复有人，于一中日以一餐食供养一随法行者，其福过彼无量数倍。复次，设有人如前供养尔许随法行者，若有余人于一日中以一餐食供养一八人地者，其福过彼无量数倍。此中二随行人，显然是约资粮加行位说。

【科】辛二　广释地德分三

壬一　庄严自身德

壬二　胜过他身德

壬三　初地增胜德

初又分二

癸一　别释功德

癸二　总明功德

初中又三

子一　得真义名初功德

子二　生佛家等四功德

子三　趣上地三功德

今初

从此由得彼心故，唯以菩萨名称说。

菩萨入初地以后，已得胜义心，已超异生地，尔时唯应以胜义菩萨之名称之，不应称以不称之名，以彼已成圣者故。《释论》引《宝云经》说：加行道上品世第一法，未得胜义菩萨地。故知特说胜义菩萨，非通名也。又《般若经》二千五百颂(即第十六会) 说："如实知无实，无生，亦无虚妄，非如异生所执所得，故名菩萨。"此说诸法实性，应如圣者所得而得。故彼所说之菩萨，亦是胜义菩萨，非异生菩萨也。

【科】子二　生佛家等四功德

生于如来家族中，断除一切三种结，

此菩萨持胜欢喜，亦能震动百世界。

住初地之菩萨，过一切异生二乘地故，内身已生定趣佛地之道故，名生于如来家中，谓于自道种姓决定，不复更趣余道也，又此菩萨已现见补特伽罗无我，故萨迦耶见及随眠疑、戒禁取等三结，一切永断不复生。此说已断三结种子。甚萨迦耶见，是见所断之分别起者，非俱生者。余见所断之随眠，亦初地断，何故唯说此三耶？虽有二释，以《俱舍》所解为善。彼云："或不欲发趣，迷道及疑道，能障趣解脱，故唯说断三。"如趣向他处有三大障碍，谓不欲趣行，及迷失正道，疑惑正道。如是趣向解脱，亦有三障，由第一结怖解脱而不愿趣行，由第三结依止余道而失正道，由第二结于道疑惑。故偏说断此三结。

又此初地菩萨，入种姓决定，由得彼果功德，远离彼地过失，故生不共之欢喜。由喜多故，说彼菩萨为持最胜欢喜者。由喜胜故，说此名极喜地。又此菩萨能周遍震动一百世界。

【科】子三　趣上地等三功德

从地登地善上进，灭彼一切恶趣道，

此异生地悉永尽。

初地菩萨为欲进趣第二地故，起大勇猛，善进上地。又于得证初地时，此菩萨之一切恶趣皆悉永尽。岂不从得加行道忍位，便能不因业力而往恶趣，已尽恶趣道耶？得忍位已，不堕恶趣，非以对治坏彼恶趣之种子，特缘不具耳。此以真对治坏彼种子，名灭恶趣。《集论》亦说："恶趣之蕴界处等是所断"也。又得初地时，此菩萨之异生地，一切永尽。

【科】癸二　总明功德

如第八圣此亦尔。

四果四向中，从阿罗汉下数至第八，即预流向名第八圣者(即八人地)，如彼创获圣法，生随顺断智功德。此菩萨亦尔，由得初地故，能断过失，发生功德。

【科】壬二　胜过他身德分三

癸一　此地由种姓胜二乘

癸二　七地由智慧胜二乘

癸三　释成上说

今初

即住最初菩提心，较佛语生及独觉，

由福力胜极增长。

菩萨之菩提心，不特二地以上，即住初心之极欢喜地，已由世俗菩提心及大悲心福德之力，能胜于从佛语生之声闻及辟支佛，较彼二乘之福德极为增长。此如《弥勒解脱经》云：

"善男子！如王子初生未久，具足王相，由彼种姓尊贵之力，能胜一切耆旧大臣。如是初发业菩萨，发菩提心虽未久，然由生如来法王家中，以菩提心及大悲力，已能胜于一切久修梵行之声闻独觉。善男子！如妙翅鸟王之子，初生未久，翅羽风力及清净眼目之功德，为余一切大鸟所不能及。如是菩萨初发菩提心，生如来妙翅鸟王之家，此妙翅鸟王子，以后一切智心之翅力，及增上意乐清净眼目之功德，彼声闻独觉虽百千劫修出离行，亦不能及。"《疏抄》谓此明世俗菩提心，非也。此约胜义心说。经说初发业者及发心未久，与前说初地始生如来家中，其义相同，盖本颂即摄彼经之义也。

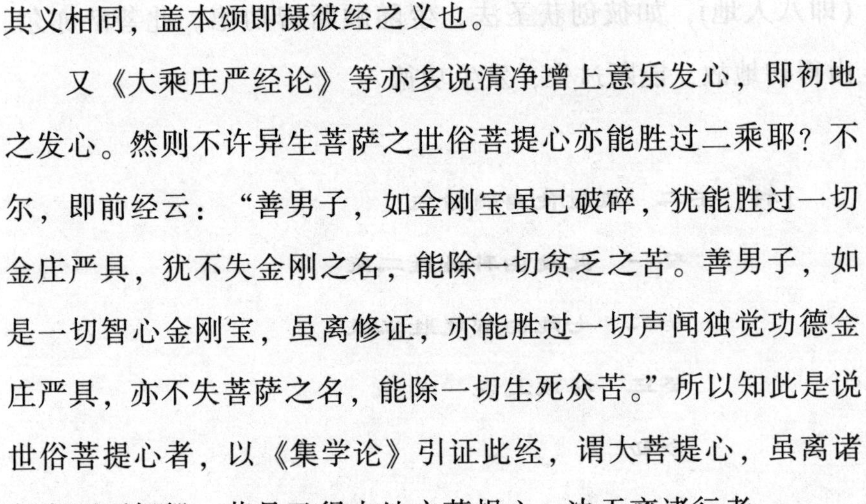

又《大乘庄严经论》等亦多说清净增上意乐发心，即初地之发心。然则不许异生菩萨之世俗菩提心亦能胜过二乘耶？不尔，即前经云："善男子，如金刚宝虽已破碎，犹能胜过一切金庄严具，犹不失金刚之名，能除一切贫乏之苦。善男子，如是一切智心金刚宝，虽离修证，亦能胜过一切声闻独觉功德金庄严具，亦不失菩萨之名，能除一切生死众苦。"所以知此是说世俗菩提心者，以《集学论》引证此经，谓大菩提心，虽离诸行亦不可轻毁。若是已得大地之菩提心，决无离诸行者。

【科】癸二　七地由智慧胜二乘

彼至远行慧亦胜

彼初地菩萨至远行地时，非但以世俗菩提心胜二乘，即胜菩提心智慧之力，亦能胜彼二乘。如《十地经》云："诸佛子，譬如王子，生在王家，具足王相，生已即胜一切臣众，但以王力，非是自力。若身长大，艺业悉成，乃以自力超过一切。诸佛子菩萨摩诃萨亦复如是。初发心时，以志求大法故，胜出一切声闻独觉，非以自智观察之力。菩萨今住第七地，以自所行智慧力故，胜过一切声闻独觉所作。"初发心者，谓初地才发清净增上意乐心。是则应知唯远行地菩萨，乃能以自慧力胜过二乘，非六地以下。胜过一切声闻独觉所作者，即以智力过胜二乘之义。以自所行智慧力者，谓了知菩萨实际灭定之殊胜。此中智力超胜者，有谓六地以下与七地智慧体性无别，然前者之智力无断所知障之功能，第七地智则有能断之力，故有智慧胜劣之别。有说七地以后乃能超越入三摩地。有说第七地智是趣向第八不退地智，故说智慧超胜。初且非理。此宗许一切补特伽罗实执，皆是染污无明。要永断彼令不复生，须断尽其种子。即此断德亦共二乘诸阿罗汉。故断实执种子，非断所知障。若除种子，别立余习气为所知障，则未至八地皆不能断。故安立实执为所知障之宗派，分所知障为软中上九品，由二地等九品修道而断，非此宗所许，下当广说。次说亦非理。"超越"古译次第错乱，由此门入三摩地，非六地以下所能，七地方有云云，无经可证。第三说亦不然，解六地以下与第七地，能否以智力超胜之理，犹不能断疑，如以宗为因也。

《疏抄》说："七地菩萨，有分别念，谓我当修道，故犹有功用，然不作意经等相法，故得无相道。六地以下及声闻独觉，

无无相道，故由智慧能超胜之。”吾师解云：此应于通达真实之智慧，辨其差别。谓由缘实际真理之入定出定而分。经说第七地时，谓一刹那心能缘实际灭定而入定出定，要七地方有，非以下诸地所能。此说极善。以胜解行地，心与真理尚未融合一味，故于出入空三摩地，犹不甚难。但至圣位，心与真理融合一味，如水注水，出入彼定，转极难也。

说初地功德，而叙七地以智力胜二乘，得无有紊乱之失耶？无失。本论释初地等，依《十地经》。彼经分别解说，初地菩萨能以世俗菩提心胜过二乘，非以胜义菩提心胜。尔时应有作是念者，要至何地智慧方胜？经说至第七地智慧方胜。为除彼疑，故本论于此中安立其义，极为适当。

【科】癸三　释成上说分三

子一　明《十地经》说二乘通达法无自性

子二　引教证成

子三　释妨难

初又分二

丑一　解释《释论》之意趣

丑二　明彼亦是入行论宗

今初

《十地经》说：“六地以下不能以智德胜二乘。”由此可知，二乘亦知法无自性。若二乘人无彼智者，则初发胜义心菩萨之智德，亦应胜彼。以彼不知法无自性故，如以粗静相世间道而得离欲之仙人。《释论》谓：“犹如外道，声闻、独觉亦应不能永断三界烦恼及种子”，意显若不通达空性修习，则如粗静相世间道，不能尽烦恼种子。又说：“若不通达真实义，则应缘色等五蕴而执实有。由此心颠倒故，则应不能圆满了解补特伽罗无我。以于施设人我所依之诸蕴执为实有之境，未能破故”。此明若于施设所依之诸蕴，未能破执实之境，则于安立之补特伽罗，亦不能破执实之境。由未通达补特伽罗无实，则亦不能圆满了解补特伽罗无我也。此义极难通达，诸依本宗及静天论师者，多未能善说，故更为抉择之。或有作是念：若以正理抉择补特伽罗实我，与诸蕴性，一异俱遣，则能定解空无我相及无常等十六行相。既能解彼，则彼正所化机亦必缘彼极善修习，由修习力，定能现证补特伽罗无我。此是成立瑜伽现量诸理之所成立。由是因缘，现证彼义之见道，能断分别烦恼亦得成立。若彼已成，则现见补特伽罗无我已，更数数熏修之修道亦得成立，亦能成立断除俱生烦恼，乃至漏尽。虽未通空性，亦能断三界一切烦恼及种子。以所述见修断惑之理，即出世间道断惑之理也。故修无常等十六行相之道，亦能断一切烦恼尽。

当释彼疑。吾等非说：未得真实义见，则以正理抉择无常等十六行相，及彼所不勤修彼义，现见粗分补特伽罗无我，并见后熏修，皆不可能，乃说彼道不能圆满通达补特伽罗无我，非是真见道及出世修道，全不能断见修所断之种子。故说彼道为见道修道，能断二种所断惑及种子，彼二道究竟能得阿罗汉果者，此皆判为不了义。如唯识宗，彼无方分极微与极微所集之外境，并与彼异体之能取，虽可以量成立，彼所化机久修彼义，则能现见，见后熏修虽亦得成，然若说彼道能登十地而趣后三道，则中观宗释彼为不了义也。

况修无常等十六行相虽同，然许唯证如上所说之补特伽罗无我智，乃是解脱烦恼之道。如《集论》说："无我作意能断烦恼，所余诸相是修彼之方便。"《释论》亦云："空见能解脱，修余为证彼。"印度论师有误解此中"空见"为通达真实义之见者，深乖论义。论说空彼补特伽罗实我之空见耳。此道虽不能永断烦恼种子，然能暂断烦恼现行。彼共外道之粗静相道，尚能暂断无所有地以下烦恼现行，而况前道之暂断现行乎！然所言暂断烦恼现行之烦恼，亦是《集论》、《俱舍》所说之所缘行相烦恼。若本宗所说染污无明之实执，及由彼所起之利钝烦恼，凡异于对法所说者，则虽现行亦不能断。又对法说有顶地摄之烦恼现行，粗静相道虽不能断，然修前说通达粗分补特伽罗无我之道，则亦能伏断也。

此等即是解说《释论》"凡未通达真实义而说为对治烦恼之道者，皆与粗静相道同，及如外道不能断除一切烦恼"之意。

【科】丑二　明彼亦是入行论宗

静天菩萨亦许此义。《入行论》云："由见谛解脱，何用见空性？"外人意谓由见无常等十六行相之道，已能解脱烦恼，故为尽断烦恼，不须见无自性之空性也。答曰："经说无此道，不能证菩提。"意谓若无见自性空之道，则不能得三乘菩提。此如《入行论大疏》引《般若经》说："有法想者则无解脱"，及"预流乃至独觉，皆依般若波罗蜜多而得道果。"有但释为无上菩提者，非也。次说："苾刍是教本"等四句，亦明心有实执所缘之道，不能得于涅槃。次云："若断惑解脱，彼无间应尔。"若断惑解脱，是牒敌者之宗。此与前说"由见谛解脱"义同。意谓若如汝说由修无常等十六行相之道，便断烦恼而得解脱。此中所诤在唯修无常等十六行相之道，能否解脱烦恼。此即从"由见谛解脱"等诤论演绎而来，极为明显。以是有人许唯修无常等十六行相之道，能断尽烦恼。又说由彼不能解脱一切苦果，全非论义。此中破他意云：若由身心生起十六行相之道，其共声闻两宗所立烦恼暂不现行，便立彼为烦恼已尽而得解脱者，则应暂断烦恼现行之际，无间当得诸漏永尽之解脱。然"彼等虽无惑，犹见业功能"。虽暂无烦恼现行，犹见业力能引后有，故不应许尔。有释论及藏人释此论意，如目犍连及指鬘等，虽无烦恼，由昔异生位所造之业，犹受苦果，非无间而得解脱。不应如此释。此中非说引生现法苦果之功能，乃说惑未永灭，由业功能引生后有，故不得解脱。如云："由远离空性，心灭当复生，如无想等至"。此说若离通达空性之智，虽修余道亦能暂灭烦恼心现行，然非毕竟灭，当复生起烦恼现行，由业增上流转生死，永无止息也。敌者于"犹见业功能"作如此难："且谓无爱取，而云决定者"，谓由彼道断尽受后有之

爱，故决定不由业力更受后有。答曰：“此非染污爱，如遇云何无？”此谓敌者既许愚痴无知，有染污不染污之二，何不许此爱，亦如对法所说，有染污不染污之二耶？然此乃说应有大小乘共许之非染污爱，非谓自宗许彼爱为不染污也。故此是说，其有实我补特伽罗我执所引诸爱现行虽暂断除，然执补特伽罗由自性成，萨迦耶见所引诸爱犹不能灭。若作是思：若俱断彼二宗所说之烦恼现行，不断种子，现行之有无既同，何事分判爱之差别也？论曰：“由受缘生爱，彼等受仍有。”此即显示余道（十六行道）能断余烦恼现行，而不能断爱之理。谓离真实义见，则不能断缘受之实执无明，由是生乐受则起不离爱，生苦受则起速离爱，依于顺缘具足障缘远离之受因，定生爱果也。

自宗于受断爱之理，如《入行论》云：“若时无受者，受亦不可得，尔时见彼义，何故爱不灭？”谓见受者及受都无自性，如是修习，方能断爱。故亦是说若无此道，则一切爱即不能灭。此亦即《六十正理论》义，如云：“若心有所依，惑毒宁不生”，此以有受之因而证有爱。西藏法狮子与自在狮子辈，破《入行论》云：“有因不能成立有果，故非善说”。此因习闻藏地诸师多说声闻不证法无我义，又因未能精识论师之教理，乃于智者妄生毁斥。如是藏人有于月称论师见其过失者，亦由未解论师之义，乃以似过妄相攻难。又如《疏抄》中所说：“无常等十六行相道，能断分别烦恼，不能断俱生”，亦不应理。以若约暂断诸宗共许之烦恼现行而言，则分别、俱生俱可断。若约不断种子而言，则俱不能断。此亦不知月称、静天意趣相同之失也。是故若未了知五蕴无实，则不知补特伽罗无实，亦即不能通达补特伽罗无我。如于五蕴等法空无实有，立法无我，则补特伽罗空无实有，亦应立为人无我，以其义相同故。以是执补特伽罗实有，必应立为补特伽罗我执。乃至彼执未尽，一切烦恼亦不能尽。执补特伽罗及法实有，应皆烦恼障摄。静天论师宗必应作如是建立也。

【科】子二　引教证分二

丑一　引大乘经证

丑二　引论及小乘经证

今初

《显句论》引《增上意乐请问经》云："'如有人闻幻师奏乐，由见幻师所幻之女，起贪心而为贪所缚，唯恐众知，深生羞耻，从座起去。到静处已，即缘彼女作意不净，作意无常、苦、空、无我。善男子！于意云何？当言是人为正行耶？为邪行耶？'白言：'世尊！女尚非有，况缘彼女作意不净，作意无常、苦、空、无我。当言彼人是为邪行。'世尊告曰：'善男子，若有苾刍、苾刍尼、邬波索迦、邬波斯迦，缘于不生不起诸法，作意不净，作意无常、苦、空、无我，当知与彼无异。我终不说彼愚痴人是修正道，当说彼等是行邪行。'"此谓若缘幻女以为实女，即缘彼女作意无常等五相，与执五蕴实有，即缘五蕴作意无常等五相相同。其执五蕴实有修无常等，乃于所著境错误之邪执，非量所能成。若未破实执境未得正见者，不分别为实为妄，但总缘五蕴修无常等，其所修义由名言量可容成立，修习此义亦能生起如上所说之道。

又《显句论》引《静虑悭吝经》说："曼殊室利，诸有情类由不如实见诸圣谛，以四颠倒颠倒其心，不能出离虚妄生死"。曼殊室利问佛云："世尊！唯愿为说诸有情类由缘何事不出生死？"佛说："由不如实了知四谛，故不能解脱生死。"曼殊室利又问："于何境，如何执，故不能解脱生死？"佛答："若作是念：我当出离生死，我当得般涅槃。以实执心修无常等，谓我已知苦，断集，证灭，修道，我已获得阿罗汉果。由暂离烦恼现行，即自谓诸漏永尽。临命终时见生相现，遂于佛所而生疑谤。由此罪业堕大地狱。"此约一类住此道者，有如是过，非一切皆尔。前说要如实了知四谛方能解脱生死，故曼殊室利复问云："如何乃能通达四圣谛？"答曰："曼殊室利，若见一切诸行无生，彼即知苦。若见一切诸行无起，彼即断集。若见一切诸法毕竟涅槃，彼即证灭。若见一切诸法究竟不生，彼即修道。"又说："彼道能无所取而般涅槃"。此说要见四谛皆无自性，乃能解脱生死，则未离实执之道，决定不能出离生死，亦极明显。故亦是说唯修四谛无常等十六行相之道，不能断烦恼种子。断彼种子，必须通达真实义而修习。有未善了别此等义者，妄谓声闻唯修无常等十六行相，更无余断烦恼之道，乃说声闻圣者，非真圣者，声闻阿罗汉非真阿罗汉，造毁谤圣人之重罪。作如是说者，若有菩萨戒即犯根本罪。以《集学论》

说："若执有学乘，不能断贪等，亦令他受持。"即犯根本罪故。

《能断金刚经》亦显此义，如云："'善现！于汝意云何？诸预流者颇作是念：我能证得预流果不？'善现答言：'不也！世尊。何以故？世尊，诸预流者，无少所预，故名预流'。又云：'世尊！若预流者而作是念：我能证得顶流果者，即执我，有情，命者，补特伽罗'"。于后三果亦如是说。此谓若预流者，于能得人及所得果执为实有而作是念：我能证得预流之果，即为执我。盖执补特伽罗实有，即补特伽罗我执，执果实有，即法我执。所言诸预流者不执实有能证果者，约彼无有实执所著之境，非说彼身全无俱生我执也。于后三果亦应如是知。自续中观师虽于此文有异解，然慧生论师引此文以证，证二乘菩提亦须通达空性，极为善哉！

如是诸教皆显示，若离真实义见，则不能解脱生死，要脱生死则必须彼见。若说二乘阿罗汉未能解脱生死系缚，非诸智者所许，亦不应理。故是明说二乘亦证法无自性。《般若经》等可引证者尚多，恐烦不述。

【科】丑二　引论及小乘经证

《宝鬘论》云："乃至有蕴执，从彼起我执，有我执造业，从业复受生。三道无初后，犹如旋火轮，更互为因果，流转生死轮。彼于自他共，三世无得故，我执当永尽，业及生亦尔。"

初二句显示若时于蕴有实执，即从彼执而起我执萨迦耶见。故断尽萨迦耶见者，必须于蕴断尽实执。由此可知二乘阿罗汉，亦于蕴断尽实执。是则未破实执所著之境，即不能破萨迦耶见所著之境。故知大小学派共许之补特伽罗无我，但破粗分补特伽罗我，非是微细补持伽罗无我。是故有人见此论师或说二乘通达补特伽罗无我，与他宗相同；须说与他宗不同，唯在是否通达法无我理，实系未解此宗正义。以《释论》说若离真实义见，亦不能通达微细补特伽罗无我也。次二句说以有萨迦耶见增上力，便造系缚生死之业，以此业力复受生死。此亦约未破实执所著之境者说，非谓凡有萨迦耶见皆尔。以至七地犹有萨迦耶见，而初地以上即不由业力受生。此诸教证，并明若不修真实义见，则不能断尽萨迦耶见。故亦即是说：但无常等十六行相之道，不能断尽烦恼也。故凡许此不共补特伽罗无我之理，而犹依于共许之补特伽罗无我，而明萨迦耶见，许彼烦恼建立，是未了不共宗义，成大矛盾。岂此大论师而有此失！故知本宗学者，若许二乘证法无我，然于烦恼建立，全不思唯不共之理，是仅有信仰本宗之名而已。言“三道”者，谓烦恼业生三杂染。无初后者，谓由烦恼造业，从业感苦，复从于苦生同类果及烦恼等。由彼此更互相生，故前后次第无定，即“更互为因果”之义。又彼缘起，不从自生、他生、共生，其自性生于三世中俱不可得。见无彼故，或不可见故，即能断尽我执萨迦耶见，故亦能灭生死流转。

抉择蕴等皆无自性已，又云：“如是如实知，无实众生义，犹如火无薪，无住取涅槃。”此说由见真实义故而般涅槃。此非但依菩萨说如是见，乃依二乘说。以彼“涅槃”文后，复说“菩萨亦见彼，决定求菩提，然由大悲故，受生至菩提”故。《释论》所引《宝鬘论》，系旧译本，译文欠善。

声闻乘经亦有此说：诸声闻为断烦恼障故，“诸色如聚沫，诸受类浮泡，诸想同阳焰，诸行喻芭蕉，诸识犹幻事，日亲之所说。”以五喻观察诸有为法皆无自性。虽《释菩提心论》云：“佛于声闻宣说五蕴，于菩萨众说色如聚沫等喻”，然彼论意，且约暂时不能了达真实义之声闻而言，非指一切声闻。以彼论亦云：“若不知空性，即非解脱依，彼愚者流转，六道三有狱。”

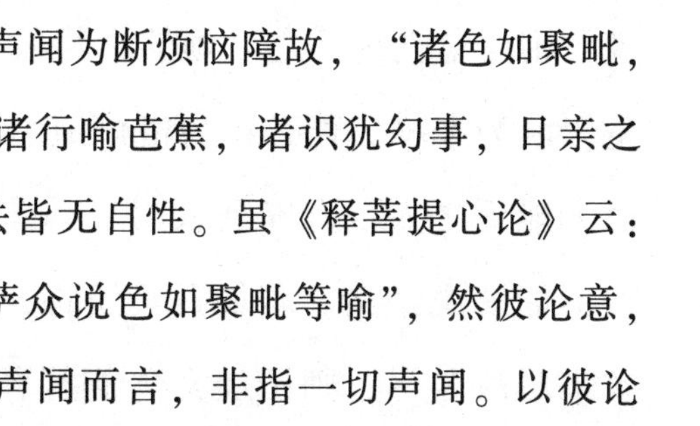

又声闻藏中亦说诸法无自性义，如《宝鬘论》云：“大乘说无生，余说尽空性，尽无生义同，是故应忍许。”此谓大乘经中，说无自性生为空性，余小乘经中则说有为尽为空性。以二种空性义同，故于大乘空性，应信可勿疑。

此二空性义同之理，有说诸声闻乘许有为灭尽，若自性则灭尽不成。既许灭尽，则应先许无自性。故说彼义同。此不应理。若如彼说，则凡中观师所许苗芽等法，皆有此义，则应许苗芽等一切法皆与空性义同。《宝须论疏》谓“无生与刹那义无别”，亦是未解论义。此当如《六十正理论疏》说：先引小乘经云：“若于此苦，无余断、决定断、清净、永尽、离欲、灭、静、永没，不生余苦，不生，不起，此最寂静，此最微妙，谓决定断一切诸蕴，尽诸有，离贪欲，息灭，涅槃。”次解此义云："言此苦者，唯依现在身中苦蕴，说无余断，乃至永没。依未来苦，说不生余苦，乃至涅槃"。若谓"此苦"正诠烦恼，是总名诠别也。此不应理。若时总名，不可作总义解者，乃可作别义解。此中可作总名解故，不应作此说。若必如彼实事师说，则《宝性论》之"烦恼本尽故"，不应释为诸蕴本来无自性生，名为本尽。若必释为由修道力无余断者，则有所证涅槃时，已无能证之人。有能证人时，蕴未永尽，则无所证之涅槃。故彼不能解说经义。若如吾等所许，此谓永尽非由对治而尽，乃本来尽故名尽，则于经义善能解释。龙猛菩萨谓经中所说之永尽，即苦蕴寂灭之灭谛涅槃，与无自性生之灭谛义同。释者多未能通达，故今详说之。《中观论》云："世尊由证知，有事无事法，迦旃延那经，双破于有无"。此亦显示小乘经中双破二边者。此经出杂阿笈摩。上来仅略举少分，余《宝鬘论》、《六十正理论》，各种赞文中，犹多可引者。

【科】子三　释妨难分二

丑一　释《释论》已说之难

丑二　释《释论》未说之难

今初

《释论》云："设作是念，若声闻乘中亦说法无我，则说大乘经应成无用"。此所出敌者，是清辨论师。以佛护论师第七品疏中解释："小乘经说一切法无我之义，即诸法无自性义"。

《般若灯论》破云："若如是者，则大乘经便为无用。"今反破云：为总说大乘经无用耶？为别说大乘经说法无我为无用耶？若如初难作决定说者（不犯不定过），则大乘经应唯说法无我，而实不尔。以大乘经中更说菩萨诸地布施等波罗蜜多行，大愿、回向、大慈悲等二种广大资粮，菩萨神力及异生二乘不可思议之法性故。如《宝鬘论》云："彼小乘经中，未说菩萨愿，诸行及回向，岂能成菩萨，安住菩提行。彼经未曾说，唯大乘乃说，智者应受持。"此破唯以小乘经所说之道便能成佛，不须别说大乘经之邪执。若如汝所解，应云："唯小乘经所说之道犹不具起，故大乘经中别说法无我。"然不作彼说，而说"别说广大行品"，故所难非也。

若作第二义，犯不定过。声闻藏中仅略说法无我，大乘经中则以无量门广说之，此亦龙猛菩萨所许。如《出世赞》云："若不达无相，佛说无解脱，故佛于大乘，圆满说彼义。"初二句显示，若不通达无相真实义，则不能灭尽烦恼，故不能证得解脱。后二句，谓大乘经中乃圆满宣说无相法无我义，故亦当知小乘经中是未圆满宣说诸法无我。如何以一"故"字能作圆满宣说之理由耶？当作是说：若不通达无相，即不能灭尽烦恼，证得解脱。声闻乘中虽亦必说法无我，然大乘小乘应有差别，故于大乘作圆满说。故知彼所设难及所成立，皆不决定，是以能破，即是违理之失。其违教失，前已广说。

若尔，此论师说：大小乘经说法无我有圆满不圆满，大小乘道修法无我亦有圆满不圆满，其义云何？有说："大乘人能通达一切所知皆无自性，二乘人仅能通达一分所知无自性”。决非如是。若以正量于一法上能成立为法无我，次观余法有无实性，即依前理便能通达无实性故，岂不中观学者，亦有破除有事实有，而许真空实有，或许法性是自在成就真实有者乎？初说是未善知实有之量，仅破粗分。后说则虽自以为能破有事实有，然彼不以正量而破，仅是毁谤有事之恶见，故不以彼等所说而成不定。由是当知诸大乘人，随成立一法无实，亦如《中观论》所说，有无量品类能立之理，故于真实义慧极为广大。诸小乘人仅以略理成立真实义，故于真实义慧略而不广。故说彼二慧有广略，修有圆满不圆满之殊。致此差别者，亦由诸二乘人唯为断除烦恼障故，精勤修行，以略理通达真实义，便能满其所愿。而诸大乘人为断所知障故，精勤修行，故于真实义，须以广大慧而善通达也。

【科】丑二　释《释论》未说之难

《现观庄严论》云：“远所取分别，未离能取故，当知由所依，摄为麟喻道。”此说独觉道虽能断执所取实有之分别，犹未能断执能取实有之分别。又云：“惑所知三道，断故为弟子，麟喻佛子净”。此说执所取实有，为所知障。此当如何会释？答：此中断执所取外境实有之义不出二宗，或如中观师所许，外境虽是量所成立，然正理能破外境实有。由修此所抉择义即断实执，或如唯识师说，先以正理破外境，由修彼义，便断有外境执。若如初说，且不应理。若能安立外境为有，以观察真实义之正理能破实有者，则于能取，依前理之力，便能通达其非有实性。如提婆菩萨云：“若见一法真如性，即见一切法真如。”若如第二说，即狮子贤等之规，是则无外境乃量所成立。若能成立无有外境，则能取心非离所取别有实体，虽最钝根亦能成立。故不断能取分别，是依总许心为实有而言，非谓缘异体之能取所取，破其一分而执一分为实有。故讥“执能取实有之独觉，与执离二取心为胜义有之唯识宗相同，殊为希有”者，乃自未解耳。

此中显示独觉道为中乘，即说于所取能取有断不断实执之差别。由彼二义，较声闻为胜，较菩萨为劣，故说名中。此大中小三乘之三类补特伽罗，依根性之利中钝而分。复是依于无我建立根之次第，谓大乘上见是中观见，中乘中见是唯识见，小乘下见是共许补特伽罗无我见。然此义不定，若许三乘人皆有真实义见者，则依能否速疾了解真实义等而建立三根，亦不相违。又以不断能取内心之实执，判为劣根，则《现观庄严论》所说之无我见，不可说即是《庄严经论》、《辨中边论》、《辨法法性论》之唯识见。但印度诸师亦有以《现观庄严论》作唯识中观见而解释者，恐烦不述。

又彼论云：“法界无差别，种性不应异，由能依法异，故说彼差别。”此说声闻独觉亦通达法性。言法界者，如《二万明论》云：“此中分别观察，谓于有事及有事相而起执著，由彼无故当知无贪。此非有性，即一切法之真如性。法界性即诸圣

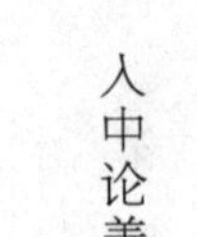

法之因，故本性住种姓，即修行之所依也。”此说于有事及彼相之执著为贪，如彼所执非实有，即说此实空为法界。次设难云：“若法界即种姓，应一切有情皆住种姓，以法界遍一切故”。所言住种姓，意取入道位之种姓。答彼难云：“若缘某法而能转成圣法之因，即说彼法为种姓，故无彼失。”此谓但有法性，非安住道位之种姓，要由道缘法性而修，至转成圣法之殊胜因时，乃立为殊胜种姓也。如是答彼法界无差别、种姓不应异之难曰：“由能依法能缘道之差别，故说种姓有异”。所依谓所缘，能依即能缘。其能缘中亦有声闻、独觉之二乘。缘法性者，必须于觉慧成立。若于觉慧前未破实有，则彼觉慧不能成立实空，亦于彼觉慧不能成立法性。此复须先于一法得决定见，故声闻、独觉亦缘内外有法，而见彼无实也。由是独觉亦有通达真实义者，非独觉定不能断内心上之实执。即声闻乘，亦须分通达不通达真实义之二。《现观庄严论》亦说小乘为二类，故执二取异体之实执，是否安立为所知障，亦应分二类也。

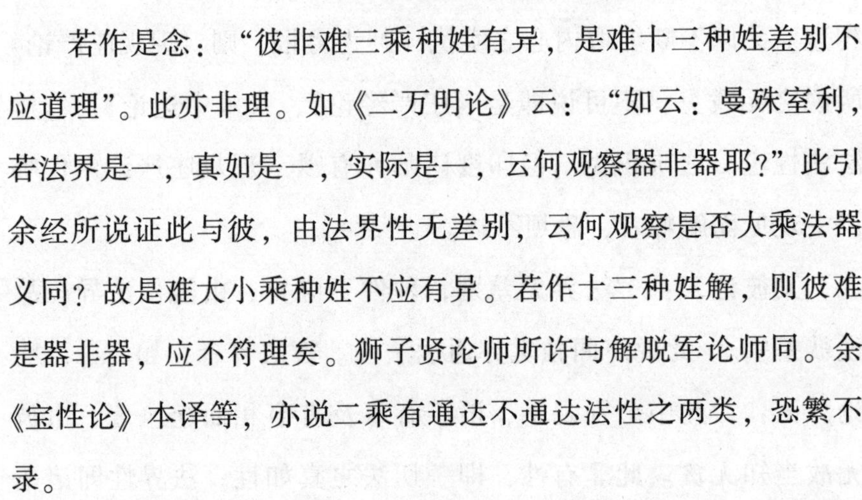

若作是念：“彼非难三乘种姓有异，是难十三种姓差别不应道理”。此亦非理。如《二万明论》云：“如云：曼殊室利，若法界是一，真如是一，实际是一，云何观察器非器耶？”此引余经所说证此与彼，由法界性无差别，云何观察是否大乘法器义同？故是难大小乘种姓不应有异。若作十三种姓解，则彼难是器非器，应不符理矣。狮子贤论师所许与解脱军论师同。余《宝性论》本译等，亦说二乘有通达不通达法性之两类，恐繁不录。

《现观庄严论》，宣说了知二乘道之道相智，为摄受二乘种姓之机。所摄受之小乘机中，亦有是否甚深法器二类。于二类中，非器者多，故多说彼机之道。如大乘人，若先不学唯识见，则难得中观正见。独觉声闻，亦应如是也。又《二万明论》与《八千颂大疏》，为证安立法界为三乘种姓，皆引《能断金刚经》云："一切圣者，皆以无为法之所显现"。意谓大小乘一切圣者，皆由现证诸法无实胜义无为之所安立。故此宗与《现观庄严论》，全不相违。以是当知解释《现观庄严论》者之宗，亦有二理也。

【科】壬三　初地增胜德分四

癸一　释初地之布施

癸二　释下乘之布施

癸三　释菩萨之布施

癸四　明施度之差别

分初

尔时施性最增胜，为彼菩提第一因。

虽施身肉犹殷重，此因能比不现见。

证得极喜地时，菩萨所修十度行，以布施波罗蜜多为最增胜，然非无余波罗蜜多，其出世布施波罗蜜多，即大菩提之第一因。于十度中，虽后后胜于前前，然说此地布施胜者，谓此地修行布施有殊胜力，于所修戒等则无此胜能。如经说："初地中随施内身外物，不起少分违逆施度之悭贪”。然不如第二地竟至梦中不起少分违逆戒度之犯戒。又此地所有不可现见之智德，即由布施而能比知。谓彼非但殷重布施外物，即割身肉施人，亦极殷重。彼所具他人不能见之登地等德，由此施为因能比度而知，如见烟比知有火。此即显示布施身命财宝，全无悭惜，虽如是布施，而身犹安详不变异也。

【科】癸二　释下乘之布施分二

子一　由施能得生死乐

子二　由施能得涅槃乐

今初

彼诸众生皆求乐，若无资具乐非有。
知受用具从施出，故佛先说布施论。
悲心下劣心粗犷，专求自利为胜者。
彼等所求诸受用，灭苦之因皆施生。

彼诸众生，皆欲解除饥渴疾热病寒饥等苦，而求其乐。若无饮食、医药、衣服、房舍等诸受用具，则人类所求之乐，必不得生。解一切众生意乐之释尊，因见此等受用资具，皆从往昔布施之福德生，故于最初即说布施之论，又此方便最易行故。由行布施能得圆满受用者，亦不定须如法，如商人之舍极少财以求广大之财聚，较诸乞丐所求尤多，故于布施极应殷重。其行施者，非如菩萨随大悲转，不求施报，专为满足求者之快乐而施，故悲心下劣。且于诸有情，具粗犷心，偏重于专求得生善趣自利之乐。彼等由厌离不舍财物之悭贪，与希望能感异熟之功德，即下劣布施，故能出生胜妙圆满受用，成灭除饥渴等众苦之因。

【科】子二　由施能得涅槃乐

此复由行布施时，速得值遇真圣者，

于是永断三有流，当趣证于寂灭果。

彼无悲愍心，唯求自身除苦得乐而殷重行施者，于行施时，“善士常往施主家”故，得值遇圣者。由彼圣者宣说妙法，便能了知生死过失，证无漏道，永破无明，断无始来生死有流。其值遇圣人之果，即趣证声闻、独觉之寂灭涅槃。

【科】癸三　释菩萨之布施分四

子一　明菩萨布施之不共胜利

子二　明二种人皆以布施为主

子三　明菩萨行施时如何得喜

子四　明菩萨施身时有无痛苦

今初

发誓利益众生者，由施不久得欢喜。

诸非菩萨者，于行布施满足求者之愿望时，不能布施无间便得其乐果。由彼不能现见布施之乐果，故于布施容不修行。但发大誓欲现前究竟利益安乐一切众生之菩萨，施后不久，即于满足求者之愿望时，得受用布施之果——最大欢喜，故能一切时中欢喜行施。

【科】子二　明二种人皆以布施为主

由前悲性非悲性，故唯布施为要行。

由前所说大悲为性之菩萨，及非大悲为性者，其所求之一切增上生乐与决定胜乐，皆由布施生，故唯布施为最要之行。《亲友书》亦云："了知财物动无实，当施沙门婆罗门，贫乏亲友以后世，更无至亲过于施。"

【科】子三　明菩萨行施时如何得喜

前说菩萨殷重行施，以财物满足求者之愿望时，即能引生殊妙欢喜，其喜相如何？颂曰：

且如佛子闻求施，思唯彼声所生乐；

圣者入灭无彼乐，何况菩萨施一切！

如佛子闻求者乞施之声，思唯彼声，便念彼等乃来向我求者，心中数数引生欢喜，虽诸阿罗汉入寂灭涅槃之乐，尚不能与之相比。则诸菩萨尽施一切内外财物，满足求者所生之妙乐，胜寂灭涅槃乐，更不待说。若以寂灭涅槃妙乐引摄其心，则必失利他之行；若以上说菩萨妙乐引摄之，则于利他倍复精勤，故不相同也。

【科】子四　明菩萨施身时有无痛苦

菩萨由行布施引生妙乐，能舍内外一切财物。其舍身时，能无苦耶？曰：已得大地之菩萨，彼身无苦，如割无情物。《虚空藏三摩地经》云："如大娑罗树林，若有人来伐其一株，余树不作是念，彼伐此树未伐我等，于彼伐者不起贪瞋，亦无分别。菩萨之忍亦复如是。此是最清净忍，量等虚空。"《宝鬘论》亦云："彼既无身苦，更何有意苦，悲心救世苦，故久住世间。"此等并依得地者而说。若未得极喜地，于身及财物未能离贪著者，彼于受害身之障缘时，其身决定发生痛苦。然于尔时，于饶益有情事，即依彼苦成倍复精进之因。颂曰：

由割自身布施苦，观他地狱等重苦，

了知自苦极轻微，为断他苦勤精进。

菩萨观察地狱等趣，其身恒为粗猛难忍无量重苦所逼，较自割身之苦，何止千倍；乃于自己割身布施之苦，不觉其苦，反以自身所受之苦为因，为断他有情地狱等苦，起大精进。拏错译此颂曰："由彼割身布施苦，观他地狱等重苦，彼由自身所亲受，为断他苦勤精进。"要有如是大意乐力乃可施身。未入地前可有彼意乐，故说未得地者，亦可舍身。

【科】癸四　明施度之差别

施者受者施物空，施名出世波罗蜜；

由于三轮生执著，名世间波罗蜜多。

舍思为体之施，若由了达施者、受者、施物空无实体之无漏慧所摄持，《大般若经》说："名曰出世波罗蜜多"（到彼岸)。无得圣根本智，是出世智，由此所摄持之布施，亦得立为出世波罗蜜多。其未由无得圣智所摄持之布施，即世间施。此二之差别，在未得胜义菩提心者，不能现量决定也。彼岸，谓生死大海之彼岸，即断尽二障之佛果。到达彼岸，名到彼岸。《释论》释此云："'若有后句，不应减去'。由此未减业声，故成彼形。或是枳颗答罗等，故留'摩'字边。"胜喜论师解此云："梵语彼岸为'波罗'，到为'伊多'。二语合时，于'波罗'后加第二啭一声'阿摩'字，于'伊多'后加初啭'苏'字。波罗摩伊多，合为波罗蜜多时，'阿摩'及'苏'，虽可减去，今依声明根本文：'有后句，不应减去'。故虽减'苏'字而留'阿摩'，由此未减业声者，谓未减第二啭一声'阿摩'字。由未减故，成'波罗蜜多'声。或是枳颗答罗等中之'波罗摩'，本是'摩'字边，今说'波罗摩'，故不应减去。"此谓减去"阿摩"之"阿"，而留"摩"字，于彼上加"伊"字，故成波罗蜜多。所言初啭苏"字"，似是"悉"字之误，更当研究。藏人有谓："到彼岸之梵语，为'波壤伊多'，将'壤'字之圈平列，即成‘波罗摩伊多’。结合时，加‘伊’字于‘摩’字上，减去‘阿’字，故成‘波罗蜜多’”。此类臆说虽多，要以胜喜论师所解为善。

施者等二句，列释了达三轮不可得慧所摄持之布施波罗蜜多，未为此慧所摄持之施等，与慧所摄持之波罗蜜多相同，故亦名波罗蜜多。又彼等虽未为慧所摄持，然由回向大菩提之回向所持，亦定能到彼岸，故亦得波罗蜜多之名。是故当知波罗蜜多之义，若加业声则到于彼岸，即是已到佛地；若加具声则此能到彼岸，即有学位亦有波罗蜜多。如释布施，其持戒等由菩提心回向摄持及般若摄持，或别或总，应知亦尔。若于布施三轮犹为实执所缚者，经说“名世间波罗蜜多”。修习布施之理，谓于菩萨施身及引生殊胜欢喜等事，应先修信解。诸余财施，于最上最下之福田，下至供水等，应相续修积。复应以了达三轮不可得之空慧相摄持而修。又应缘自身财物及三世善根，数数思唯为利有情应修布施。更应思唯纵不愿施，彼等亦必自然坏灭。失坏既同，则何如自心先施！如《入行论》云：“身及诸受用，三世一切善，当为利有情，无所惜而施。”又云：“舍一切涅槃，我心修灭度，等是一切舍，施有情为胜。”

【科】辛三　结说地功德

今以无漏慧差别，略说此极喜地之功德。颂曰：

极喜犹如水晶月，安住佛子意空中。

所依光明获端严，破诸重暗得尊胜。

此极喜地，如水晶珠之月轮。此有三义：一、住高胜处。如上所说初地功德，住于已得彼德初地菩萨之意。住彼高胜道中，如月住虚空。以初地为彼菩萨意之一分，故说住彼意中，如眼住于首。二、令所依端严。初地之胜义心，能使最胜所依之意，具足智慧光明而得端严，如月轮能使所依虚空皎洁庄严。三、能胜逆品。初地能胜出自所治品之见所断障，如月轮能破一切重暗。（初品终。）

释第二胜义菩提心

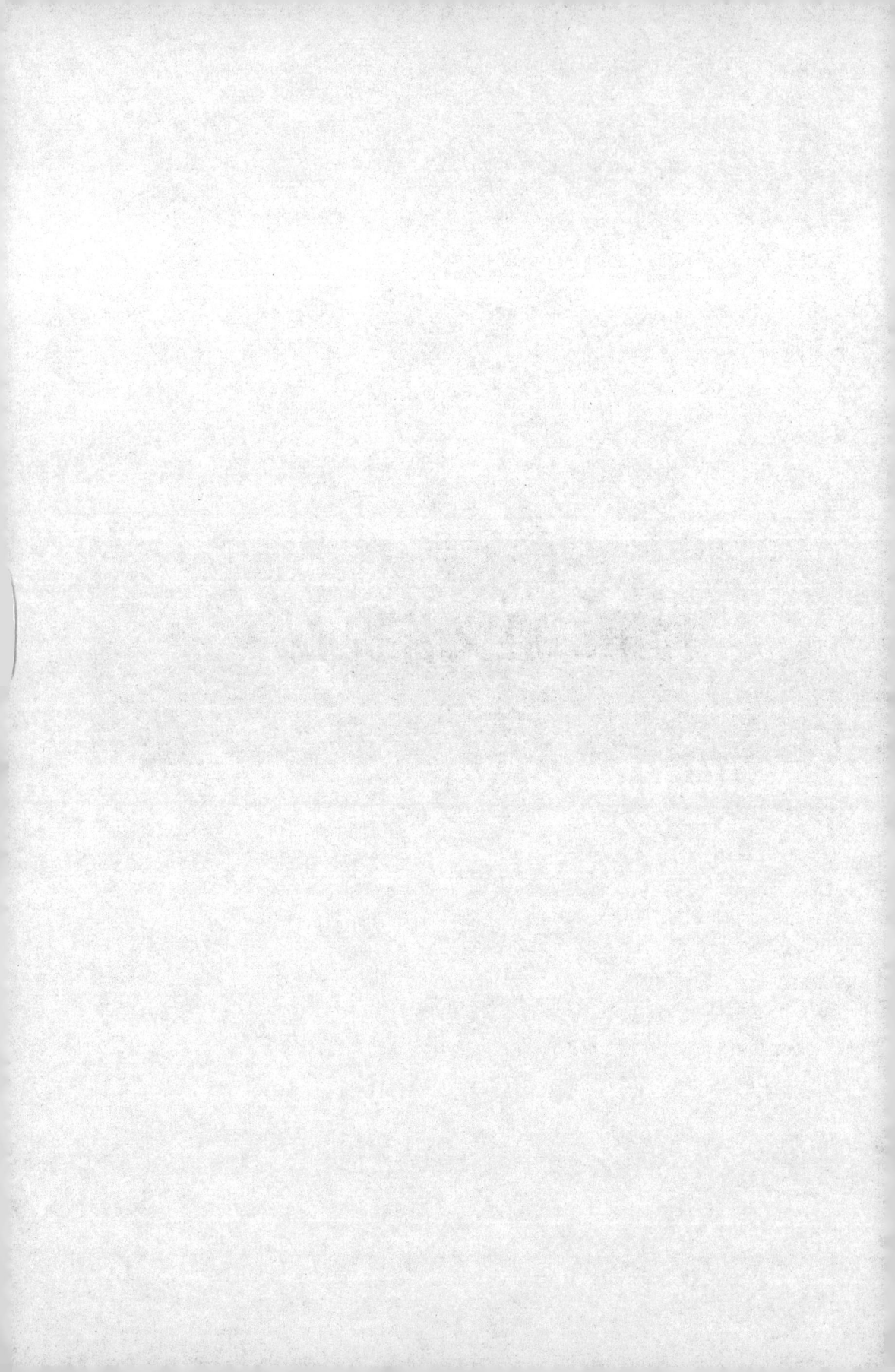

【科】庚二　离垢地分五

辛一　明此地戒清净

辛二　明戒之功德

辛三　明不与破戒杂住

辛四　明戒度之差别

辛五　结明此地功德

初中分四

壬一　明此地戒圆满

壬二　明依此故功德清净

壬三　明戒比初地增胜

壬四　明戒清净之余因

今初

彼戒圆满德净故，梦中亦离犯戒垢。

彼二地菩萨，由戒最严圆满及功德最清净故，非但觉时，即于梦中亦不为犯戒之垢所染。此又非但不犯根本罪及性罪，即一切违越佛制之轻罪，亦皆远离也。由不起能令犯戒之烦恼，不造一切违越佛制之罪业，永息追悔犯戒之火，常得清凉，故名尸罗。（“多尸”是清凉义，“罗底”是得义。）又以此是安乐之因，善士所行，故名尸罗。此是就文训释。若就体相言，则以能断身语七支犯戒之能断思为相，又无贪无瞋正见三支，是七支能断思之发起。若并发起而言，则以能断十黑业道之十白业道为体。

【科】壬二　明依此故功德清净

云何由尸罗圆满，一切功德皆得清净耶？颂曰：

身语意行咸清净，十善业道皆能集。

由彼菩萨身语意行，于醒寐一切时中，无微细罪犯所染，最极清净，故能修集十善业道圆满无乏。由身修集不杀生等前三善业道，由语修集不妄语等中四善业道，由意修集不贪欲等后三善业道。此复非唯不犯应遮之事，于尸罗中所应行者亦皆能圆满也。

【科】壬三　明戒比初地增胜

初地菩萨岂不圆满修集此十善业道耶？颂曰：

如是十种善业道，此地增胜最清净。

彼如秋月恒清洁，寂静光饰极端严。

彼虽亦实能修集，然不能如二地菩萨所修最胜清净之十善业道。初地之增胜布施，此地亦能具足；于布施外，余九波罗蜜多中，如持戒增胜之量，其忍辱等则未能尔。故说此地持戒增胜，非说无余波罗蜜多。此言十善，且以依十善所制之戒为例，当知即是总说一切戒律。

如秋月有二胜法，谓能息热恼，银光皎洁。如是住清净尸罗之菩萨，亦有二法极为端严，谓守护根门威仪寂静，及容色光严。

【科】壬四　明戒清净之余因

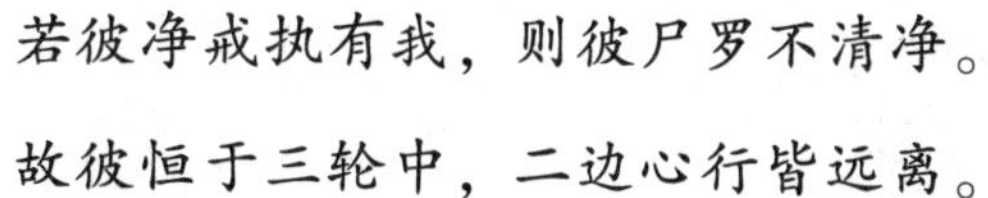

若彼净戒执有我，则彼尸罗不清净。

故彼恒于三轮中，二边心行皆远离。

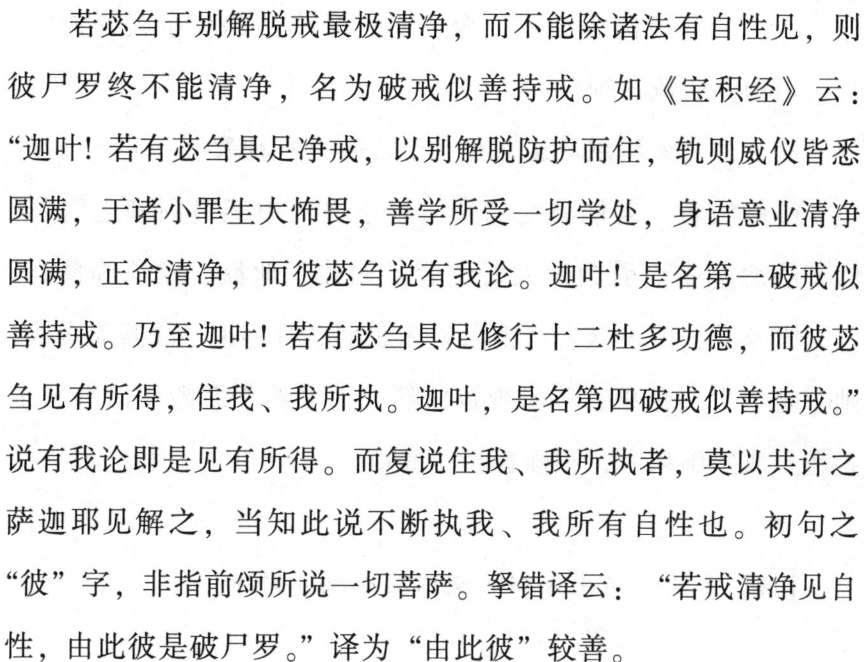

若苾刍于别解脱戒最极清净，而不能除诸法有自性见，则彼尸罗终不能清净，名为破戒似善持戒。如《宝积经》云："迦叶！若有苾刍具足净戒，以别解脱防护而住，轨则威仪皆悉圆满，于诸小罪生大怖畏，善学所受一切学处，身语意业清净圆满，正命清净，而彼苾刍说有我论。迦叶！是名第一破戒似善持戒。乃至迦叶！若有苾刍具足修行十二杜多功德，而彼苾刍见有所得，住我、我所执。迦叶，是名第四破戒似善持戒。"说有我论即是见有所得。而复说住我、我所执者，莫以共许之萨迦耶见解之，当知此说不断执我、我所有自性也。初句之"彼"字，非指前颂所说一切菩萨。拏错译云："若戒清净见自性，由此彼是破尸罗。"译为"由此彼"较善。

由不断除有所得见，尸罗终不清净。故二地菩萨，离破戒时，于谁有情、修何对治、由谁能离之三轮，皆能远离有事无事等二边心行执有自性也。

【科】辛二　明戒之功德分五

壬一　明于善趣受用施果必依尸罗

壬二　明生生辗转受用施果必依尸罗

壬三　明无尸罗难出恶趣

壬四　明施后说戒之理

壬五　赞尸罗为增上生决定胜之因

今初

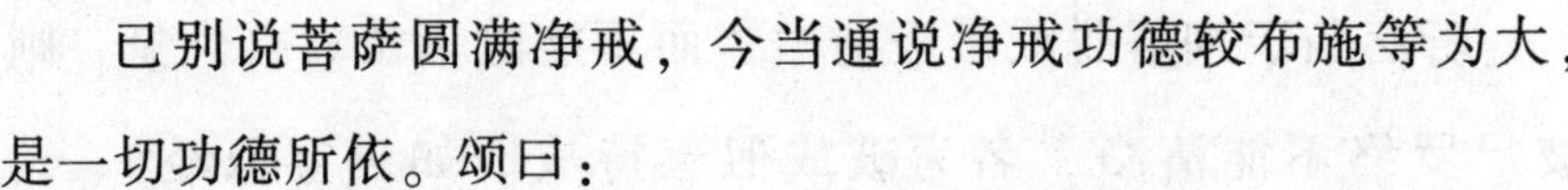

已别说菩萨圆满净戒，今当通说净戒功德较布施等为大，是一切功德所依。颂曰：

失坏戒足诸众生，于恶趣受布施果。

彼修施者，若能具足净戒，当于人天中感最圆满之财位。然有堕恶趣中而受圆满大财位者，如独一地狱，龙象等畜类，及大力鬼类，由彼众生修施而失坏戒足之所感也。故若无净戒，则布施之大财位果，不于善趣成熟，而成熟于恶趣。诸有欲于善趣身成熟施果者，则须善持净戒也。

【科】壬二　明生生辗转受用施果必依尸罗

生物总根受用尽，其后资财不得生。

若无净戒，则于恶趣身中成熟施果。彼唯能受用往世布施之果，最极愚蒙，不知新修布施等。若将前生布施之果用尽，则生物总根亦尽，彼补特伽罗，此后更难得感生资财也。如有人见下少种，可得大果，为得后果故，更下多种，则其果聚增长不绝。若痴人，不知下种，以种为食，则必不能令果增长不息也。

【科】壬三　明无尸罗难出恶趣

失坏戒足堕恶趣者，非但难得财位相续增长，即再出恶趣亦属不易。颂曰：

若时自在住顺处，设此不能自摄持，

堕落险处随他转，后以何因从彼出？

若时随自欲乐自在，不依赖他，住人天趣随顺之处，如勇士住于顺处，脱离系缚。设此补特伽罗，不能善自摄持不堕恶趣，则如勇士被他所缚，投山涧中。若堕恶趣险处后，全无自在，随他力转，彼更以何因能出彼恶趣耶？以恶趣身，修善少而造恶力强，故唯当流转恶趣，如《十地经》云："假使后生人中，亦当感二种果报"。此说难得再生人中，故知当于现在善自摄持，莫堕恶趣，复当竭力严持净戒也。

【科】壬四　明施后说戒之理

是故胜者说施后，随即宣说尸罗教，

尸罗田中长功德，受用果利永无竭。

由破戒是感恶趣等众患之本，故战胜一切罪恶者，为令布施等功德不失坏故，于说布施后，即说持戒之教。戒如良田，为一切功德之所依。若于尸罗田中长养施等功德，使施等因与身财等果，辗转增长永无间竭，乃能长时受用多果。此说凡修布施者，不应专以能感圆满资财为念，要当筹量，以何等身受用彼果，如何乃能使彼资财多生相续，则知持戒为胜方便也。初发业菩萨，虽以利一切有情为得佛道之心，须劝修布施，然亦须于善趣身成熟布施之果，复须多生相续受用，故亦以持戒为因。以无此善趣身，则不具修菩萨行之顺缘也。

【科】壬五　赞尸罗为增上生决定胜之因

若诸异生及语生，自证菩提与佛子，

增上生及决定胜，其因除戒定无余。

得善趣身，及于彼身长时受用布施之果，固有赖于戒；即得决定胜果亦以戒为必要。故诸异生未入圣道者，其能得善趣增上生之因，及从佛语生之声闻，自证菩提之独觉，并诸佛子菩萨，其能得菩提决定胜之因，净戒以外定无余事也。然此非说唯戒是因，余皆非因，以尚有多因非戒所摄者。是说得增上生及决定胜，必不离于戒。离净戒必不能得也。《十地经》说："杀生等十不善业道，各分上中下三品，如次能感地狱、畜生、饿鬼。后设生人中，杀生者得短命、多病二种果报。余九不善亦各得二种不可爱乐果报。十善业道，则能感生欲界人天乃至有顶。其上若有心意狭劣，唯求自利，怖生死苦，阙大悲心，从他声闻，了达无我，以此智慧修十善业，成声闻乘。其上若有于最后生，不从他教，志求独觉菩提，不具大悲方便，解悟甚深缘起，修治清净十善业道，成独觉乘。其上若有心广无量，具悲愍方便，立大誓愿，不舍众生，求诸佛广大智慧，修治清净十善业道，能净治菩萨诸地，修一切诸度，成熟菩萨极广大行。”本颂即摄彼经义。《亲友书》亦云：“仁者于戒勿破羸，莫杂莫染当净修，佛说戒为众德本，如情非情依止地。”此说学戒最为重要，以是净戒虽在二地时说，然初发业菩萨皆当修学。防止十不善业，乃至莫令起犯戒心。修此律仪戒，极为重要，当如上来所说而正思唯。每学戒时，当以无所得慧摄持而修。若仅了其义或略修数次，则无大益，故必须相续思唯也。若能相续修者，则于所学菩萨大行，即使初闻，生于忧怖，念昔诸佛亦久未能修者，自心亦能任运而修也。如《无边功德赞》云：“世闻何法生怖畏，佛亦久远未能行，然佛修习得任运，功德不修难增长。”

【科】辛三　明不与破戒杂住

> 犹如大海与死尸，亦如吉祥与黑耳，
> 如是持戒诸大士，不乐与犯戒杂居。

譬如大海，由诸清净龙神居止之力，凡有死尸即以波浪漂出，不与死尸共住，又诸吉祥圆满，不与黑耳不吉祥共住，如是持戒清净之二地大士，亦不乐与犯戒者共住也。《四百论释》说：“吉祥女所在之家，亦必有黑耳在内”。彼与本论无违，以彼意取有彼名之二人，本论则说黑耳是不吉祥之异名也。

【科】辛四　明戒度之差别

由谁于谁断何事？若彼三轮有可得，

名世间波罗蜜多，三著皆空乃出世。

由谁能断、于谁有情所断、乃断何所断事？若于彼三轮不能减除见为实有可得之种子，则说如是之尸罗，名为世间波罗蜜多。即彼尸罗若于上说三轮实执空不可得，由了达不可得之无漏慧所摄持者，是名出世波罗蜜多。故尸罗中有此二种差别。

【科】辛五　结明此地功德

佛子月放离垢光，非诸有摄有中祥，

犹如秋季月光明，能除众生意热恼。

如秋月光明离诸垢障，能除众生意中热恼。如是二地佛子月轮所放之尸罗光明，离破戒垢。故第二地名离垢，名实相符。亦能除遣众生意中由破戒所生之热恼也。又此二地菩萨，不属生死流转，故非三有生死所摄。然是三有中之吉祥，以一切圆满功德，皆随此菩萨而转，为利众生，以大愿力得为王四大洲之转轮王也。

释第三胜义菩提心

【科】庚三　发光地分四

辛一　释地名义

辛二　释地功德

辛三　明初三度之别

辛四　结明此地功德

今初

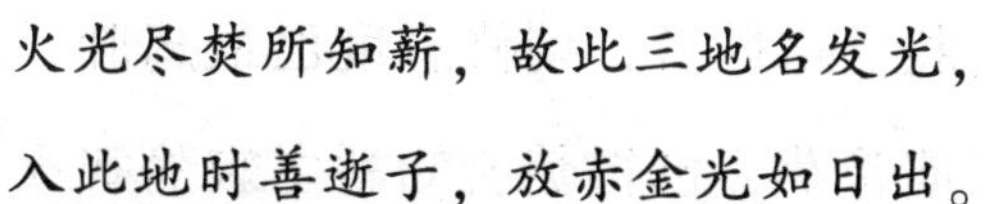

火光尽焚所知薪，故此三地名发光，

入此地时善逝子，放赤金光如日出。

此菩萨第三地，名发光，以得第三地时，发智慧光尽焚一切所知之薪。此是于根本定立，放寂静光明，能灭一切二取戏论也。又善逝子，得第三地时，生智慧光明，如日将出，先现赤金色光明。此是第三地后得位，见赤色或黄色光遍一切处。《宝鬘论》亦云：“三地名发光，发静智光故，起静虑神通，永尽贪瞋故。由此地异熟，常作天中王，增上行忍进，能遣诸欲贪。”

【科】辛二　释地功德分四

壬一　明此地忍增胜

壬二　明余修忍方便

壬三　明忍度之差别

壬四　明此地余净德

今初

为显得如是智慧光明之菩萨，忍波罗蜜多最为增胜。颂曰：

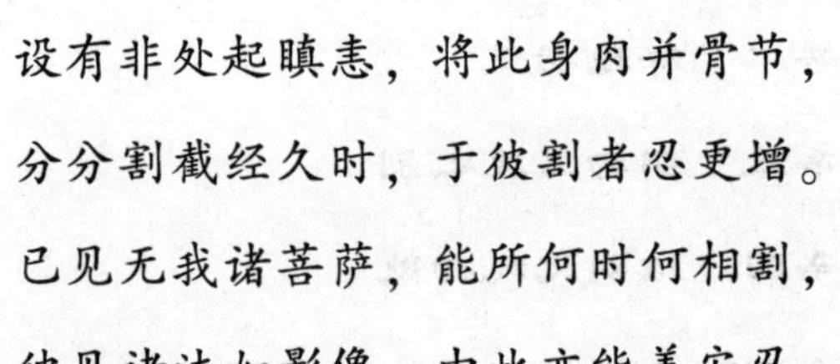

设有非处起瞋恚，将此身肉并骨节，
分分割截经久时，于彼割者忍更增。
已见无我诸菩萨，能所何时何相割，
彼见诸法如影像，由此亦能善安忍。

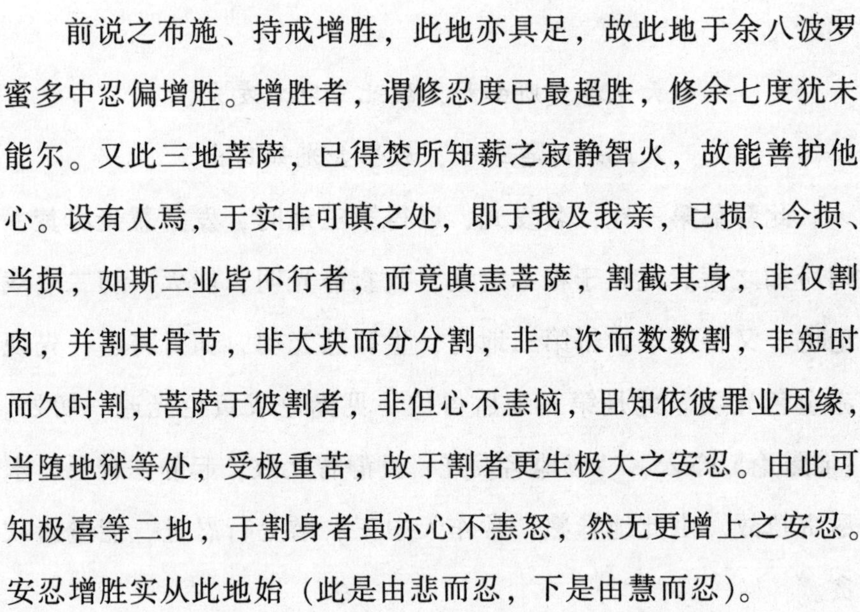

前说之布施、持戒增胜，此地亦具足，故此地于余八波罗蜜多中忍偏增胜。增胜者，谓修忍度已最超胜，修余七度犹未能尔。又此三地菩萨，已得焚所知薪之寂静智火，故能善护他心。设有人焉，于实非可瞋之处，即于我及我亲，已损、今损、当损，如斯三业皆不行者，而竟瞋恚菩萨，割截其身，非仅割肉，并割其骨节，非大块而分分割，非一次而数数割，非短时而久时割，菩萨于彼割者，非但心不恚恼，且知依彼罪业因缘，当堕地狱等处，受极重苦，故于割者更生极大之安忍。由此可知极喜等二地，于割身者虽亦心不恚怒，然无更增上之安忍。安忍增胜实从此地始（此是由悲而忍，下是由慧而忍）。

又此三地菩萨，非但由见地狱等重苦而起增上安忍，由观己之身，谁是能割，何为所割，于何时割，以何相割，现见三轮诸法皆如影像，及离妄计我、我所想，故彼亦能善修安忍。《释论》谓："'亦'字为摄安忍之因"。意谓非但前因能不恚恼，即由此第二因亦能安忍也。

【科】壬二　明余修忍方便分二

癸一　明不应瞋恚

癸二　明理应修忍

初又分四

子一　明无益有损故不应瞋

子二　明不欲后苦则不应报怨

子三　明能坏久修善根故不应瞋

子四　明当思不忍多失而遮瞋恚

今初

又此安忍，非仅地上菩萨相应之行，亦是地前余人保护一切功德令不坏灭之因。故诸未能安忍者，皆应遮止瞋恚也。颂曰：

若已作害而瞋他，瞋他已作岂能除？
是故瞋他定无益，且与后世义相违。

若他已作损害，缘此瞋他能作害者，其所作之损害已不能除。岂缘彼人起内心之愤恚，其已作之损害能得除乎？内心愤恚，即粗暴心，与瞋义同。又此瞋恚非但无益，且与后世之义利相乖，若容许瞋恚，身坏命终，必将引发非爱异熟也。

【科】子二　明不欲后苦则不应报怨

颇有痴人，现受往昔自作恶行所感苦果，妄谓他人损害于我，遂于能害者发瞋恚心而行报复，却愿后世不更受彼损害。

为遮此执故，颂曰：

既许彼苦能永尽，往昔所作恶业果，

云何瞋恚而害他，更引当来苦种子？

怨敌现于自身所作大苦，是由往昔造杀生等诸不善业，于三恶趣受苦异熟，今乃所余等流残果。由此因缘能使一切苦等流果皆悉消灭。既许彼苦能令余业皆悉永尽，云何复起瞋恚心而思报害于他，更引当来远胜现苦之大苦种子？如医师为治重病，作刀割等苦，理应忍受。如是为治未来无边大苦，忍现前小苦，极为应理。

【科】子三　明能坏久修善根故不应瞋分二

丑一　正义

丑二　旁义

今初

又此不忍，非但是能引不可爱异熟之因，亦是能坏多劫所修福德资粮之因。颂曰：

若有瞋恚诸佛子，百劫所修施戒福，

一刹那顷能顿坏，故无他罪胜不忍。

若菩萨大士，于已发菩提心之佛子，或不知彼是菩萨，或虽知之，然由上品烦恼串习，增益其过失，随实不实，发瞋恚心，一刹那顷，尚能摧坏百劫所修福德资粮，如前所说，由修施、戒波罗蜜多，所生善根，况非菩萨而瞋菩萨！如大海水不可以称，瞋恚菩萨之异熟量，亦不可知，故能引不可爱果及能坏善根之罪恶，更无大于瞋恚不忍之心者也。增益真实过失者，疏谓于微小过增益为大过。其摧坏善根之相，如《曼殊室利游戏经》云："曼殊室利，以能坏百劫所修善根，故名瞋恚"。此经于能瞋所瞋之是否菩萨，虽未说明，而《释论》于能瞋所瞋则俱说是菩萨。如《集经论》于引彼《游戏经》之前，先引《弥勒狮子吼经》云："若有菩萨，于三千大千世界一切众生打骂割截，菩萨非由此故便生疮疱。若有于余菩萨，下至起损害心，起株杌心，起瞋恚心，菩萨由此因缘即生疮疱。何以故？若彼菩萨未舍一切智者，由此菩萨于彼菩萨，起损害心，起株杌心，起瞋恚心，随起心数，当于尔许劫中重披誓甲。"此论说能瞋所瞋俱是菩萨，即依此经而说也。

若尔，马鸣及静天云："千劫所修集，布施供佛等，一切诸善行，一瞋悉能坏。"皆说能坏一千劫中所修善根，复云何通？答：《入行论疏》有说："多千劫中所修善根，由瞋众生即便摧坏"，实难信受。彼二论师于能瞋所瞋虽未明说，然能坏百劫或千劫所修善根之瞋恚，其所瞋境，必要菩萨。其能瞋者，观《释论》说"菩萨大士"一语，则能瞋之菩萨，似较所瞋菩萨力大。其能瞋菩萨定是异生，所瞋之境，则有登地未登地之二类。如是便有大力菩萨瞋力弱者，力弱菩萨瞋强力者，能瞋所瞋力相等者，共成三种。其中初者坏百劫善根。若非菩萨而瞋菩萨，则坏千劫善根，极为明显。至于第二第三两种，由所瞋境之胜劣差别，摧坏善根之量，亦当依据圣教，更为观察。

从“于三千”至“非由此故便生疮疱”，是明菩萨于非善萨，心生瞋恚，口出恶言，身行捶打。既与损伤菩萨不同，亦知不须重披誓甲。若此菩萨于他菩萨，即使身语未动，唯发瞋恚，亦须随彼兴心之数，经尔许劫重披誓甲。此所瞋境，是已得授记之菩萨，其能瞋者，则是未得授记者。如《般若颂》云：“若有菩萨未得记，瞋恚斗诤得记者，随彼恶心刹那数，重经尔劫披誓甲。”重披誓甲者，如上品资粮道菩萨，本能疾入加行道；若瞋已得授记者，则随瞋恚心数，于尔许劫中不能入加行道，更当修行也。又《入行论》云：“若于佛子施主所，设有发生罪恶心，佛说应随恶心数，堕地狱中经尔劫”。此说随瞋菩萨之心数，经尔许劫恒处地狱，亦有摧坏多劫所修善根之过患也。若未得授记者瞋已得授记者，有二过患，谓如上说恒堕地狱，及经尔许劫重披誓甲。若作《精研经》所说谤法之业，于七年中每日三时勤修忏法，其异熟果虽可清净，然得忍位，最快亦须再经十劫。若能多门勤修忏悔，虽进道迟缓不可补救，然异熟果犹可清净，故当策励而行也。

【科】丑二　旁义

又能瞋所瞋俱非菩萨，若发瞋恚亦有坏善根者。如《集学论》引说一切有部之经云：“‘诸苾刍，见此苾刍发净信心，以一切支顶礼如来发爪塔否’？白言：‘大德！已见。’‘诸苾刍，如此苾刍随身所覆，下至金轮八万四千踰缮那量，尽其中间诸尘沙数，今此苾刍，当得千倍转轮王位。'”乃至：“具寿邬波离，顶礼世尊，恭敬合掌而白佛言：'世尊说此苾刍，修集如是广大善根。世尊！如是善根，由何令其微薄，损减乃至永尽？''邬波离，若于同梵行所，互生疮疱，我不见彼更有福德。邬波离！由此能使如是广大善根微薄、损减乃至永尽。邬波离！由是当知，于诸枯木尚不应起损恼之心，况于有情之身。'”言微薄者，如彼善根原能引生极圆满果，今令微小，能长时引生妙果，今令短少，非坏一切果，是下品尽。言损减者是中品尽，言永尽者是上品尽。《集学论》引《月灯三昧经》云：“若有互起损害心，持戒多闻不能救，或修静虑住练若，布施供佛亦难救。”言互起者，谓同梵行者。持戒等六不能救者，谓不能遮止瞋心，坏诸善根。所坏善根，彼经未明说。《入行论》说是布施及供佛等，《入中论》则说是布施及持戒所生。《释论》中说是福德资粮，似非通达无我之善根也。

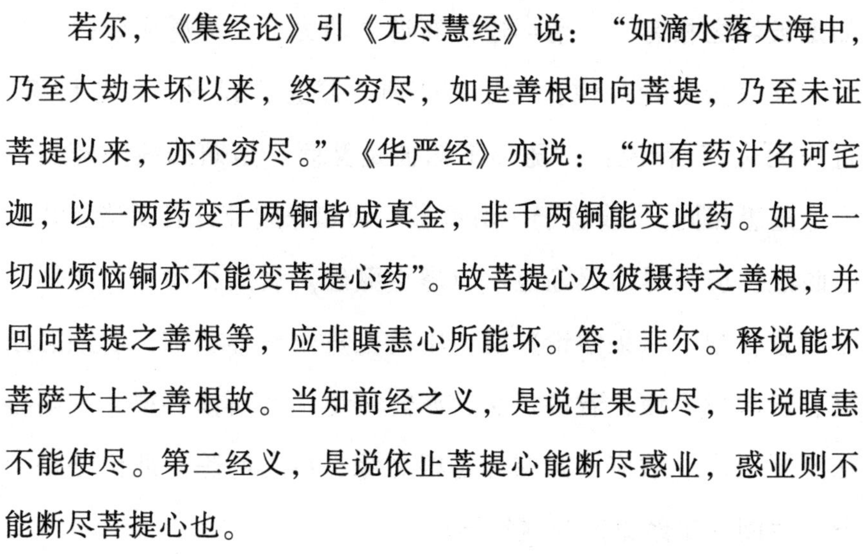

若尔，《集经论》引《无尽慧经》说：“如滴水落大海中，乃至大劫未坏以来，终不穷尽，如是善根回向菩提，乃至未证菩提以来，亦不穷尽。”《华严经》亦说：“如有药汁名诃宅迦，以一两药变千两铜皆成真金，非千两铜能变此药。如是一切业烦恼铜亦不能变菩提心药”。故菩提心及彼摄持之善根，并回向菩提之善根等，应非瞋恚心所能坏。答：非尔。释说能坏菩萨大士之善根故。当知前经之义，是说生果无尽，非说瞋恚不能使尽。第二经义，是说依止菩提心能断尽惑业，惑业则不能断尽菩提心也。

又摧坏善根之义，有说是坏众善速能感果之功能，令其迟缓，先生瞋恚之果，非谓后遇缘时亦不能生自果。彼世间道尚不能断所治种子，则诸烦恼定不能坏善种子也。破：彼因不定，异生以四力对治忏不善业，虽非断不善种子，然后纵遇缘亦定不感异熟果。证加行道顶、忍位时，虽非永断邪见种子及恶趣因不善种子，然后遇缘亦定不起邪见及堕恶趣。又如《俱舍论》引经云：“诸业于生死，随重近串习，随先作其中，即前前成熟”。任何善不善业，凡是先成熟者，则必遮止他业暂不成熟。故仅由此义，不能安立为坏善根或断不善。经论亦未有作如是说者。否则凡是强力不善业，皆应说为能坏善根者矣。故当如《中观心论释》说：“以四力净治不善，以邪见及瞋心坏诸善根，后纵遇缘亦不能生果，如坏种子，遇缘亦终不生芽。”

又坏善根，非是起瞋无间即令善根消失，乃坏彼感果之力。此复如上有上中下三品尽相，随所坏之限，彼即不复成熟也。如是破坏之相有二：谓坏速生新道之功力，及坏感生善果之功力。又《集学论》说：“于菩萨所，瞋恚，轻毁，恶心诽谤，过失无边。”释说：“随知不知彼是菩萨，所瞋因相，随实不实，过患相同。”故总于一切瞋恚，别如缘同梵行者及诸菩萨所起瞋恚，应当尽力灭除也。《虚空藏经》说诸根本罪，能坏往昔所修善根。《集学论》说：由增上贪著利养恭敬，若顾恋家庭，若起增上慢，若谤正法，亦能坏尽往昔所修善根，令诸善法不更增广。故应了知摧坏善根之缘，尽力断除。此但略举少分，兰阅《集经论》与《集学论》。

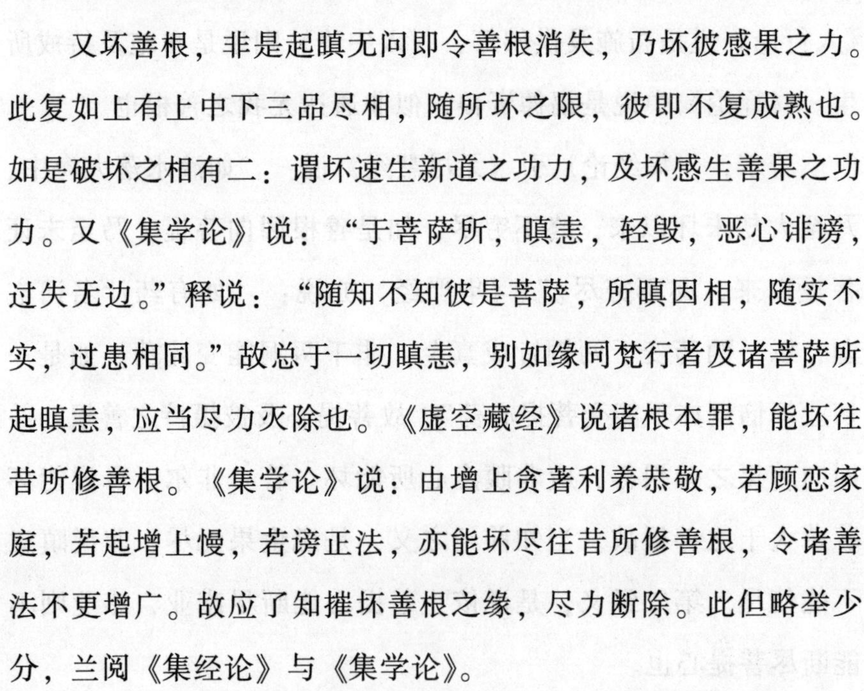

【科】子四　明当思不忍多失而遮瞋恚

复次，无力者不忍，徒为自害。若有势力无悲愍者，则俱害自他。颂曰：

使色不美引非善，辨理非理慧被夺，
不忍令速堕恶趣。

才生不忍时，便使颜色不可爱乐，引成非善，劫夺智慧，不能辨别是理非理。又由不忍瞋恚之力，令命终后速堕恶趣。应思唯此诸过患，灭除瞋恚，不使瞋恚生起也。

【科】癸二　明理应修忍分二

子一　多思安忍胜利

子二　总劝修习安忍

今初

不忍之失，既如上说，违彼而忍，功德云何？颂曰：

忍招违前诸功德，忍感妙色善士喜，
善巧是理非理事，殁后转生入天中，
所造众罪皆当尽。

由修忍故，能招感违前所说瞋恚诸失所有功德。又修忍故，当感妙色，令诸善士见便欢喜，是理非理悉能善巧分别，殁后当于人天受生，由瞑恚心所造众罪皆当灭尽。由思彼等，引安忍力。

【科】子二　总劝修习安忍

了知异生与佛子，瞋恚过失忍功德，

永断不忍常修习，圣者所赞诸安忍。

了知前说异生瞋恚之过失，及诸佛子安忍之功德，即当永断不忍，一切时中常修圣者所赞之安忍。

【科】壬三　明忍度之差别

纵回等觉大菩提，可得三轮仍世间。

佛说若彼无所得，即是出世波罗蜜。

此说安忍波罗蜜多，亦分世出世间二类。如前应知。

【科】壬四　明此地余净德

此地佛子得禅通，及能遍尽诸贪瞋，

彼亦常时能摧坏，世人所有诸贪欲。

此佛子住第三地，得安忍波罗蜜多最极清净，如是亦得初静虑等四禅，及空无边处，识无边处，无所有处，及有顶等四五色等至；慈悲喜舍四无量心；神变，天耳，他心，宿命，天眼等五种神通。虽于静虑无色能出能入，然除彼见能满大菩提分，由大愿力故，思于彼中生，不复由其世间静虑等至增上而生。虽初地中已证是德，然以此地定学增上，较前尤胜。或疑此地随定受生，故特说之。又此地中能尽贪瞑。'及'是亦义，亦摄能尽未说之痴。此中尽义非毕竟尽，经说"一切欲缚、色缚、有缚、无明缚，皆转微薄"故。此等文义若依《菩萨地》意趣，谓由静虑无色世间定力，于欲、色、无色皆悉离欲，即断如前所说之现行。由是当知，是说微薄。缚亦同对法所说。此中经又说："见缚先灭"。有释此谓后三见见道已灭。当知是说分别五见初地已灭。然《菩萨地》则说："初于胜解行地，由胜解诸法真如故，即已断诸见缚。"彼经又说："邪贪、邪瞋及以邪痴，于无量百千亿那由他劫所不能减，于此地中悉得除断"。此约断种，谓修所断俱生烦恼，分中上为六品，从第二地至第七地依次而断。今说此地所断者，《释论》虽未明说分别烦恼在初地断，俱生烦恼从二地断，然说未得第八地时一切烦恼种子皆不能尽。又安立实执为烦恼障摄，乃至未尽实执，亦不能尽萨迦耶见，然于初地已断三结。《宝鬘论》亦如是说。故烦恼总分二类，萨迦耶见尤当分二类，极为明显。又此安立实执为烦恼之宗中，凡以无漏道断除烦恼，则必断一分实执种子。除此种子外，其余现似二取之习气，立为所知障者，虽少分亦不能断，乃至未尽一切烦恼，必不能断所知障，诸所知障，至三清净地乃能断除。

又住第三地时，多作帝释大主，常能善巧令诸世间有情舍

离贪欲，为众中首，善度有情令出五欲淤泥。拏错译此为："亦令常时离贪欲"，较为易知。

【科】辛三　明初三度之别

今为显示前三波罗蜜多，所依差别，资粮体性，并所感果。故颂曰：

如是施等三种法，善逝多为在家说，

彼等亦即福资粮，复是诸佛色身因。

虽诸菩萨在家出家，皆是施等所依，若约修行难易，则在家菩萨较易行施等三法，故善逝为彼多说此三。二资粮中福德资粮，亦即此三法。此福资粮是正感诸佛色身之因。《宝鬘论》亦云："此中施与戒，并及安忍法，别为在家说，善修悲心要。"在家菩萨所修之布施，谓财与无畏施。尸罗谓在家分戒。安忍谓谛察法忍。出家菩萨则易修精进、静虑、智慧，然非彼二全无余德。智慧资粮谓静虑与般若，此二正是法身之因，精进是二资粮之共因。

【科】辛四　结明此地功德

发光佛子安住日，先除自身诸冥暗，

复欲摧灭众生暗，此地极利而不瞋。

发光地佛子如住日轮，自身所有无知冥暗，凡能障碍生此胜义地者，此地初正生时，即先除灭。复将此行相为他宣说，欲使他众生亦能摧灭障第三地之暗也。又彼菩萨由灭障第三地功德之过失暗，故如日轮光极明利。然于犯过众生不生瞋恚，以于安忍善修习故，已由大悲润相续故。

释第四胜义菩提心

【科】庚四　焰慧地分三

辛一　明此地精进增胜

辛二　明此地训释

辛三　明断德差别

今初

今明此地精进波罗蜜多，较前三波罗蜜多增胜，较余六波罗蜜多下劣。颂曰：

功德皆随精进行，福慧二种资粮因，

何地精进最炽盛，彼即第四焰慧地。

若于善业心不勇悍，必不能修施等诸行，一切功德全不得生。若于前说施等功德，或已修集，或当修集，具足勇悍，则已得功德倍复增长，未得功德皆能获得，故说一切功德皆随精进而行。此精进即福德、智慧二种资粮之因。若于何地成就如是炽盛精进者，则彼地名第四焰慧地，第三地中由得增上定学胜前二地，所生殊妙轻安，毕竟断除一切懈怠，此地乃证，故此地中精进波罗蜜多最为增胜。

【科】辛二　明此地训释

何故此地名曰焰慧？颂曰：

此地佛子由勤修，菩提分法发慧焰，

较前赤光尤超胜。

此第四地佛子，由修三十七品菩提分法较前增上，从此所发智慧光焰，较第三地所说如赤金光尤为超胜。以发增上正智火焰，故此地名曰焰慧。如《宝鬘论》云："第四名焰慧，发正智焰故，一切菩提分，增上修习故，彼招异熟果，作夜摩天王，善能破一切，萨迦耶见等。"三十七菩提分法，谓四念住等七聚。四念住：谓身、受、心、法念住。四正断：谓诸善法未生令生，已生令长，诸不善法未生令不生，已生正断。四神足：谓欲、勤、心、观三摩地神足。五根：谓信、进、念、定、慧根。五力：谓信等力。七菩提分：谓念、择法、进、喜、轻安、定、舍正菩提分。"正"等亦通前六支。八圣道分：谓正见、思唯、语、业、命、精进、念、定圣道分。"正"字通思唯以下，圣道分亦通前七。其第一聚为学所依，学体性中，第二聚为增上戒学，第三聚为增上心学，第四聚至第六聚为增上慧学，立为三学。故此地菩萨成就最胜慧学，于三十七菩提分法，若粗若细皆悉善巧。

【科】辛三　明断德差别

自见所属皆遍尽。

自见谓微细萨迦耶见之我见，所属谓此见为首，执著我人等主宰实有之粗分补特伽罗我、我所执，及执著蕴处界实有之法我执，皆遍灭尽。"尽"谓永断此地所应断二种我执之种子，非一切皆尽。经说：犹有俱生萨迦耶见故。

释第五胜义菩提心

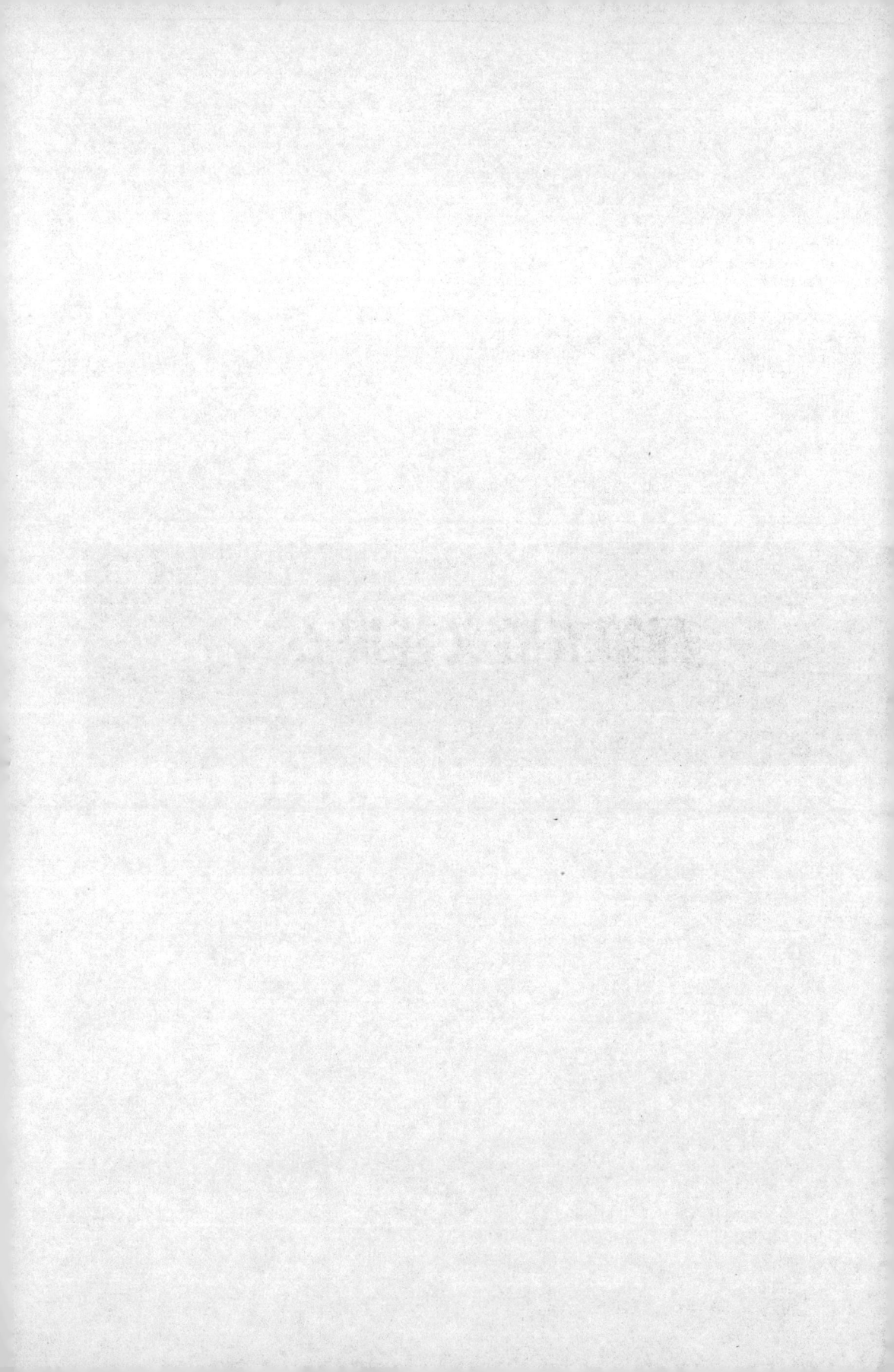

【科】庚五　难胜地分二

辛一　明此地训释

辛二　明静虑增胜善巧诸谛

今初

大士住于难胜地，一切诸魔莫能胜。

大士住于第五难胜地时，一切世界诸天魔王尚不能胜，何况其余诸魔眷属！是故此地名曰难胜。《宝鬘论》亦云："第五极难胜，诸魔难胜故，善知圣谛等，微妙深义故。此所感异熟，作睹史天王，能破诸外道，烦恼恶见处。"

【科】辛二　明静虑增胜善巧诸谛

静虑增胜极善知，善慧诸谛微妙性。

第五地于十波罗蜜多中，静虑波罗蜜多最为增胜。布施至精进四波罗蜜多增胜，先已得讫，故知此约余六波罗蜜多说。如此地已得静虑波罗蜜多，永不复为散乱等障品所伏，但于般若波罗蜜多等则犹未能尔。

又此地非但静虑增胜，即于善慧圣谛深微体性亦极善通达，故于粗细圣谛皆有善巧增上慧学。

问：《十地经》说第五地菩萨善巧苦集灭道四谛，次复别说善巧世俗胜义二谛。《父子相见会》及《中论》，复说世俗、胜义二谛决定，岂离二谛别有四谛耶?答：虽无二谛所不摄之

谛，然为显示所治杂染品中集谛为因，苦谛为果，与能治清净品中道谛是因，灭谛是果，故说四谛。《释论》说彼苦集道谛是世俗谛，灭谛是胜义谛。《六十正理论释》亦云："涅槃是胜义谛，余三谛是世俗谛。"所言涅槃即是灭谛。《六十正理论释》又说："大师亲说现证灭谛。若如实事师所许，现量但缘自相事，则不能尔。"又自宗以无漏根本智亲证真实义，成立灭谛可以现证。若说灭谛是世俗谛，则此建立亦不应理。又多励力成立证涅槃时必须现证真实义，故说灭谛是世俗谛，犹未得正解也。又于有法上遣除所破实性，即胜义谛，然胜义谛之所遣除者非于所知决定非有。如《法界赞》云："由不知何法，流转于三有，敬礼彼法界，遍住诸有情。原为生死因，若已善净治，清净即涅槃，亦即是法身。"此说有垢之法性，若净治离垢即是涅槃及法身，处处说清净法性所遣即诸垢染。若谓法性不可离垢，则徒劳无果；若谓可离，则彼所遣是所知中有。如无兔角所遣之兔角，虽于所知非有，然遣除所知中可有之瓶，立为无瓶，亦可安立为无兔角。若依总遍一切染净诸法之法性而言，虽所遣二我于所知非有，然由诸法垢染渐净，则彼法性亦必随之垢染渐净。故于殊胜有法位，其法性仅有一分清净（自性清净）犹为不足，必须随各位离垢清净。即说此净名为灭谛。

《十地经》中，于此地复说善知相谛等，虽立多种谛名，当知彼等亦非二谛所不摄也。

释第六胜义菩提心

【科】己二　释第六现前地分四

庚一　明此地训释与慧度增胜

庚二　赞慧度功德

庚三　观甚深缘起真实

庚四　结述此地功德

今初

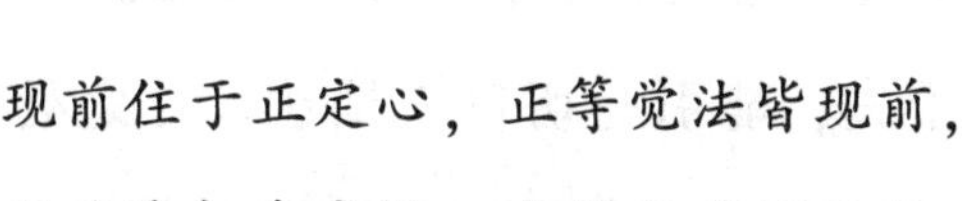

现前住于正定心，正等觉法皆现前，

现见缘起真实性，由住般若得灭定。

由第五地已得清净静虑波罗蜜多，故第六现前地得住最胜定心。以此为依，现见甚深缘起实性，即此菩萨住第六地。由得最胜般若波罗蜜多故，得住灭定；前五地中，以未得增胜般若波罗蜜多故，唯由施等五波罗蜜多增胜，不能得灭定也。

又由般若增上，现证法性如影像故，第五地中见道谛故，正等觉法现前得故，此地名现前地。疏中释第二理由，谓能知所知不可得道已现证故。然《释论》说见道谛者，是举四谛中最后谛，义谓彼地于粗细四谛得善巧，故第六地已得圆满善巧四谛慧。第一理由，显示圆满善巧顺逆缘起之慧学，由已圆满此二慧学故，四谛缘起皆得现前。如是当知此地圆满三种慧学。又奢摩他若何增胜，则毗钵舍那亦随增胜。第五地既得最胜静虑波罗蜜多，则此地自亦能得最胜般若波罗蜜多。故从此地后乃得入不共灭定也。《宝鬘论》云："第六名现前，现证佛法故，由修止观道，得灭定增广。此地异熟果，作善化天王，声闻无能夺，能灭诸我慢。”善化即化乐天。

【科】庚二　赞慧度功德

此显诸余施等资粮，要依般若波罗蜜多，方能趣果。颂曰：

如有目者能引导，无量盲人到止境，
如是智慧能摄取，无眼功德趣胜果。

如一有目士夫，能引一切盲人到达欲往之处。如是于修道时，亦由般若波罗蜜多，能不颠倒明见正道非正道故，便能摄取如无眼之布施等功德，趣向圣位佛果。《般若摄颂》云：“无量盲人无引导，不能见道入城廓，阙慧五度无眼导，无力能证菩提果。”《能断金刚经》云：“善现，如士夫入于暗室都无所见，当知菩萨若堕于事而行布施，亦复如是。善现，如明眼士夫，过夜晓已，日光出时，见种种色，当知菩萨不堕于事而行布施，亦复如是。”于持戒等当知亦尔。

【科】庚三　观甚深缘起真实分五

辛一　立志宣说甚深义

辛二　可说深义法器

辛三　说后引发功德

辛四　劝法器人听闻

辛五　宣说缘起真实

今初

云何现见缘起之真实性？《释论》答云：“彼缘起实性，非吾辈无明厚翳障蔽慧眼者之境界，唯是第六地以上之境，故此不应问吾等，应问已涂善见空性安膳那药，除无明翳，成就慧眼之诸佛菩萨。”由此当知如涂安膳那药令眼明了，非剜其眼。如是由涂善见空性安膳那药，今慧眼明了，非剜明眼。故此宗无诽谤圣根本定全无智慧之恶见也。

问：《般若经》与《十地经》等，岂不明说修行般若波罗蜜多菩萨见缘起性乎？故但当随彼圣教而说。答：“圣教密意亦难解，吾辈虽依圣教，亦不能说也。”此依自力解说而言。然堪为定量大士所造宣说真实义诸论，则能无倒解释经义，要依彼论乃能了解圣教密意。颂曰：

如彼通达甚深法，依于经教及正理，

如是龙猛诸论中，随所安立今当说。

如彼六地菩萨通达最甚深法，如是龙猛菩萨无倒了解诸经义已，于《中论》中，依诸经藏及余正理，显示诸法真实义，极为明了。故月称论师唯依龙猛菩萨论中所说真实义，今当如彼教规而说。云何得知龙猛菩萨无倒解释了义经义耶？答：由教证知，如《楞伽经》云：“南方碑达国，有吉祥苾刍，其名呼曰龙，能破有无边，于世宏我教，善说无上乘，证得欢喜地，往生极乐国。”此说龙猛菩萨能离有无二边，解释了义大乘。《金光明经》说此菩萨，是佛世离车子一切世间乐见童子后身。《大云经》云：“我灭度后，满四百年，此童子转身为苾刍，其名曰龙，广宏我教法。后于极净光世界成佛，号智生光。”故此菩萨，定能无倒解释经义。《曼殊室利根本教》，说诞生年代与名号同，说住世六百岁。《大法鼓经》说：“一切世间乐见离车子童子，于大师灭度后，人寿八十岁，教法衰微时，转身为名含大师德号之苾刍，广宏圣教，满百岁后往生极乐世界。”觉贤上座与阿底峡尊者说此亦是授记龙猛菩萨。盖以乐见离车子与龙猛菩萨，是一体故。《大法鼓经》说彼苾刍位登七地，然不能成与前众经决定相违。如有经说，四大天王证预流果，亦有经中说已成佛，如是等类，经中非一。

【科】辛二　可说深义法器

了义诸论，唯应为夙植通达空性种子者说，不可为余人说。以彼闻空性诸论，转于空性起邪执心，当获重大非义也。获重大非义者，或有因不善巧故，谤毁空性而堕恶趣；或有误解空性深义，颠倒妄执诸法全无，或全非有。初生邪见，谤一切因果等法；次着不舍，辗转增长。如云：“不能正观空，钝根则自害，如不善咒术，不善捉毒蛇。”《显句论》释此云：“要不堕于损减世俗边，不违害如影像之业果；要不堕于增益胜义边，知唯无自性，乃能有业果。”若与此相违，说为堕常断二边。又说妄计诸行非有，是为邪见，故无与非有，言虽异而无之行相则无差别。《四百论》云：“一堕于恶趣，正见证寂灭。”释云：不善士夫闻无我法，由生谤毁反起邪执，应堕恶趣。说彼二种俱堕恶趣。起邪执者，谓执空性为非有义，由是若无简择最微细义之慧力，妄矜为有，于不适自机之甚深义文，强作胜解，必当引生重大非义。故于此处应极慎之。

问：何种机可说空性，何种人不应说空性，此既难决定，为以何方便能了知耶？答：由外相状即能了知。颂曰：

若异生位闻空性，内心数数发欢喜。

由喜引生泪流注，周身毛孔自动竖。

彼身已有佛慧种，是可宣说真性器。

当为彼说胜义谛，其胜义相如下说。

诸异生初发业时，无倒听闻空性言教，若彼闻已，于此言教，内心数数引发欢喜，由此欢喜流泪、毛竖，则知此人有正觉慧五分别智种，即通达空性之种子。此人即是阿遮利耶可为宣说真实义之法器，当为此人宣说真胜义谛。胜义谛行相下当广说。此等相状要由无倒听闻空性言教，及听已了解之所引生。若闻而未解，或了解而无彼相状，虽暂不知是否甚深法器，然若能不违善知识之教诫，亦是堪新植通达空性功能之法器也。

【科】辛三　说后引发功德

为堪闻者宣说空性，非空无果。颂曰：

彼器随生诸功德，常能正受住净戒。

勤行布施修悲心，并修安忍为度生。

善根回向大菩提，复能恭敬诸菩萨。

彼闻空性见，非但不于空性起颠倒执，引生无义，且能随行所闻，引生功德，谓彼法器，闻空性见如获宝藏，为令空见于余生中不退失故，常能正受安住净戒。彼作是念：我若犯戒必以此而堕恶趣，致空见为之间断，故能受戒守护不犯。此言犯戒，不限先受，净戒违品诸自性罪，皆是犯戒也。又作是念：我纵能严持净戒生诸善趣，倘生贫家，缺乏饮食衣服医药资生之具，恒须追求，则听闻空见及修习空义皆将间断，遂于前说上下福田尽力供施。复作是念：此空性见要以如上所说大悲摄持，方能引生佛果，故恒修大悲心而为根本。复作是念：由瞋恚力能堕恶趣，能坏善根，能令颜色极不可爱，缘此令诸圣者不生欢喜，故当修安忍。又见持戒等善根，若不数数回向一切种智，则非成佛之因，亦不能恒感身及资财无量妙果。故持所有戒等善根，为度众生出生死故，回向菩提。又见二乘等不能如诸菩萨宣说甚深缘起，故于诸菩萨所起极敬重心。

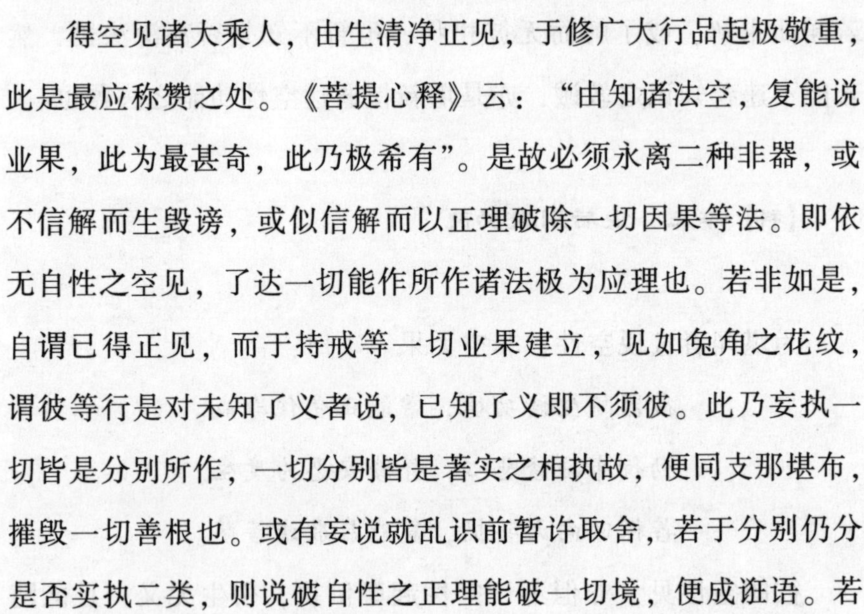

得空见诸大乘人，由生清净正见，于修广大行品起极敬重，此是最应称赞之处。《菩提心释》云：“由知诸法空，复能说业果，此为最甚奇，此乃极希有”。是故必须永离二种非器，或不信解而生毁谤，或似信解而以正理破除一切因果等法。即依无自性之空见，了达一切能作所作诸法极为应理也。若非如是，自谓已得正见，而于持戒等一切业果建立，见如兔角之花纹，谓彼等行是对未知了义者说，已知了义即不须彼。此乃妄执一切皆是分别所作，一切分别皆是著实之相执故，便同支那堪布，摧毁一切善根也。或有妄说就乱识前暂许取舍，若于分别仍分是否实执二类，则说破自性之正理能破一切境，便成诳语。若不分二类，则见行二种分别，应互相违害，势同水火。甚安立取舍处之乱识，与能安立者，并所安立法，皆应无处安立。纵作此等臆说，适成前引诸论之敌者也。

【科】辛四　劝法器人听闻

善巧深广诸士夫，渐次当得极喜地，

求彼者应闻此道。

如上所说甚深广大之理，若有士夫能善巧者，则于异生位中，不久即能修集甚深广大福智资粮，渐次当得极喜地。故凡欲求极喜地者，应听闻此甚深道也。此即劝令听闻。如《四百论释》云："若极爱重自性空论，当修彼顺缘门，即凡能于空性增长净信者，当如是行。又由悲心故，欲报佛恩故，欲令自身正法离诸险难因缘故，当行诸难行，于诸难施，以四摄事摄众生，于正法器尽力宣说此正法教。"此谓于远离非器二过失者，当励力宏扬此法。若未如实了知其胜解者，应先以不违缘起之法而为宣说。若诸说者善知闻者，成就法器，为之如理讲说，其福极大。《集经论》云："若信解甚深法，便能摄集一切福德，乃至未成佛以来，世出世间一切胜事皆能成办。"如《宝施童子经》云："曼殊室利，若诸菩萨无善巧方便，经百千劫修行六波罗蜜多。若复有人闻此正法，生疑心者，所得福德尚多于彼。何况无疑而正听闻及以书写、受持、讲说、为他开示。"《能断金刚经》云："佛告善现：'于汝意云何，殑伽河之中所有沙数，设有如是沙等殑伽河，是诸殑伽河沙宁为多不？’善现答言：‘甚多，世尊！诸殑伽河尚多无数，何况其沙！’佛言：‘善现！吾今告汝，若善男子善女人，以妙七宝，盛满尔殑伽河沙等世界，奉施如来，是善男子善女人，由此因缘所生福聚宁为多不？’善现答言：‘甚多，世尊！甚多，善逝！’世尊告曰：‘若复有人，于此法门，乃至四句伽陀，受持读诵，广为他说，所生福聚甚多于前。’”《如来藏经》于说上品十不善法后云：“假使众生具足彼等，若能悟入诸法无我，信解诸法本来清净，则彼众生必不堕恶趣。”《降魔品》亦云：“若有苾刍了知一切诸法最极调伏，了知众罪前际性空，则能灭除犯戒忧悔，令不坚固。于无间罪尚能超胜，况犯轨则尸罗微细邪行。”《未生怨王经》云：“诸造无间罪者，若能闻此正法信解修行，我不说彼业，是真业障。”此等是说，若讲说听闻，及余时中，信解思唯甚深法义之胜利，要具二缘方能获得所说胜利：一、发清净心，谓不顾恋名利恭敬等。二、不倒说，谓不倒执所说法义。若具二过，或随一过，皆能障碍无量功德。世亲论师云：“故若颠倒说法，及心杂染，希求利养恭敬名闻而说法者，失坏自身大福德聚。”其闻法者，发清净心，与不倒解法义，亦极重要。

【科】辛五　宣说缘起真实分三

壬一　圣教宣说真义之理

壬二　以理成立圣教真义

壬三　说彼所成空性之差别

初中又二

癸一　引圣教

癸二　明了知真实之障

今初

《十地经》说："第五地菩萨，欲入第六地者，当观诸法十平等性。何等为十？谓一切法无相故平等性，一切法无体故平等性，无生故，无起故，远离故，本来清净故，无戏论故，无取无舍故平等性，一切法如幻、如梦、如影、如响、如水中月、如镜中像、如化事故平等性，一切法有无不二故平等性。菩萨如是善通达一切法自性，得明利随顺忍，得入菩萨第六现前地。"此中无取无舍，二者合为一平等性，如幻等七喻，合为一平等性。末二亦合为一平等性。明十种平等性，《十地经》释与《菩萨地》有所不同，彼二与此宗解释空性亦不相同，故此中更当别释。其中初平等性，谓于圣根本智前，诸法异相皆不显现。第二、谓一切法皆无自体故平等。此二是总标，余八性是别释。第三、无生依未来世说。第四、无起依余时言。此亦通一切法皆悉平等。以下诸性，当知亦尔。第五、远离，谓当生已生空，此即由第二自体平等性相所显之远离。此复非是现以教理令其远离，乃是本来即如是清净，是第六性。第七性，谓无二取戏论，即与第一性义合。若作名言分别所不能论解，即是第二性之差别。第八性之差别，亦如是。第九性谓能证成前义诸譬喻门。第十性谓一切法，若有事无事皆无自性。明利谓速慧，随顺谓与第八地无生法忍相随顺。此随顺忍，以随位不同，有多种异释。宣说诸法真实义之教文虽多，今是解释第六地慧通达真实，故但引以十种平等性证第六地之教也。

【科】癸二　明了知真实之障

于抉择诸法无实中，若不善解何为实有及如何执实有，则于真实义见，定有错失。《入行论》云："未知所观事，必不取彼无。"此说心中若未善现起所破事之总相，则必不善缘取彼所破事之无。以是心中若未如实现起所无之实有行相，及由何事空之所破行相，则必不能定解无实与空性也。又此所破，唯由宗派遍计之实有，及略知实执，犹为未足，必须了解无始随逐传来为宗派变未变心者共有之俱生实执，及彼所执之实有。若未能解此，则虽以正理破其所破，然于无始随逐传来之实执全无所损。又应先解自身之实执，次当善知以诸正理直接间接破除彼境之理。以若唯作向外转之破立，则利益甚微也。此中若能善知自续、应成中观两派所明，乃能善辨所破差别。释此分二：

【科】子一　明自续中观派之实执

子二　明应成中观派之实执

初又分三

丑一　明实有与实执

丑二　以幻事喻明观待世间之实妄

丑三　法喻合释

今初

自续派之论典，于所破多未明说，唯《中观明论》释世俗有，可就其违品之有，知其何为胜义有或真实有。如彼论云："于无真实性事，增益违上行相之乱觉，名为世俗，此能障真或由此能蔽真实故。如经云：'法生唯世俗，胜义无自性，于无性错乱，说明真世俗。'从彼所生，由彼所显现，所见一切虚伪之事，名唯世俗。此复由无始错乱习气成熟增上而生，由此能于一切含识，示现似有真实事性令见为有。故由彼等意乐增上，安立一切虚伪性事，名唯世俗有。"乱觉以上，明于胜义无自性错乱为有之义。从"名为世俗"至"蔽真实故"，明真世俗之义。世俗是能障义，谓能障蔽真实也。从彼实执所出生故，由彼实执现似实有。能见彼者是分别心，非是根识，与《二谛论释》之所破实有，非根识所见义同。从"此复"至"而生"，明彼实执是俱生执，故云"于一切含识"。彼等含识之意乐，非唯分别心，亦有无分别心。由彼二种心增上安立为有，非胜义有之诸虚伪事。名"唯世俗有"者，即"法生唯世俗"之义，非谓于实执世俗中有也。由是当知，若谓非由于心显或由心增上之所安立，而是彼义自体中有，即是实有，胜义有，真实有。若执彼有，即是俱生实执。

《中观明论》云：“言胜义无生者，谓由真智不能成立诸法生也。”准此可显，若观真实义智而能成立为生及有者，即胜义之生有，此与前说，复云何通？答：诚如所问，当知于所破所加之胜义简别，有二胜义：一、以闻思修三种理智为胜义，如上所说，即由彼不成者。二、以非由心增上安立，而是彼义自体中有，为胜义有。凡前种胜义及彼所成就，皆可是有。后种胜义及彼中有，皆定非有。以是若后胜义中有，则前胜义中亦决定有。然执有前者，非俱生实执。其俱生实执，必须执后者为实有也。颇有未能辨别此二之差别，于明所破时，便谓堪忍正理观察，或堪观之事，为所破量齐。由此，或说胜义非有，或说是实有，异说竞起。若能善辨前义，则知说实性中无，胜义中无，与说法性是有，法性即实性，即胜义，都不相违也。

【科】丑二　以幻事喻明观待世间之实妄

欲知何为以心增上安立或不安立为有，由彼幻喻即易于了知。如幻师变木石等为象马，即彼幻师与眼识迷惑之观者及眼识未迷者之三人中，初唯见为象马而不执为象马；第二类人，既见且执；第三类人，象马之执见俱无。又彼幻物现为象马者，不可妄谓：“如误绳为蛇，于彼识前绳现为蛇而绳实非蛇，如是唯于乱识前现为象马，然彼幻物不现为象马。”此即不加签别，必须许幻物现为象马。若不尔者，应于所见都无迷乱。若约此义安立幻物现为象马，则约幻师言，唯由乱心如是显现增上而立，非由幻物本体增上而立也。约观者言，则不自觉所见象马由心增上而立，反执彼幻处确有真实之象马存在。此即就喻说明由心增上安立与不安立之理。故于彼物现为彼像，是否所现之实体有其二类。

若善解此义，则余妄计："诸实事宗，亦由能量增上安立所量能量即心，由彼安立所量，亦即由心增上安立，则彼亦应破除实有。"于此等二宗紊乱之点皆能分别。由能量安立所量，是由能量通达二种所量之实性。彼与前说实极不相同。

成立如是幻相者，若顺瑜伽行之中观师，谓由自证现量成立。若许有外境之自续师，则谓由缘地方及虚空等之根识现量成立。如现非有者，谓若如是有者，则于眼未迷者应亦能见，然彼无所见。是故现似象马与象马本空，二义俱存。此依未学教者通常名言识成立为妄，与成立镜中影像为空之心，俱非粗细任何理智。若依通常名言识增上果是实有者，则应凡所见事彼事非空，若彼事为空则应不可见。此二既俱存，则知依通常名言识增上者唯是虚妄也。

【科】丑三　法喻合释

如眼识迷惑之观者，认幻事为实有。如是诸有情类，见内外诸法似真实有，不知唯由自心显现增上安立，执为诸法自体实尔。是为无始传来俱生实执。此自续派所安立者。若以应成派观之，则彼执所破之心，犹觉太粗，仍非最细之俱生实执。

若时能以正理，破彼实执所计之实有，则犹如幻师，了知唯由内心增上安立为有，不复妄执内外诸法实体本尔。此复是许，由无正量违害之心增上安立者，乃名言有，非许凡由心增上安立者一切皆是名言中有。从种生芽，虽由心增上安立，然说芽体从种子生，亦不相违。如幻物自体亦变为象马，一切名言有法，皆当如是知。即诸法性，亦由能见自体之心增上安立为有，故名言中有无不遍一切之失。以是有说，如幻事现为象马，而象马实空，如是瓶等一切法，虽现为瓶等，然瓶等亦本空，当知全非幻喻喻法合释之义。若如彼说，则应全无是彼法者。即法喻合释，亦应唯现为彼相，非是彼事。若时生起根本无分别智，一切二取相于彼皆灭，此如眼识未迷者之于诸幻相，见执俱无。

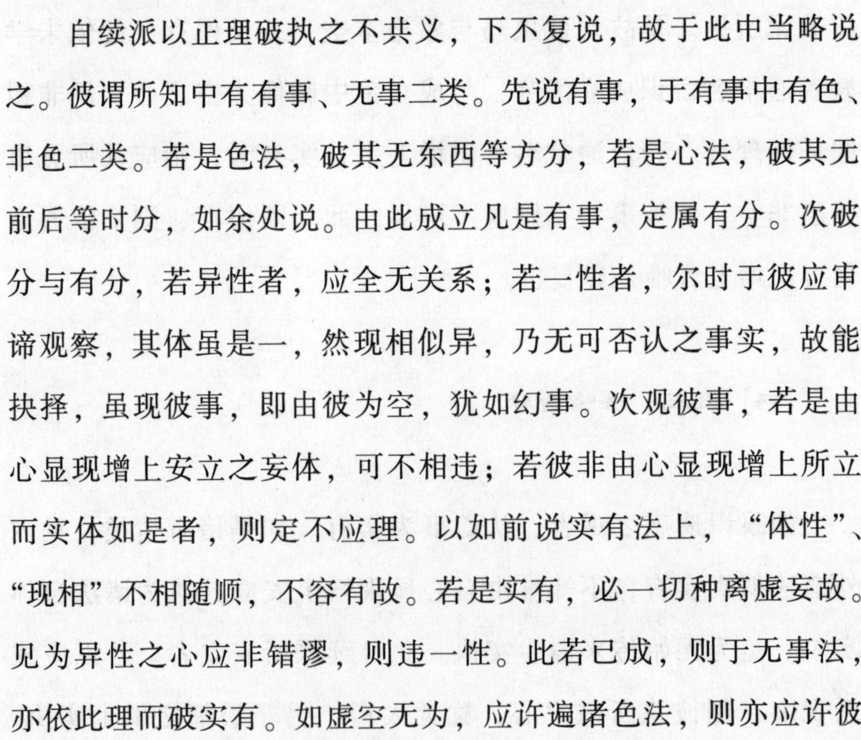

自续派以正理破执之不共义，下不复说，故于此中当略说之。彼谓所知中有有事、无事二类。先说有事，于有事中有色、非色二类。若是色法，破其无东西等方分，若是心法，破其无前后等时分，如余处说。由此成立凡是有事，定属有分。次破分与有分，若异性者，应全无关系；若一性者，尔时于彼应审谛观察，其体虽是一，然现相似异，乃无可否认之事实，故能抉择，虽现彼事，即由彼为空，犹如幻事。次观彼事，若是由心显现增上安立之妄体，可不相违；若彼非由心显现增上所立而实体如是者，则定不应理。以如前说实有法上，“体性”、“现相”不相随顺，不容有故。若是实有，必一切种离虚妄故。见为异性之心应非错谬，则违一性。此若已成，则于无事法，亦依此理而破实有。如虚空无为，应许遍诸色法，则亦应许彼有遍东分与遍余方之分。如是法性亦有所遍诸分，及有前后觉慧通达诸分。余无为法亦如是。此分与有分亦非异性而应是一性，若此性是妄，可不相违，若实有则不应理，广如前破。如是观察便能成立一切所知皆非实有，是静命师徒所许。有说分与有分唯观有事，非也。未学宗派者共许之虚妄，与中观师所许之虚妄不同。由心安立虽亦为彼等共许，然仅彼义，自宗不许为由心安立。由是当知，此派中虽无非由内心显现增上安立之体性，然许有非唯假名由彼增上安立之体性，亦不相违。故两派中观之所破，于内心安立上有极大之不同。若将此派之实有，实执，与破实执之正理，先善为引导，次乃示以应成正宗，则善能分辨正见之差别，故于此中略为宣说。

【科】子二　明应成中观派之实执分二

丑一　明由分别增上安立诸法之理

丑二　明执彼违品之实执

今初

《邬波离问经》云："种种可爱妙花敷，悦意金宫相辉映，此亦未曾有作者，皆从分别增上生，分别假立诸世间。"此说诸法皆由分别增上安立。说一切法唯由分别假立，及由分别增上安立者，余证亦多。《六十正理论》云："正等觉宣说，无明缘世间，说世是分别，云何不应理。"《释论》释此义谓："一切世间非自性有，唯由分别之所假立"。《百论》亦云："若无有分别，贪等亦非有，故智者谁执，真义及分别。”《释论》云：“有分别，方有彼贪等，若无分别彼等亦无。决定当知如于绳上假立为蛇，定无自性。”真义谓有自性，分别谓依彼而生。彼贪等如于绳上假立为蛇者，乃举一例。余一切法皆是分别假立，如于绳上假立为蛇，由彼之杂色盘伏与蛇相似，若于境不明，便起彼绳为蛇之乱觉。尔时若绳总体，若绳一分，都无少分可安立为蛇者，故知彼蛇唯是分别假立。如是依于诸蕴便起我想，然彼诸蕴，若前后相续，若同时，总体或一分，全无少分可安立为我者；离蕴分及有分之外，亦无少分异体可安立为我者。故彼我唯是依蕴分别假立，都无自性。《宝鬘论》云：“士夫非地水，非火风非空，非识非一切，异此无士夫。”此中士夫即补特伽罗、有情、自、我。非地乃至非识，破有情六界之一分为我，非一切，破六界之合集为我，末句破离六界外异体之我。然非不许补特伽罗，亦非别许阿赖耶识等为补特伽罗，故如《释论》所解，正是菩萨所许也。若了知由分别心安立补特伽罗之理，由分别心安立余一切法，与彼义同。如《三摩地王经》云：“如汝知我想，如是观一切。”《般若摄颂》云：“知自及诸众生等，乃至诸法亦复然。”《宝鬘论》云：“如六界集故，士夫非真实，如是一一界，集故亦非真。”初二句，谓依六界合集假立为士夫。后二句，谓离分与有分之法，决定非有，故一一界皆依多分合集假立，则分及有分，皆非安立为彼之事。离彼二外，亦无异性可立为彼之事也。

瓶等诸法由分别安立之理，虽与绳上假立之蛇相同，然瓶

等诸法与绳上之蛇，为有为无及有无作用等，则极不相同。以彼二事，须否决定名言，即立彼名有无违难等，极不同故。说分别安立之法，能有各别作用者，是佛护、静天、月称三大论师解释龙猛父子意趣之不共胜法。此亦即是中观见之究竟深处。如《宝鬘论》云："色法唯名故，虚空亦唯名，无种宁有色，故名亦非有。受想及行识，如大种如我，皆应如是思，故六界无我。"又云："唯除于假名，若云有云无，世间宁有此。"此说于胜义中，名亦都无，除名言中唯由名言增上安立，都无所有，故唯是假名。若善了知以上诸义，则能善解一切诸法皆是依缘安立，依缘假设，依缘而生，皆无自性，皆无不由他名增上安立之自在体，随立何法，皆是不寻彼假义而安立者。

【科】丑二　明执彼违品之实执

一切唯由名言增上安立为有，若执非如是有，即是执实有、胜义有、真有、自性有、自相有、自体有之俱生执，此执所执之境，即是假设实有之量。于所破上所加胜义简别，有二种胜义，此派亦同。中观自续派虽于所知不许实有等三，然自性等三，则许名言中有。此于暂时未能通达最微细之真实义者，实为引导证彼之大善方便也。如是当知，诸法体性若不依名言分别，非由分别增上安立，说彼体性即所破之我。此我于补特伽罗上非有，即补特伽罗无我，于眼耳等法上非有，即法无我。由此可知，若执彼体于补特伽罗及法上有者，即二种我执。如

《四百论译》云："所言我者，谓诸法体性不依仗他，由无此故名为无我。此由法与补特伽罗之差别，分为二种，谓法无我与补特伽罗无我。"本论亦云："由人法分二。"故二无我，不由所破分别，乃以所依有法而分。俱生我执萨迦耶见，本论破他以诸蕴为所缘。《释论》说缘依蕴假立之我。故起我觉之所缘，乃唯我及唯补特伽罗。其行相，《释论》云："我执于非有我妄计有我，执此是实。"此谓执彼我为实有。《释论》又云："萨迦耶见执我、我所行相而转，是染污慧。"此说俱生萨迦耶见之所缘，任运能起我觉。故执他补特伽罗为自相有之俱生执，虽是俱生补特伽罗我执，然非俱生萨迦耶见。执我、我所行相而转者，非显我、我所执行相之境，是说于彼二自相有起执，即为行相。俱生我所执萨迦耶见之所缘，谓我所法，非以我之眼等为所缘。其行相，谓缘彼所缘，执我所为自相有。

若尔，何故《释论》解我所云："次念云：此是我所。谓除我执境外，贪著余一切事。"此岂非说计着眼等事为我所，即是我所执耶？彼论意说于眼等见为我所，执我所为实有，非说眼等是我所之所相事。若不尔者，则萨迦耶见与法我执应无差别。

俱生法我执之所缘，谓自他相续所摄之色蕴等、眼耳等，及非相续所摄之器世等。行相如前说。

此二种我执，即系缚生死之无明。《七十空性论》云："因缘所生法，分别为真实。佛说是无明，彼生十二支。"此说缘诸法执为真实，即生死根本之无明。从法我执，引生补特伽罗我执之无明，故说从彼生十二有支。

破此无明，必须见彼所执为空及无彼所执之我。《七十空性论》云："见真知法空，无明则不生，此即无明灭，故十二支灭。"《法界赞》亦云："若执我我所，即妄计外法，若见二无我，三有种当灭。"又云："最上净心法，是为无自性。"《四百论》亦云："若见境无我，三有种当灭。"又云："故一切烦恼，痴断故皆断。若见诸缘起，愚痴即不生，是故于此中，励力宣此说。"此所说痴，是三毒中之痴，故是染污无明。此说灭彼无明，必须通达空即缘起之甚深缘起义。《释论》解"故瑜伽师当灭我"，谓由破除我执之境，通达无我。故若未能破我执境，但于彼境摄心不使散乱，不可说为通达无我。此谓心于境转，总有三相：一、执彼所缘为实有。二、执为无实。三、都无彼二差别相。如未执无实时，非即执为实有，故未缘二我时，亦不定缘二无我，有无量心住彼第三类中。是故要于自身认识二种我执，次于自所误执之事，抉择非如执有。若不尔者，唯于门外破立，全不得要领，如贼逃林中，于林外追寻也。若能善知实执，则知有无量分别非二我执。彼妄执凡分别心所取之境，皆是观察真义正理之所破等邪执，皆可断除也。

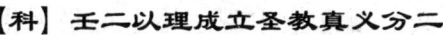

【科】壬二以理成立圣教真义分二

癸一　以理成立法无我

癸二　以理成立人无我

初又分四

子一　就二谛破四边生

子二　释妨难

子三　以缘起生破边执分别

子四　明正理观察之果

初又分三

丑一　立无自性生之宗

丑二　成立彼宗之正理

丑三　破四边生结成义

今初

前说十种平等性中，此以正理成立自性无生平等性，则余平等性亦易知之，故圣者于《中论》初云："非自非从他，非共非无因，诸法随于何，其生终非有。"终谓毕竟。随于何，谓任于何，此所依声（于何）明无生之所依，谓时、处、宗派。于彼三事中何法不生？谓能依之内外诸法。由是"非自"等论义，应如是配释：内外诸法，于任何时、处、宗派，自生决定非有。余三宗亦应如是配释。《显句论》虽译为"从自诸法"，然以今译为善。或念不生，为处所增上，如有处不生郁金花，时间增上，如有时不生五谷耶？今云随于何时何处，即破彼执，故论置"终"字，非全无义。或念依中观宗增上虽是无生，依实事宗增上应是有生。今云随于何宗，即破彼执，非但于实事宗无生也。《释论》云："此中'非'字，与有之能立自生相连，非与有相连，破有义亦成立故。"此谓论义不可如彼以后二句为宗、前二句为因者所释。当释为"从自生终非有"。余三宗亦尔。若有自性生，则必须许成立彼之四生随一，故云有之能立。末句（破有义亦成立故）之义，谓若能破四边生，则亦成立破自性生。故彼量式，无不成立无自性生之过。故不可如《中观明论》所说，以破四边生为因，成立无自性生。

又"诸法随于何时、处、宗派，从他生决定非有"，《显句论》云："唯由此因缘许世俗有，非许由四边有，应说诸法有自性故。"故"他生"二字，非圣教之名言，乃余宗之名言，意指有自相之他。若许彼者，即应许有自性。故此宗于名言亦不许有他生。虽名言中许因果异体，然彼非是他生之义。如名言中说一一法各有二体，然不许彼体即自性生之体生。

《显句论》说诸法无自生之宗，是无遮。余三宗亦尔。故抉择无自性时之所立，即唯遮所破之无遮。如《显句论》云："世间所有言，无事无所有。此等为显无遮故，无事即无自性义。"《释论》亦云："已说四宗，为以正理成立故。"下文亦以破四边生为因，说诸法离自性生。《显句论》破四边生之后云："故生非有，是所成立。"故非不许成立诸法无自性生。《显句论》云："诸比量，唯以破他宗为果。"此说诸比量式，唯破他人自性有之宗，不更成立别法，然非遮成立彼破。故彼又云："吾等非成立有无，唯破他人增益之有无，破除二边，成立中道。"此说唯破他人所计之有边无边，此外不成立余法，然非不成立破除二边，以说破除二边成立中道故。若谓亦非无自性者，则应成有自性，离此更无第三品故。如《回诤论》云："若即无自性，遮于无自性，由遣无自性，即成有自性。"虽许有如是能立所立，然非自续派，如余处已广宣说。

二种遮遣之相云何？凡言遮者，谓由内心正遣所遮而得通达。若仅于有事法遮非自，如云非自体，此犹非是遮。又如法性及胜义之名，虽未正遣所遮，然心中现起彼义时，必现起遮遣戏论之相，此乃是遮。遮有二种：一曰无遮，谓心遣所遮法已，不更牵引或更成立余法。如问云：婆罗门可饮酒否？曰：不可。此语仅遮饮酒，不更成立可饮余物。二曰非遮，谓心遣所遮法已，更牵引或成立余法。如欲明某人是首陀种姓，曰此非婆罗门。此语非但遮婆罗门，亦成立离婆罗门外之首陀种人。于引余法中又分势引、直引、时引三种。初如云：胖祠授昼日不食。此语义饮余法。二如云：有无我。此语能遣所遮及直引余法。上二是别引，亦有一语俱引者，如云：胖祠授昼日不食而不瘦。三如已知某人非刹帝利种即婆罗门种，然未决定究为何种。若于尔时云此非婆罗门，此语虽未明说而意已显。《般若灯论大疏》引颂云："其遮由义显，一言而成立，彼俱不自显，非遮余是余。"

有说：若与所立事合，即非无遮。此不应理。如婆罗门虽是所立事，然说婆罗门不应饮酒，仍不碍其为无遮。如声是现见境，而声无常不妨其为不现见境也。有说：若与所依合即牵引余法。此亦不应理。如婆罗门是观察引不引余法之所依，非彼即所引之余法也。

如是圣者四宗本论成立，颂曰：

彼非彼生岂从他，亦非共生宁无因？

此谓彼果法非从彼自性而生，岂从有自相之他因而生？亦非从自他共生，宁复有无因而生者？若有自性之事，则定从四边随一而生。以自性生中定属有因无因二类，其有因中，又定属或从自他各别因生，或从共因生之三类。故四宗足矣。

【科】丑二　成立彼宗之正理分四

寅一　破自生

寅二　破他生

寅三　破共生

寅四　破无因生

初又分二

卯一　以《释论》之理破

卯二　以《中论》之理破

初又分三

辰一　破自许通达真实之邪宗

辰二　明未学宗派者之名言中亦无

辰三　结如是破义

初又分二

巳一　破从同体之因生

巳二　破因果同一体性

初又分三

午一　从同体因生成无用

午二　从同体因生违正理

午三　破彼救难

今初

诸法不从自生，由何理而知？颂曰：

彼从彼生无少德。

彼有生作用之芽，若从彼芽自体而生者，彼生毫无必须出生之增上功德，以芽之自体于前因位已成就故。

数论外道，见有互异诸因共生一果，故说因中若无一同一体性之自性随转，则不应理，故说大麦亲因之体性，即是水粪等众缘之体性。如是芽之体性与因缘之体性，亦同体相即；一切果法之体性皆尔。彼虽许种芽互异，不许芽从芽生，然说芽从种子及彼体性生时，以彼二法体性是一，理亦应许从自体生，即是从因位已有明显之芽生。此即彼计自生之理。

数论别派不说为生，但说因中不明显者后乃明显，然义仍相同。彼宗许总别同体义亦如是，与佛弟子说瓶与有为同体之理极不相同。如是若芽之体性已于种子位具有者，离芽之体性外，非别有明显之芽，则应因位非仅有芽之体性，应已有芽。若芽已有而更重生者，实属无用也。

【科】午二　从同体因生违正理

生已复生亦非理。若计生已复生者，

此应不得生芽等，尽生死际唯种生。

已生而复重生者，非是正理。“亦”显非但计从自体性生者为无用，即计果显者，显果既于因位中有，亦自宗相违。若谓因中无者，应观果显与果之体性为一为异而破之。其破彼之理，谓若计种子生已复更生者，复以何理能遮种子复生而许生芽？复生种子有何障碍？既无障碍，则芽苗茎等于此世间应皆不得生。复有余过，应彼种子尽生死际无间而生，以已生者复生故。此举应不生同类果、应唯无间生同类因之二过，斥其违正理也。

【科】午三　破彼救难

若作是念：由水、时等能生芽之助缘，令种子变坏，令芽生起，芽与能生之种子同时安住成相违故，是种灭芽生，故无违正理之二过。又种子与芽体性非异，亦非不从自生。此不应理。颂曰：

云何彼能坏于彼？

种子与芽二性毕竟是一，云何彼芽能坏彼种？应不能坏，如芽不坏芽。彼见斯过而不救者，以彼愚昧，以为芽能坏种是果位上事，与自坏自体云何相同耶？然一切体性既更互相即，则说果位与因各别，亦不得成。故不能释难也。

【科】巳二　破因果同一体性分三

午一　种芽形色等应无异

午二　破其释难

午三　二位中应俱有俱无

今初

复有余失，颂曰：

异于种因芽形显，味力成熟汝应无。

汝宗应离芽之能生因种之形色显色外，无别芽之长短等形色，青黄等显色，甘酸等味，及势力、成熟等，以种芽体性于一切种无差别故。由此能破量，反显彼二体性非一，非都无所异。故此宗反显，与反显自续有大差别。言势力者，如治痔良药近身即病除，飞行神药手执即胜空。成熟者，谓由别缘转成异物，如以乳灌橄榄、荜茇等，则味转甘美。

【科】午二　破其释难

设作是念：舍种子位转成芽位，种芽仅是分位差别，故即种子体性转变成芽。颂曰：

若舍前性成余性，云何说彼即此性？

若许全舍前种子性，转成余芽位体性，则说即种子体性是芽体性，云何应理?以彼位体性即是彼性，离彼位体性外别无彼性也。故说种芽体性一切无异，不成。若谓种芽虽形色等有别，然物体无别。此亦不应理。以若不取形色等，别无种芽物体可取也。

【科】午三　二位中应俱有俱无

复有过失，颂曰：

若汝种芽此非异，芽应如种不可取，

或一性故种如芽，亦应可取故不许。

若如汝说种芽体性于此世间非有异性者，则于芽位应如种子，亦不可取，或因种芽体性毕竟一故，如于芽位有芽可取，种子亦应为根识所取。欲离此二失，故不应许种芽体性全无异也。若善解此诸正理者，则于妄计一切诸法虽异，而彼法性更互为一，及妄计前位之法性即后位之法性等一切邪执，皆能遣除。

【科】辰二　明未学宗派者之名言中亦无

自命通达真实义之数论宗，离佛教别计之自生，已破讫。今显未学宗派世间常人之名言中，若妄计自生，亦不应理。颂曰：

因灭犹见彼果故，世亦不许彼是一。

种子因已灭，犹有彼果可见，故世间常人，亦不许种芽体性为一也。

【科】辰三　结如是破义

自生于胜义、世俗二品皆违正理。颂曰：

故计诸法从自生，真实世间俱非理。

故汝妄计内外诸法从自生，随于真实胜义与世间世俗俱不应理。以是圣者破自生时，不加胜义世俗简别，直云非自生而总破之。清辨论师云："诸法胜义非自生，有故，如有情。"所加胜义简别，诚为无用。

【科】卯二 以《中论》之理破

复有过失，颂曰：

若计自生能所生，业与作者皆应一；

非一故勿许自生，以犯广说诸过故。

若计果从自生，则所生果与能生因，所作业与能作者皆应成一。然彼等非一，故不应许自生。以犯此论与《中论》广说诸过故。其初过者，如《中论》云："因果是一者，是事终不然，若因果是一，生及所生一。"谓因果若是一性，则父与子，眼与眼识皆应成一。第二过如《中论》云："若然是可然，作作者则一。"他虽救云：若谓父与子，作者与业体性应一，此是我所许。若谓总应成一，则犯不定过。然如前说若计体性是一，则果相亦应是一，故不能释难也。以是若怖所说众过，欲求无倒通达二谛者，不应妄计自生。又有自生与无自生相违，既遮除一品，则于余品决定。故无自生，定是所计。

【科】寅二　破他生分二

卯一　叙计

卯二　破执

今初

自教实事师言：自生无用故，自生非理；由无自生故，共生亦非理；无因生乃最下计，亦应破；唯云“岂从他”而破他生，不应正理，以诸经说由他自相之四缘能生诸法，虽非所欲，亦须许由他生。何等为四缘？有说：因缘是五因性，除能作因。如《俱舍》云：“因缘五因性。”所缘缘，谓六识所缘境一切法。如云：“所缘一切法。”等无间缘，谓除入无余依涅槃心，其余已生心心所法。如云：“等无间非后，已生心心所。”增上缘谓能作因。如云：“增上即能作。”六因，如《俱舍》云：“能作及俱有，同类与相应，遍行并异熟，许因唯六种。”

又有说云：“能生者谓因”，此约体相而说。谓若有法为彼法之能生，住种子性，此法即是彼法之因缘。如年老人依杖乃起，正生心心所法要依所缘乃生，此法即是彼所缘缘。因灭无间即生后果，此因是果之无间缘，如种灭无间即能生芽。《释论》云：“如种灭无间为芽之等无间缘。”《显句论》破无间缘时，亦破芽之等无间缘。佛护论师亦如是说。此是许色法亦是等无间缘之宗派。若有此法彼法乃生，此法即彼法之增上缘。

《显句论》说：“前生、俱生、后生诸缘，亦皆摄于四缘中。”《释论》除初句，余亦如是说。《般若灯论》译为“余部所计先生、有、无诸缘。”其义相同，译文较善。《入中论疏》解此义云：“上座部所说先生缘者，谓诸根现识之先生所缘缘。有缘者，谓因缘与增上缘。无缘者，谓无间缘。”此等唯名字略不同，察其体相，仍四缘中摄。由大自在天等非是缘故，当知更无第五缘。如《俱舍》云：“心心所由四，二定但由三，余由二缘生，非天次等故。”

【科】卯二　破执分二

辰一　总破他生派

辰二　别破唯识宗

初又分五

巳一　正破他生

巳二　释世间妨难

巳三　明破他生之功德

巳四　明全无自性生

巳五　明于二谛破自性生之功德

初又分三

午一　总破他生

午二　别破他生

午三　观果四句破他生

初又分二

未一　以太过破

未二　破释妨难

初又分二

申一　正明太过

申二　抉择彼过

今初

此他生义不能安立，违教理故。教如《稻秆经》云：“此名色芽非由自生，非由他生。”违此等众多破他生教故。今当说违理失。颂曰：

若谓依他有他生，火焰亦应生黑暗，

又应一切生一切，诸非能生他性同。

若谓他有自性之因，能生有自性之果者，如是则从能破暗之火焰亦应生所破之黑暗，又应从一切是因非因，生一切是果非果。何以故？以凡一切非能生彼果之法与汝许为因果者，同是有自性之他故。此是依他许之因，出二种太过之失。解释此二过，谓如能生之稻种，异于自果稻芽，是有自性之他，诸非能生稻芽之火、炭、麦种等，亦是异于稻芽有自性之他。既许二种他义相同，则从他性之稻种能生稻芽，亦应从火炭等能生稻芽。又如他性之稻芽从稻种生，则瓶衣等法亦应从稻种生。如《中论》云：“因果是异者，是事亦不然，若因果是异，因则同非因。”

【科】申二　抉择彼过分二

酉一　明他生犯太过之理

酉二　许太过反义亦无违

今初

此计他生犯太过之理，藏人有云："因果定须前后，是他必须同时。"极不应理。如是则破他之过，自亦同犯故。若强抵谓自无所许者，则推求彼理，徒劳无义。又藏人多云："如因明师成立有烟决定有火，及成立所作性决定无常，是为成立一切时处皆决定无误。然成立时，要先于灶及瓶等少分法上成立决定。次以彼时处与余时处，二种决定相同为因，乃于一切时处之上，成立为决定无误。如是今者，亦以同是他故之因，出太过之失。此即同类推比之因也。"此乃未解论义复不善因明之乱说。若于有烟及所作性，不加时处简别，能总成立有火及无常，决定无误者，则于非有火及非无常，以为可有烟及所作性之疑惑皆能断除。然此二法虽非因果，而是他者，实无量无边，故彼二事不能相同（二事谓因明中决定，与此处之破他生）。此所说之推比，实乃不善正理之能破也。余处已广说。

若尔云何？如《显句论》云："许世俗中唯众缘生，非许四边生。以诸法应有自性故。然彼非理。若许唯众缘，因果亦是互相观待而有，非自性有，故非说诸法有自性。"此说自宗所许生与不许生之差别理由。谓若许四边生，即须许有自性，故亦显说，许他生则须许自性生，许唯缘起生，则不须许自性生。故知所言他生之他，非泛说他，乃有自性之他。是对许彼义者出太过之失，非说凡许他者即犯太过之失也。下破许前后刹那互异而是一相续云："所有自相各异法，是一相续不应理。"亦

说若异，是由自相而成，则计前后是一相续不应道理。与此处难道理相同。此复若是有自相之他，则能破其观待关系。若成无关系之他，则此一果，既从此因生，亦应从一切非因生。又此一因，既能生此果，亦应生一切非果之法，太为过失。其未善了解如斯正理者，是因未善分别，齐何为所破之量，齐何是所许之缘起建立，致有彼失。故当忆前说所破之量齐也。

【科】酉二　许太过反义亦无违

若许前说二太过之反义者，则《显句论》说："太过反义亦唯属他，非是我等，自无宗故。"又云："说无性者为说有性者出太过时，何能成为太过反义?"又云："成立太过，唯以破他宗为果故，非有太过之反义。"复如何通?答：无过。彼等唯约破自生说，破自生之二过应尔，非中观师所出一切能破，皆如是也。彼能破之法（后陈），非说"生便无用无穷"，是说"复生无用无穷"。其反义，为"复生有用有穷"，惟是数论所许。因为自无彼宗，故无违犯许彼宗之过失。此是初段论义。佛护亦云："又生无用"，加一"又"字。《显句论》亦说"又"字。本论则云："若计生已复生者。"故有与复生虽犯相违，然有与生则不相违。如是有与复生有穷虽成相违，然有与生有穷则不相违。第二段论义，谓说无自性之中观师，对说有自性之数论，出前所说二太过时，自并未许彼反面义。自不许彼，非不能自由，故自不许彼二太过之反义。第三段论义，谓虽不能以彼二能破法之反义，复生有用有穷为因，成立无自生，然彼能破非全无果。以彼成立数论所不乐之复生无用与无穷，便能破数论所许之自生，即以此为果故。

今此二太过之反义则自宗亦许，故当知能破之反义，有自许不许之二类也。

【科】未二　破释妨难分二

申一　释难

申二　破救

今初

他释难云：因果二法虽是有自性之他，然非一切能生一切，现见因果各别决定故。颂曰：

由他所作定谓果，虽他能生亦是因，

从一相续能生生，稻芽非从麦种等。

若法由他法所作，定说此法为彼法之果，故果决定。若彼因法能生此果，则彼虽是有自性之他，亦是此法之因，故因决定。以是当知唯特殊之他乃可立为因果，非凡是他者皆可立为因果。复次稻芽要从与自是一相续所摄之稻种乃生，非从相续不一之麦种等生。纵一相续摄，如后刹那不能生前刹那，犹非能生。要前刹那生后刹那，乃是能生。是故稻芽不从麦种等生，非从一切能生一切也。

【科】申二　破救

当问计因果有自性者：稻种稻芽，由何因缘各别决定耶？若谓见彼决定故，当更诘问：何故见其决定耶？若仅说云：由见彼决定，故说见彼决定，不能说明决定之理由，则不能救前说之过。由未说明，有自相之他与见彼决定不相违之理由，故终不能释前难也。

复次，既是有自相之他，则世所共知遍通一切是否因果都无差别。即此亦能违害敌宗。颂曰：

如甄叔迦麦莲等，不生稻芽不具力，

非一相续非同类，稻种亦非是他故。

如麦种、莲子、甄叔迦花等，由是他故，非稻芽之能生，不具生稻芽之能力，非一相续所摄，非同类前刹那。如是稻种亦非具观待稻芽之四种差别，以是有自性之他故。此理是说既同是无关系之他，则不能安立具不具四种差别之不同也。

【科】午二　别破他生分二

未一　依前因后果破他生

未二　依同时因果破他生

初又分二

申一　正破

申二　释难

今初

如是依敌者所许有自性之他已破讫，今当宣说因果二法决无自性之他。颂曰：

芽种既非同时有，无他云何种是他？

芽从种生终不成，故当弃舍他生宗。

如现有弥勒与邬波笈多，互相观待，乃见此异于彼而是别法。然芽与种非同时有，种未变坏定无芽故，以种子中无异于芽之自性他。他尚非有，云何可说种子是异于芽之他耶？既无自性之他，则计有自性芽从种子生，决定不成。故当弃舍诸法从他生之宗。

此说，若种与芽异而有自性，有自性者终不可改，于种子位亦应与芽异。若果尔者，则彼二法理应同时，然此非有。故彼二法无自性他，非于名言亦破彼二法有异也。当知此与所破有关。

【科】申二　释难

上说："芽种既非同时有"，不应道理。如秤之两头，一头昂起即一头低落，现见同时，非不同时。如是所生之芽与能生之种，如其次第生灭二事亦是同时，故种芽二法亦同时有。以有他故，无上过失。颂曰：

犹如现见秤两头，低昂之时非不等，

所生能生事亦尔。

虽作是计，然非正理。颂曰：

设是同时此非有。

若以秤喻，便计种芽之生灭二法为同时者，此不应理。设秤两头同时有故，昂低二事可是同时；然种与芽非同时有，故不应理。如何非有？颂曰：

正生趣生故非有，正灭谓有趣于灭。

此二如何与秤同？此生无作亦非理。

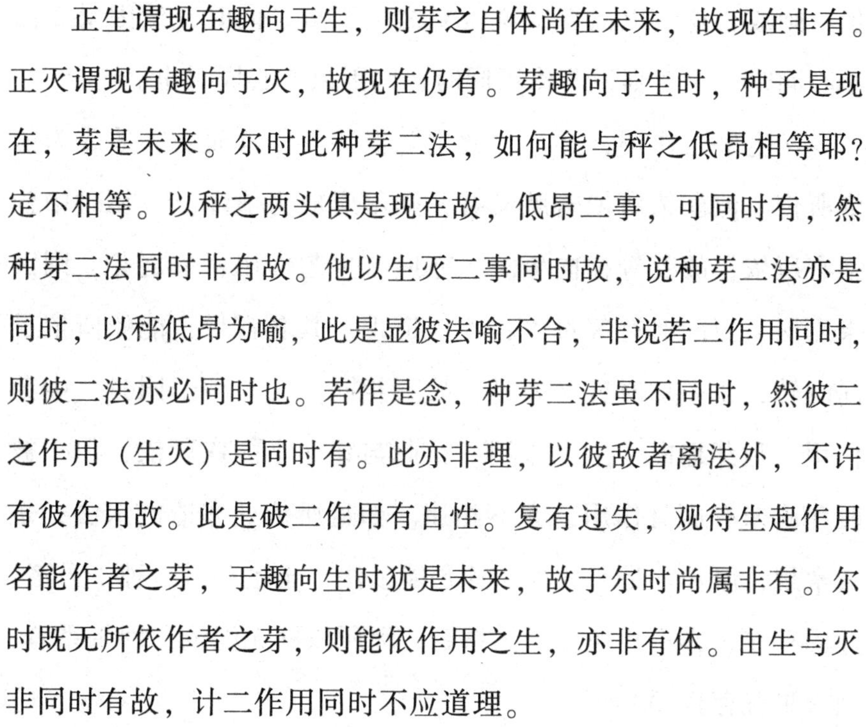

正生谓现在趣向于生，则芽之自体尚在未来，故现在非有。正灭谓现有趣向于灭，故现在仍有。芽趣向于生时，种子是现在，芽是未来。尔时此种芽二法，如何能与秤之低昂相等耶？定不相等。以秤之两头俱是现在故，低昂二事，可同时有，然种芽二法同时非有故。他以生灭二事同时故，说种芽二法亦是同时，以秤低昂为喻，此是显彼法喻不合，非说若二作用同时，则彼二法亦必同时也。若作是念，种芽二法虽不同时，然彼二之作用（生灭）是同时有。此亦非理，以彼敌者离法外，不许有彼作用故。此是破二作用有自性。复有过失，观待生起作用名能作者之芽，于趣向生时犹是未来，故于尔时尚属非有。尔时既无所依作者之芽，则能依作用之生，亦非有体。由生与灭非同时有故，计二作用同时不应道理。

若谓《稻秆经》云："如秤低昂之理，于何刹那种子谢灭，即彼刹那有芽生起。"岂非以秤为喻耶？故破种芽如秤低昂，不应正理。《释论》曰："虽举是喻，然非说他生，亦非说自相生。"由是当知，论言"此生"者唯破有自相之生，非破芽从种生也。若经非说种芽同时如秤低昂之理者，则彼譬喻，意说何等同时耶？《释论》云："是为显示同时缘起无诸分别如幻事故。”此所说同时缘起者，当是二种作用同时而有。以经中如秤低昂之喻，必显同时有法，然不可说种芽二法同时有故。以是当知，前破二种作用同时者，是破有自相之作用，非总破二种作用同时。故凡许有生，则应许因趣于灭与果趣于生，二事同时也。许此与许有生及名言生，虽无过失，然许胜义生及自相生，则成相违。以前者，说因果之生灭虽是同时，然因果二法不必同时。后者则说若作用同时，则因果亦必同时也。

又生果之作用，必曰“此生”依芽等作者而立，故成为能依所依。但能依所依若胜义有，则不应成为他性。一切时中皆须有所依，故芽等趣向生时，亦应有生起作用所依之芽，则因果二法，犯同时有等过失，不应道理。其名言生，能依所依虽同时转，非一切时皆必如是，故不相同。又与种子同时之生芽作用，是芽趣向于生之作用。虽此与芽亦是能依所依，但于彼时芽尚未有而有作用，亦不相违。如遣所依处亦遣能依法，是通常规，但种子是所依处，芽是能依法，于生芽时，种子虽遣，芽固存在，亦不相违（同体系者，无所依则无能依，因果系者，因灭果犹存也。）。

若善了知以如是理破除他宗而自宗无犯，能正安立无过之中观宗者，乃是中观师。若破他时专说似能破，至他反难时，则以抵赖为能事，即《显句论》所说：

“吾等不与疯狂辩也。”

【科】未二　依同时因果破他生

有作是说：若种与芽非同时有，以无自性之他故，他生实不应理。若因果同时有，以有他故则有他生。如眼识与俱有受等，眼、色、俱有受等，唯同时者，乃生眼识。如是眼等与心亦唯同时者，乃是受等之缘。破彼，颂曰：

眼识若离同时因，眼等想等而是他，

已有重生有何用，若谓无彼过已说。

若汝妄计，与眼识同时之眼及俱有想等为能生因者，观待想等纵使有他，然因位已有，重生复有何用？既无少用，故他生非有。

若欲避免无生之过，谓因位无彼果者，则前后法中无自性之他，过失如前已说。此理是说：所计因果纵使有他，然无自性之生，故他生非有。前理是说，所计因果即使有生，然无自性之他，故他生非有。汝所言他生，但有其名，空无实义也。

【科】午三　观果四句破他生

生他所生能生因，为生有无二俱非，

有何用生无何益，二俱俱非均无用。

若谓此能生生他所生，即是因者，当观彼因，为生已有之自性果，为生无果，为生亦有亦无之二俱果，为生非有非无之俱非果耶？若谓已有自性果者，则复何用彼能生之缘？若生已有自性者，则成生已复生，此不应理，前已说故。若无果者，则彼生缘亦有何益？如兔角非有故。亦有亦无者缘有何用？有无二俱定非有故。非有非无者缘亦何用？俱非有无定非有故。

【科】巳二　释世间妨难分二

午一　假使世间共许他生释世妨难

午二　明世名言亦无他生释世妨难

初又分二

未一　世间妨难

未二　答无彼难

今初

外曰：前为成立他生所说诸理，如干薪上注以油脂，被汝慧火焚烧殆尽。能使汝慧火炽盛之理薪，前者已足，不可更加矣。问：倘不述正理则所许他生之义，宁非不成？外曰：不尔。以世间成立者，不须更用余理成立，世间现见最有力故。颂曰：

世住自见许为量，此中何用说道理？

他从他生亦世知，故有他生何用理？

一切世间皆住自见，许世所见即为定量，此最有力。从他有自性之因，生他有自性之果，亦是世人现所见者。用正理成立者，谓现见不现见二法之中是不现见法。前现见法，由现量成立故，不须更用正理成立，今此他生亦复何须说余道理成立为有？纵无余理成立他生，诸法他生亦能成立，故今成立有他生中，说余道理更有何用？以现量已成立故。

【科】未二　无彼难

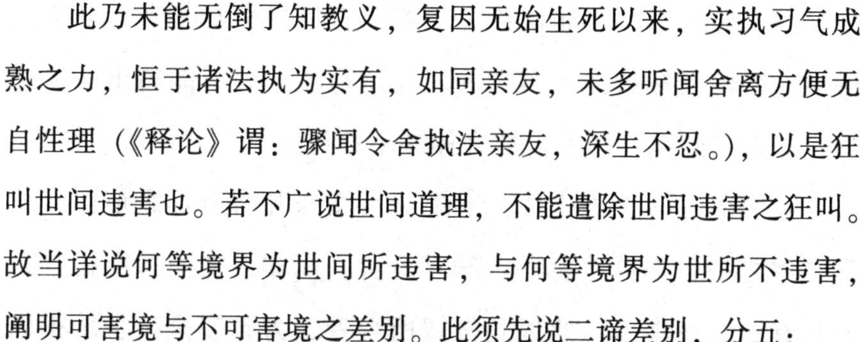

此乃未能无倒了知教义，复因无始生死以来，实执习气成熟之力，恒于诸法执为实有，如同亲友，未多听闻舍离方便无自性理（《释论》谓：骤闻令舍执法亲友，深生不忍。），以是狂叫世间违害也。若不广说世间道理，不能遣除世间违害之狂叫。故当详说何等境界为世间所违害，与何等境界为世所不违害，阐明可害境与不可害境之差别。此须先说二谛差别，分五：

【科】申一　二谛总建立

申二　正释此处义

申三　别释二谛体

申四　明破他生无世妨难

申五　明世间妨难之理

初又分四

酉一　由分二谛说诸法各有二体

酉二　明二谛余建立

酉三　观待世间释俗谛差别

酉四　明名言中亦无乱心所著之境

今初

由于诸法见真妄，故得诸法二种体，

说见真境即真谛，所见虚妄名俗谛。

诸佛世尊正知二谛体性，宣说行思与芽等内外一切诸法有二体性：谓世俗谛体与胜义谛体。此是说如芽一法之体，亦可分世俗与胜义二体，非说芽之一体，观待异生与圣者，分为二谛也。由此当知绝无无体之法。凡是有法，即不能超出一体异体。虽许有此体，然无自性之体亦不相违。

芽等诸法胜义谛体者，谓现见真义殊胜智所得之境体。此是二体之一，非自性有。言殊胜智者，简非一切圣智所得，乃如所有智之所得也。此说是彼智所得者，为破妄执彼智所得即是实有故。既言非自性有，故知有说：圣根本智若量胜义谛，即成实有，非所智摄，认为是此师正宗者，实未了解此宗所说，虽是圣根本智所得，然非实有之义，致令智者正宗日趣坏灭也。余世俗谛体者，谓诸异生为无明翳障蔽慧眼，由彼妄见之力所得体性。此是二体之一，然非如异生所见境自相，即实有彼自性也。

如是说得胜义谛时，以圣人为能得者，意取主要者说，非说具中观见之异生全不能得也。说得世俗谛时以通常异生为能得者，亦意取主要由无明增上，见内外诸世俗法者，非说圣者身中之名言量不能得彼诸法也。未得中观见者，虽亦能得瓶等世俗谛法，然以正量了知彼法为世俗谛，则必须先得中观正见。以成立彼法为世俗谛，必须先成立为虚妄，正能成立为虚妄者，则于彼法先须以正量破其实有故。

言由妄见力者，谓通常众生虽亦能见妄法，然非彼众生皆能成立（能知）为虚妄。如观幻术人见所幻之象马时，虽见妄法，然非能知所见为妄也。以是当知，安立世俗谛谓妄见所得义者，是说能量虚妄所知境诸名言量之所得也。

如前所说二种体性之中，能见真义理智所得之境即胜义真谛。此于下文“由眩翳力”等时，兹当广说。能见虚妄所知诸名言量所得者，大师说名世俗谛。此说所得胜义、世俗二事各别，非于一事有二种得相也。

【科】酉二　明二谛余建立

二谛之所依，虽有多种解释，此中是以所知为依。如《集学论》引《父子相见会》云：如来了知世俗、胜义，所知亦唯世俗、胜义二谛中摄。诸佛世尊由于空性善见善知善证，故名一切种智。”言所知亦唯者，明所知为依。言二谛中摄者，明二谛数决定，及明如来由了知二谛故名一切种智。故说胜义谛非所知法，及说任何智慧皆不能证，为《入行论》意趣者，实是倒说。

世俗、胜义二谛是所分体。所分之义虽有多解，此中则说二俱有体。又彼体性亦定非是、非一、非异。诸有法体若异空性，反成实有，故是一体观待为异，如所作与无常。《菩提心释》云：“异于世俗谛，真谛不可得，说俗谛即空，唯空即世俗。离一余亦无，如所作无常。”初四句义，谓非离世俗别有异体之真谛，即诸世俗法谛实空故，谛实空性亦即于世俗事上而安立故。次二句，明无则不有之关系决定，复是同体系，如所作与无常是一体性。所分之义，谓如上所说二量所得，即各别体相。

设作是念：若说本论与《入行论》义同者，彼论云："世俗与胜义，许此为二谛，胜义非慧境，说慧是世俗"，复如何通？答：彼前二句是明二谛差别，后二句明所分体，"胜义"一句明胜义谛，"说慧"一句明世俗谛。有说前句（第三句）立胜义谛非慧境之宗，以后句（第四句）成立者，实非论义。彼所明二谛亦如《集学论》引《父子相见会》云："此中世俗，如来见为世间所行，胜义谛者，不可说，非所知，非所识，非遍知，不可见。"《入行论》中即安立此义。此说胜义谛非所知者，义如下文所引《入二谛经》所说之慧，谓非彼慧境。若谓全非任何智慧之境，则经说如来由现证世俗、胜义一切空相安立为一切种智，应成相违。下当广说。明世俗谛中，非说唯安立彼慧为世俗谛，是说彼慧之境，如经云："世间所行。"世间谓能量妄法之名言识，所行谓彼境中所得之义，论说慧境为世俗谛，理亦如是。

分所知为二谛者，明所知中二谛决定，此中教证，《父子相见会》，前已引讫，决定真实。《三摩地经》亦云："谓世俗胜义，更无第三谛。"《释论》亦云："如是略有余谛，随其所应，当知唯是二谛中摄。"此说《十地经》所说多种谛名，一切皆归二谛中摄。经中所说成立谛，谓善分别蕴界处。故此论师亦许二谛数量决定。理证，谓如一事，若已决断为欺诳虚妄，则必遮断为不欺真实，欺与不欺互相违故。由此遍于一切所知，故亦遣除俱是俱非之第三品。如《中观明论》云："凡互相违法，绝无遮其一品不成余品者，故分别俱非品亦非正理"。又云："若法决断为此，未有不遮断为彼者，此二即是互相违之相。若法是互相违相，则彼遍于一切种相。若能遍于一切种相，则能遣除余第三品，如有身与非有身等差别。"其余一切正相违者皆如是知。

若无能遣第三品之正相违者，则所许有无一异等二边观察皆不能破。若有者则凡正相违法，遮其一品未有不成立余品者。故说中观应成派无正相违，是全未知破立之建立。凡正相违，遮断一品则决定余品，破遣一类即成立余类，应成、自续都无差别。

【科】酉三　观待世间释俗谛差别

世俗谛中有心境二类，先依世间识明心之正倒。颂曰：

妄见亦许有二种，谓明利根有患根。

有患诸根所生识，待善根识许为倒。

无患六根所取义，即是世间之所知。

唯由世间立为实，余即世间立为倒。

非但所知中可分二谛，即见妄法之心，亦许有正倒二类：未被现前错乱因缘损坏之明利诸根，及依此根所生诸识，与已被现前错乱因缘损坏之有患根识也。有患诸根所起乱识，观待未被现前错乱因缘损坏之善净根识，则许为颠倒识。前者则许缘境非倒。但此二种差别非是中观自宗，是观待世间识而分。如心可分倒与不倒二类，其境亦尔。谓未被现前乱因所损六种根识所取之义，此是世间所知，唯由世间立名真实，非待圣者可立彼境名真实也。此言圣者与言中观宗义同。余谓影像等有患诸根所见之境，即由世间安立为倒。“即”字表示唯以名言量，即能安立彼诸识为乱识，不待理智也。

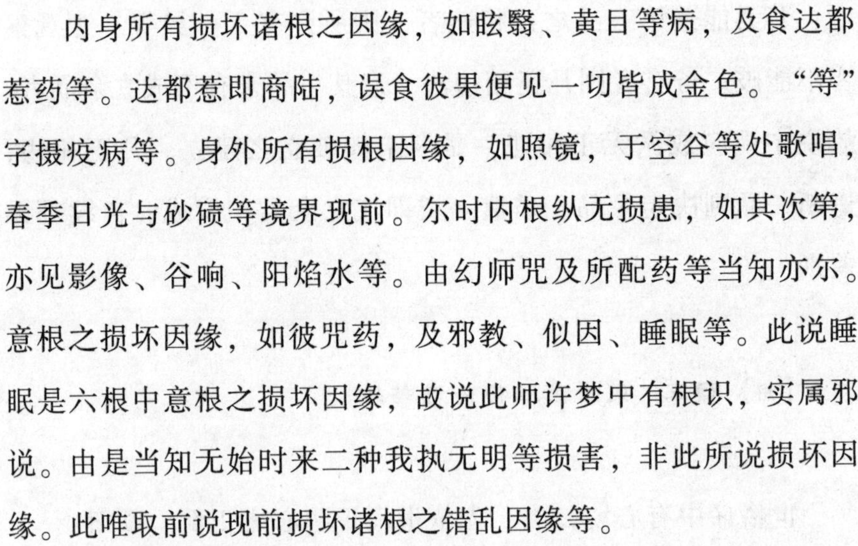

内身所有损坏诸根之因缘，如眩翳、黄目等病，及食达都惹药等。达都惹即商陆，误食彼果便见一切皆成金色。“等”字摄疫病等。身外所有损根因缘，如照镜，于空谷等处歌唱，春季日光与砂碛等境界现前。尔时内根纵无损患，如其次第，亦见影像、谷响、阳焰水等。由幻师咒及所配药等当知亦尔。意根之损坏因缘，如彼咒药，及邪教、似因、睡眠等。此说睡眠是六根中意根之损坏因缘，故说此师许梦中有根识，实属邪说。由是当知无始时来二种我执无明等损害，非此所说损坏因缘。此唯取前说现前损坏诸根之错乱因缘等。

其无如是损患六种根识所取之世俗义，与有患诸识所取之义，安立为正倒境者，唯是观待世间识立，以认彼等如见为有，是世间识有无违害故。无观圣者则无正倒之别，如影像等非如所见而有，具无明者所见似有自相青等，亦非如所见而有故，故彼二识亦无错不错乱之别也。问：有患色根所见倒境，及意识上有睡眠等患，于睡梦中所见人、物执为人等，并醒觉时于幻象马执为象马，于阳焰水相执为真水。世人常识亦能了知此等颠倒。然意识上由恶宗所损邪执诸义，世人常识不知其倒。云何可说唯由世间立为颠倒耶？答：此中所观察有无损害之损缘，非是俱生邪执之损害。故恶宗所妄计，是说唯学恶宗者邪计之自性等（二十五谛中之自性）。世人常识虽不能知彼等颠倒，然未证真实义之名言量，能知其倒，故是世间识了知为倒也。又如二种我执所执之义，是无患根识所取，观待世间常识可是真实，然名言中亦非是有。

问：若由不许正世俗故，虽可不分正倒二类，但无明所损之心境，何故不安立为倒世俗耶？答：世俗是由诸名言量所安立故，若安立倒世俗亦应待彼而立。然名言量不能成立由无明习气所损者为错乱也。

【科】酉四　明名言中亦无乱心所著之境

上已总说有患意识于所著境迷乱，今更以譬喻别明彼义。颂曰：

无知睡扰诸外道，如彼所计自性等，

及计幻事阳焰等，此于世间亦非有。

如被无明、睡眠扰乱意识之外道，意中已有邪宗似因之害缘，自以为悟入真实义。于牧童、妇女所共许之生灭等，彼尚不能无倒正知，而欲超出世间之上，如攀树者，未握后枝已放前枝，定当堕落恶见山涧之中。由彼不能善知二谛，故不能得解脱妙果。故诸外道论中各别所计自性三功德等，虽于世间世俗亦定非有。有说此宗，凡是乱识见为有者即立为世俗有，此亦善破讫。如是若计幻事、阳焰、影像等，为实象马、实水、实质等，亦于世间世俗决定非有。故名言中有者，要由正量之所成立。虽彼等所著之境，于名言中亦不许有，然所见境，则不许尔。现在根识见色声等为有自相者，是被无明损坏。故彼等识，与见影像、谷响等之根识，除略有粗细，于所见境全无错乱不错乱之差别。自相所成之青等与有实质之影像等，同属非有。如实质虽无，影像是有，如是自相虽无，而青等是有。如许青等是外境，故许影像亦是色处。下文亦说影像能生见彼之识也。由此当知，眼识所见之幻事，耳识所闻之谷响等，亦皆如是。是为此宗之不共建立也。

【科】申二　正释此处义

如有翳眼所缘事，不能害于无翳识，

如是诸离净智识，非能害于无垢慧。

诸真实义，非名言识之所安立，许是圣者真智所见，故破他生，非唯住于世间知见而破，是依胜义而破。今破他生既加胜义简别，犹如有眩翳眼识，所见毛轮等，于无翳眼识不见毛轮者都无违害。如是离无漏净智、被无明所障之异生识，于未被无明障蔽之无漏净慧亦无违害。故破胜义他生时，即使世间成立他生亦无违难。当知彼难实为智者所笑之处。

【科】申三　别释二谛体分二

酉一　释世俗谛

酉二　释胜义谛

初又分三

戌一　明于何世俗前为谛何前不谛

戌二　三类补特伽罗见不见世俗之理

戌三　观待异生圣者成为胜义世俗之理

初又分二

亥一　正义

亥二　释烦恼不共建立

今初

痴障性故名世俗，假法由彼现为谛，

能仁说名世俗谛，所有假法唯世俗。

由此无明愚痴，令诸众生不见诸法实性，于无自性之诸法，增益为有自性，遂于见真实性障蔽为体，是名世俗。此所说之世俗，是明世俗谛，为于何世俗前安立为谛之世俗，非明总世俗也。如《楞伽经》云："诸法世俗生，胜义无自性，无性而迷乱，许为真世俗。"此说于胜义无自性，误为有自性之心即是世俗。世俗梵语有能障义，此世俗即为能障。此为障何事耶？曰："许为真世俗。"谓由障蔽真义故，许为俗世或能障。此非说正邪二世俗中之正世俗也。初句所说之世俗，与后句所说之世俗，义全不同。前者是自许诸法生等世俗中有之世俗，后者是诸法于何世俗前为谛之实执世俗也。

由彼实执世俗之力，青等虚伪诸法，本无自性现有自性，于诸众生现为实有。由此于前所说世间颠倒世俗之前为谛实故，能仁说为世间世俗谛。即如前经所说也。由于三种人前不现为谛实，而是分别假造虚伪诸法，由于彼世俗前不谛实故，名唯世俗。

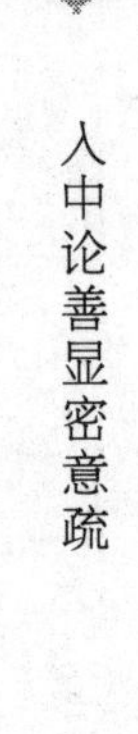

《释论》说："如影像、谷响等少分缘起法，虽具无明者亦见其虚妄。如青等色法及心受等少法，则现为谛实。诸法实性，则具无明者毕竟不见，故此实性与世俗中见为虚妄者非世俗谛。"此所言"少法"，拏错译为"有法"较妥。言影像等亦见为虚妄者，是现似形质与彼质空二事相合之虚妄。彼之实空，亦是空无实质之义，非影像自性空之义。故虽知影像由实质空，而彼影像于执有自相之世俗前现为谛实，并不相违，故彼仍是世俗谛。以是当知，论说影像非世俗谛，意说善名言者，世间世俗所见影像，现似形质，已知为妄。是观待彼心已非世俗谛，非不安立为"所见虚妄名俗谛"所说之世谛也。若不如是，凡于世俗不谛实法，是世俗谛成相违者，则论说于名言中亦无自相，及名言中破除实有，成立无实，一切建立皆成相违。是故有说：世间常识亦知为错乱之影像等境，非世俗谛，唯是世俗。是于二谛决定，及观待世间之实妄，并中观师所立之实妄，全未获得正解之语也。论言："实性于具无明者毕竟不现"者，此许未断尽无明之圣人，亦皆现证真实义，故是说现被无明障蔽之心。至于有学圣人之后得智及异生之真实义见，虽有无明及无明习气所蔽，不能现见，然当许彼见胜义谛。

《释论》云："此由有支所摄染污无明增上之力，安立世俗谛。"此说妄执诸法实有之无明人我法执，是十二有支中之无明，故不许为所知障。言由彼实执无明增上，安立世俗谛者，是明待何世俗安立为谛之理，非说瓶衣等世俗谛法要由彼实执安立。以彼实执所安立者，自宗于名言中亦不许有故，由世俗谛待何世俗为谛实之世俗，与安立瓶等为世俗有之世俗，名相同故，误为一义者颇多。当善分别。

若尔，瓶等诸法，为于未成佛一切有情之世俗前，皆现为谛实耶？为于少数有情之世俗前，亦有不现为谛实者耶？论曰："安立为世俗谛之色声等法，此复于已断染污无明，已见诸行如影像等声闻、独觉、菩萨之前，唯是假性，全无谛实，以无实执故。"此谓见非谛实之补特伽罗，略有三类，谓声闻、独觉、菩萨。然非一切声闻、独觉、菩萨，故说差别，谓已现见一切有为诸法，空无自性现有自性如影像等，是一差别。若唯此德，七地以下菩萨，及二乘有学圣人亦皆同有。为遮彼故，说彼三人中是已断无明者，故是清净地菩萨及二乘阿罗汉。于此三人前不现谛实，为何法不实耶？论曰"此复"，谓内外诸法。不实之理，论曰"无实执"，谓不执实有故，实执无明已断尽故。此即成立内外诸法于彼三人之世俗前为非实有。如是解释并未成立于彼等前非世俗谛，仅是成立非是谛实。故有执为成立非世俗谛者，是慧解太粗，以自心垢污论师意也。又如上成立亦非对彼三人成立，是对吾等诸余有情，成立诸法于彼三人之前为非实有耳。除彼三人之外，余诸有情由有俱生实执故，于彼等任何世俗亦皆不能成立为非实有。若不如上释，强谓是于彼等成立非世俗谛者，则此能立太无关系。谓于彼心成立某法为世俗谛时，须先成立彼法为虚妄，于彼以无实执为理由，诚可笑故。又于彼心，成立某法为世俗谛时，须先成立彼法为虚妄之理，谓说瓶等为世俗谛，安立此“谛”字，有心境二义，此非安立彼境为谛，要于实执世俗之前乃能安立为谛。若不加彼简别则不能成立为谛实，反应见为虚妄也。

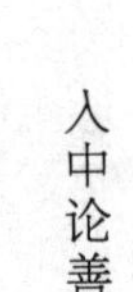

【科】亥二　释烦恼不共建立

此宗明烦恼有不共理，与大小乘对法俱不相符，了知此理最为切要，故当略说。执法实有中，有缘人缘法二种实执，即许彼为二种我执，前已说讫。《入中论释》与《四百论释》，皆说彼实执是染污无明。又彼无明，说是声闻、独觉阿罗汉所断。《四百论》说是得无生法忍之菩萨所断。故染污无明，是无我真实义明慧之违品，非仅无彼明，及离明之余法。之明违品，即增益人、法为有自性。由是当知，安立增益法我为染污无明，及安立执我、我所有自相为萨迦耶见，皆与对法不合。对法宗，如《俱舍论》第九品说，执补特伽罗有独立实体，安立为我执萨迦耶见，执我所有为彼实体补特伽罗之所自在，安立为我所执萨迦耶见，则与此宗极不相同。执补特伽罗有独立实体、未学邪宗者虽亦可有，然执补特伽罗异诸蕴相别有余相，则未学邪宗者决定非有。如是边见亦有二类也。设作是念：对许人、法有自相之宗，云何成立彼等诸执为染污无明及二种我执耶？答：先以破有自性之理，破除人、法有自性，便能成立彼执是迷所著境之实执。此若成者，则亦能成立执人法实有为二种我执也。若此等皆成，则亦成立彼等实执为了达真实义明慧之违品，故能成立为无明，且能成立为萨迦耶见，亦即成立为染污无明。故了知烦恼之不共建立极为重要也。

其余贪等烦恼皆从实执愚痴发起之理，如《四百论》云："如身根依身，痴遍住一切。"《释论》云："痴于通达真谛极愚蒙故，增益诸法谛实自性而转。贪等亦唯于愚痴所遍计之诸法自性，增益爱非爱等差别而转故，非异痴而转，亦是依痴，痴最胜故。""自性而转"以上，明痴是实执。贪等非异痴而转者，谓与痴相应乃转，离痴则不转。从"贪等"至"而转故"，即说明其理由。于境增益悦意不悦意之差别者，是生贪瞋之因非理作意，非说贪瞋之行相。言"唯于痴所遍计"者，谓要依增益有自性之悦不悦意相乃有贪瞋转故。然此非说，唯痴遍计之实有是贪等之所缘，以二种俱生我执之所缘是有法，贪等与痴相应，即同一所缘故。要于二种非理作意所引境上，起希欲行相及厌背行相者，乃是贪瞋。唯执补特伽罗独立实有所引之欲不欲相，犹不安立为贪瞋，故安立贪瞋之理亦不相同。言"亦是依痴"者，义谓执有自相之愚痴为先，乃能引生贪等。身根依身之喻，谓如离余四根，别无可立为身根者，如是余一切烦恼要依愚痴乃转，不离愚痴而转。于是若能破除愚痴，即能破除一切烦恼，故于能治愚痴缘起性空之论应当恭敬也。《七十空性论》亦说诸法实执，为生死根本无明。《六十正理论》亦云：“若得随一处，即被惑蛇咬；若心无所住，即不被彼咬。”谓若得随一实执所缘之处，即被烦恼毒蛇所咬。又云：“若心有所住，惑毒岂不生？”此即圣者所许。后二句之徵起文云：“若见色等有自性，而欲断烦恼，此诸烦恼终不能断，为显此义故云。”释文亦云：“若有法可得，定生贪等无量烦恼，必不可遮。所以者何？若彼法与意相顺，即随贪著难以遮止；若不相顺，则生愤怒亦难遮止。”《释论》又说：若境俱非悦不悦意则生无明，凡是内心执境有自相转，或生贪欲，或生瞋恚，即俱非彼二亦生同类愚痴。《入行论》云：“凡有所得心，若稍有所住，诸离空性心，灭已复当生，如无想等至。”关于此义，此二论师与佛护论师，解释圣者意趣都无差别。

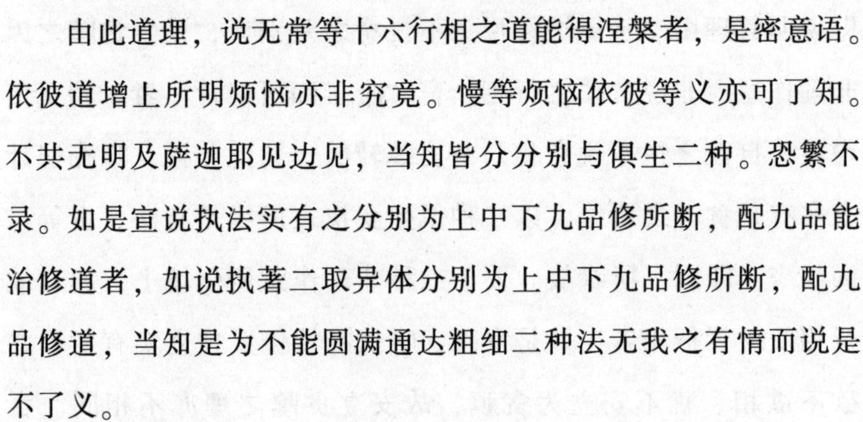

由此道理，说无常等十六行相之道能得涅槃者，是密意语。依彼道增上所明烦恼亦非究竟。慢等烦恼依彼等义亦可了知。不共无明及萨迦耶见边见，当知皆分分别与俱生二种。恐繁不录。如是宣说执法实有之分别为上中下九品修所断，配九品能治修道者，如说执著二取异体分别为上中下九品修所断，配九品修道，当知是为不能圆满通达粗细二种法无我之有情而说是不了义。

【科】戊二　三类补特伽罗见不见世俗之理

又此诸法于凡夫前，实无自性现有自性，故成欺诳。于前所说余三人前，唯现缘起假法，故唯世俗都无真实。又彼唯有所知障相不染污无明现行故，要于有彼无明及其习气所染有相行后得位之圣者，乃能现起。于住根本定无相行之圣者，则皆不现。

若尔，此宗立何为所知障？《释论》云："此中无明习气，能障决了所知。贪等习气，为身语如是转因者亦尔。又彼无明贪等习气，唯得一切种智成佛乃断，非余能断。"身语转者，谓如阿罗汉有身语粗重，跃如猿猴，呼他小婢，大师虽遮，仍不能改。"亦"字明贪等习气亦障决了所知。故烦恼习气是所知障，习气所起一切错乱二取，亦是彼摄。又烦恼种子名曰习气，与非烦恼种子之习气，此立后者为所知障。虽断尽一切烦恼种子不发生实执，然由习气所染，于所现境仍起错误之心。又未成佛之圣者，由未断所知障无明故，后得有相分别与根本无相智，各别而起。诸佛如来由于一切法胜义、世俗相，现正等觉，故心心所行，一切分别皆毕竟灭，根本、后得有相无相不各别起。言毕竟者，显余圣者唯根本位乃灭，故后得、根本各别而起。言"所知障无明现行故"，非是成立有相之理，是成立根本、后得有相无相各别而起。心心所行，谓诸分别，《显句论》云："分别谓心行，真实性义由离彼故，是无分别。如经云：'云何胜义谛？谓尚无心行，况复文字。'"

【科】戊三　观待异生圣者成为胜义世俗之理

论曰："诸异生类所见胜义，即诸有相行圣者所见唯世俗。彼之性空，即彼等之胜义。"前句义，谓异生执为胜义有之瓶等，即前所说三类圣者从根本定起，后得有相智所见之唯世俗。此仅遮彼前为谛实，非遮世俗谛，亦非说异生执瓶等胜义有，即为圣者所见之世俗，以彼非有故。后句义，谓缘起世俗之法性，即圣者所见之胜义。故有倒解论义，说瓶等一事，观待异生为世俗，观待圣者为胜义。是由未知于何心前为世俗谛，即于彼心破除为谛也。

论曰："诸佛胜义是自性性，此复无欺诳，故是胜义谛。此是彼等各别内证"。言是自性性之"性"字，是决定词。此简余诸圣者所见之胜义谛，谓非如根本智位无相自性，后得智位有相自性，各别决定，是恒时安住自性之法性也。"此复"等义，谓胜义谛之"谛"字，非谛实义，是于见真实义之智前，无欺诳义。

【科】酉二　释胜义谛分二

戊一　解释颂义

戊二　释彼妨难

今初

今欲宣说真胜义谛，然胜义谛非言说境故，非随言识所缘境故，不能直接显示。当为乐闻者，以异生自能领悟之譬喻，明彼体性。

此云非言识境，义为不能直接显示。犟错译为‘不能现前显示’。又真实义非从他能知，如《显句论》云：“如眩翳人见毛发等颠倒自性，无眩翳人虽为宣说，然彼不能如无翳者了达毛等自性无可见，如实了达。”此说无翳人虽为有翳者说无毛发，然彼不能了达如无翳人所见无发。听者虽不能如是了达，然非不知无发也。如此譬喻，为彼宣说真实义，彼终不能如离无明翳者所见而了达，然非全不能了知真实义。故胜义谛，非诠深义之了义圣教，及说彼义之语所不能说，亦非随顺彼语之慧所不能知。凡说真实义非言识境者，应知一切皆尔。颂曰：

如眩翳力所遍计，见毛发等颠倒性，
净眼所见彼体性，乃是实体此亦尔。

如有翳人由其眩翳损坏眼故，见自手所持食器等中，有毛发虫蚁等相，妄计实有毛发虫蚁等事。为除彼故，遂将彼器数数倾覆。无翳净眼人行至彼前，用目审视彼所见有毛发等处，毛发等相都不可得，更不分别毛发等上差别之法。若有翳人述自心意告无翳人曰：见有毛发。尔时为除有翳人之妄分别故，曰：此中无发。对彼人前虽说如是破除之语，然此说者无损减毛发之过。有翳人所见毛发之真义，是无翳人所见，非有翳人所见也。如彼二喻，当知此法亦尔。了知之理，谓无明翳损坏慧眼不见真实义者，见蕴界处时，仅见蕴等世俗性，如有翳人所见毛发；诸佛永离无明习气之所知障，如无翳人不见毛发，而见蕴等真实性境，此即诸佛之真胜义谛也。

【科】戊二　释彼妨难

设作是念：如无翳眼不见毛发等相，诸佛亦应不见无明染心所见之蕴等世俗法，是则诸法皆应非有，以凡有者佛必见故。若无蕴等世俗法亦应无佛可成，以初发心之补特伽罗，有无明染故。答曰：无过。佛智了达所知略有二理：谓了达胜义谛所知，及了达世俗谛所知。初谓以不见蕴等世俗相而了达彼等真实义，次谓诸佛不可有不见而知之疏知，必是见相而知。故尽所有智，是现见心境二相而知也。诸佛尽所有智，非由无明习气所染而见蕴等，是由余补特伽罗无明染识所现之相，佛亦应见。彼相既是世俗法，则尽所有智亦必见也。有翳人所见毛发，眼无翳人虽不可见，然彼相不必非有，此与佛不同也。未断尽二取迷乱习气以来，缘如所有与尽所有之现量，不能同体，根本、后得各别缘虑，故一刹那智不能双缘彼二所知。断尽迷乱习气之后，每刹那智，皆是二智同体相续不断，故于一时缘二所知，不须各别有现不现也。故论云："虽一刹那智，周遍所知轮。"又彼二智虽是一体，观待二境有二能知之相，亦不相违。是为诸佛世尊所不共法。有说佛智唯一真实义智，其尽所有智，是所化相续所摄，非佛心所有。是谤诸佛尽所有智。有说如所有智亦非佛心所有，是俱谤二智也。更有余义，果位当说。

若作是念：灭尽一切二取相之体性，岂非无可见，诸佛云何见胜义谛耶？答：真实见前二取皆灭，实不以二取相见，然无可见即名曰见。此谓如所有智，现见蕴等之真义，蕴等于彼见前不成实义，即是蕴等真义，故不见蕴等，乃见蕴等之真义也。《释论》云："不触所作性法，唯现证自性，由觉真实故曰佛陀。"此说诸佛见胜义智不触有法，唯觉法性，与说不见蕴等乃见蕴等之真义，同一道理。经说无见是最胜见，义亦非说全无所见名之为见。是如上说，不见戏论立为见离戏论，故见与无见非指一事。如《般若摄颂》云："不见诸色不见受，想无可见不见思，若心意识亦无见，如来说此已见法。有情自言见虚空，观彼虚空如何见，佛说见法亦如是，非见余喻所能说。"此说不见者为五蕴，见者为法。此法即真实义，如云谁见缘起彼即见法。虚空喻者，谓唯遮质碍。见知彼者，谓若有所遮质碍，理应可见，然不可见。此所见即虚空，不见即质碍。若谓非如是见，如见蓝色乃见真实义者，是末句所破也。

为证以不见为见，引《入二谛经》云："天子，若胜义中真胜义谛是身语意所行境性者，则彼不入胜义谛数，成世俗谛性。天子，然胜义中真胜义谛，超出一切言说，无有差别，不生不灭，离于所说能说、能知所知。"前段经义，谓胜义谛于见胜义智前，若非以不见蕴等世俗相而见，如蕴等是身语意所行境者，则现见真实义智，未离戏论，故非胜义谛，反成世俗戏论，是证以不见之理而见。第二段经义，言现见胜义智前，真

胜义谛无差别者，谓无众多不同之差别，超出言说，不生，不灭，易知。

于彼见前离能所说亦易解。现见真实义智，虽可立为胜义智，真胜义谛是彼所知，然于彼智前离能知所知，亦不相违。以能所二相，唯于名言识前乃安立故。如比量理智虽可立为能知心，真胜义谛亦可立为所知境，然心境能所，非就彼智而立也。

经又云："天子，真胜义谛，乃至超过具一切胜相一切智境，非如所言真胜义谛。一切诸法皆是虚妄欺诳之法。""境"字以上明胜义谛超过一切智境，非如所言真胜义谛，即明超过彼境之理。如云此是胜义谛，随逐此言之分别，便各别现起心境二相。若一切智中如所有智有如是相，彼必超过此境。以一切二取相法，皆是虚妄欺诳之法，故唯见真实义之不欺诳智，全无彼法也。此等一切，皆是现见真实义之智不见蕴等世俗法之佐证也。

是故现见真实义之智前，有事无事等一切二取法之戏论，皆定非有，以彼诸戏论自性皆不可得故。

由是当知，说真实义时，唯诸圣者乃是亲证之量，余非圣者皆非亲证之量，故约圣者见胜义智破他生时，全无世间妨难也。

【科】申四　明破他生无世妨难

若于胜义破他生时，欲举世间妨难者，则观真实义时许世间见于真实义，亦是正量。颂曰：

若许世间是正量，世见真实圣何为，

所修圣道复何用？愚人为量亦非理。

世间一切非正量，故真实时无世难。

若果许世间见于真实义是正量者，世间常人皆已现见真实义故，复是无始生死以来即已见故，应许已断无明，则为现证真实义，何用余诸圣者，亦复何用勤求圣道也？然许世间通常愚夫，于真实义为正量，亦非道理。故观真实义时，世间常见于真实义一切非量，故观真实义时无世间妨难也。

有说此宗既云“世间一切非正量”，是全不许为量，故非善宗。有说此宗极为善哉。二俱未解论师所许，妄为解说，徒自出丑。论说世间常见于真实义一切非量，误为总说不许为量故。又能量所量如《显句论》“破有自性、安立观待之能量所量”，下当广说。

【科】申五 明世间妨难之理。

若尔，何者有世间妨难？颂曰：

若以世许除世义，即说彼为世妨难。

若世间共许之义，以世间共许破除，即说彼有世间妨难。譬如有云：“我物被劫。”余人问曰：“为是何物？”告曰：“是瓶。”他若难曰：“瓶非是物，是所量故，如梦中瓶。”此等能破境，乃有世间妨难。若时依圣人胜义见，以善巧胜义之丈夫为定量，抉择真实义，尔时全无世间妨难。

论曰：“智者当以此理，观诸余事。”现在许为中观之正理者，如云：“我非瓶主，天授非夺者。”又云：“若云我田上已生。问曰：何生？若谓芽生，当难云：芽无有生，是所知故。”又云：“如梦中人及芽”。此即显彼皆有世间妨难也。

【科】午二　明世名言亦无他生释世妨难

如是已依世间许有他生，释世间妨难。今当更说世间常见亦无他生，故住世间见破除他生，亦无世间妨难。颂曰：

> 世间仅殖少种子，便谓此儿是我生，
> 亦觉此树是我栽，故世亦无从他生。

如世间人指一男云：此儿是我生。然此男人，非将彼男，从自身出纳入母腹，是将此儿身之不净种子，注入母胎也。由父仅注儿身之因，便云生儿，故世人不执种子与儿为自相之他。此是世间共知之事。故执种子与儿，麦种与芽等为从他生，世间亦无也。若执为自性之他者，应如他补特伽罗，不可说此儿是我所生。如是仅殖树种，种生树后，便觉此树是我所栽。是故世间亦无他生，如上广说。所殖二种虽非彼树彼儿，然由殖彼二种乃生儿、树，故指彼二可云是我所生。如痛愈之手，虽非补特伽罗，然手痛愈可说彼补特伽罗痛愈也。

如是世间名言中虽无他生，然世间常见不能破除他生，以破因果有自性异体，必待观真实义之正理故。他宗所计他生，是有自性之他生，非但有体之他，以唯有此，非是世间所不成故。言“故世亦无从他生”者，非谓世间常人，于种芽等亲因果法，不执为有自性之他，当知是说于名言中亦无他生。如《释论》破共生时云：“如上已说，自生他生于世间世俗及胜义中皆不应理。如是说是共生，即以前理亦定非有。”此说名言中亦无他生。《显句论》中问曰：“若谓诸法自生、他生、共生、无因生皆非有者，云何世尊说无明缘行耶？”答曰：“此是世俗，非真实义。”此说无明生行等是约世俗，非于胜义。问曰：“何为世俗建立？”答曰：“准此缘性许为世俗，非许四边。”此说虽世俗中许依此缘有此法生，然不许四边生，极为明显。故有说此宗世俗中不破他生，是未善解此宗也。

【科】巳三　明破他生之功德

由上所说诸法无自性，显示缘起离常断门、不堕常断二边之功德。颂曰：

由芽非离种为他，故于芽时种无坏，

由其非有一性故，芽时不可云有种。

若芽是离种子有自性之他者，则种芽二法不成因果，芽虽现有，种子亦必间断无疑。以种芽既无关系，芽虽现有，于种子间断全无益故。如虽有青牛，于黄牛死已间断全无少益，虽有异生，于圣人自断生死无少益也。由是因缘，芽非离种子有自性之他，而是因果，全不相违。故有芽时，种子亦无坏灭间断，远离断边。

论中数说芽时种灭，故种子坏义，《释论》说为种子间断。又论破种子不灭，故种子间断是彼种类相续断绝也。

由芽种二法非一性故，非即种子转变成芽，破有芽时种子不灭，故不可说芽时有种，亦破常边。

此如《广大游戏经》云："有种芽亦尔，非种即成芽，非异亦非一，法性非断常。"此种应是一体。曰：芽虽非离种别生，然亦非种子转变成芽。何以故？以芽非是离种别有自性之他，亦非一性故。如是双破二边，即显彼芽性，是离常断之法性也，前经更解此义云："诸行无明缘，行非真实有，行无明俱空，自性离动摇"。初句是明行依无明之缘起因，二句是明行非真实有之宗，三句是明因果俱空，四句明空理。动摇即作行，离动即诸行行空。言自性离者是明所破之简别，与真实中无义同。《中论》亦解彼经义云："若法从缘生，非即彼缘性，亦非异缘性，故非断非常"。（释译：若法从缘生，不即不异因，是故名实相，不断亦不常。）

【科】巳四　明全无自性生分二

午一　破计有自相

午二　释妨难

初又分三

未一　圣根本智应是破诸法之因

未二　名言谛应堪正理观察

未三　应不能破胜义生

今初

论曰："全无少法由自性生，决定应许此义。"应说决定须许此义，不可倒说此宗全无所许。若不尔者，颂曰：

若谓自相依缘生，谤彼即坏诸法故，
空性应是坏法因，然此非理故无性。

若谓色受等自相，系由自性所成之自体，是依因缘生者，则修观行者，现证诸法自性空时，应是谤毁诸法自性而证空性。以根本智不见色等，若诸法有自性，根本智应见，然实不可见，则诸法应无。若诸法无者，于根本智前，诸法原有，后乃成无，应是破坏。则根本智为此破坏之因。若见空性是毁坏诸法自性之因，如锤等是击坏瓶等之因者，不应正理。故知诸法都无自性，终不应许有自性生。

许有自相生之中观师，以计有自相非是实有之理由，虽救云："色等有自相，不必为现见真实义之圣智所见。"然有自相即成实有，前已解说。后理复破，故不能救也。

《释论》于此处引《宝积经》云："复次迦叶，中道正观诸法者，不以空性令诸法空，但法性自空。"无相、无愿、无作、无生、无起亦如是说。此说诸法，若有自相之体性，则非诸法自空。经说法性自空，则不应理。倘不从自体破除自性，须以他空而说名空，则违经说不以空性令诸法空。故是说以中道观察诸法自性时，要从诸法自体空，乃为自性空。此经亦破唯识

宗所说：依他起自相不空，由无异体能取所取说名为空。《四百论》云："愿我得涅槃，非不空观空，以佛说邪见，不能得涅槃。"《中论》亦云："大圣说空法，为离诸见故，若复见有空，诸佛所不化。"此等即是解前经义，亦即说诸法自相空义。

有说："瓶不以瓶空，而以实空，是他空义。瓶以瓶空乃是自空。"极不应理。若瓶以瓶空，瓶应无瓶。若自法上无自法，他法上亦应无自法，则瓶应成毕竟无。余一切法皆应如是，作是说者亦应非有。则说以此是空，以彼不空等建立，应皆无有。如斯之空，有说是真空者，有许是断空者，彼俱未知，诸佛菩萨数数宣说缘起、远离常断二边之义。尤其宣说：一切世俗谛，皆须抉择自法以自法空，而复许彼是断空者，极不应理。以四宗中，绝无既知该见为断见，复令自身生彼见者也。

虽所依事无所破体，及彼所依由所破空，其空相同，然说诸法以自相空，是自体空义，其余之空，非自体空。此中理由，谓以正量成立前空，乃至功力未失之时，其由宗派妄执彼事为实有之增益，定不得生。若以正量成立后空，乃至功力未失之时，则起宗派之实有增益，都不相违也。

【科】未二　名言谛应堪正理观察

问：以无胜义生故，虽破自他生，然色受等法，是二量所得，应许彼等自性是从他生。若不许尔，如何说有二谛？应唯一谛。故定有他生。此中敌者，许胜义无生，乃名言他生，故是自续中观师。言若于世俗不许自性生之他生，应唯一谛者，义谓若于世俗无自相生，则无真正世俗；由无世俗谛故，应唯一胜义谛也。答：此实如是，于胜义中非有二谛。如经云："诸苾刍，胜谛唯一，谓涅槃不欺诳法。一切诸行皆是虚妄欺诳之法。"此等义说：自宗所许之谛义谓不欺诳，不欺诳之谛唯一，故曰："此实如是。"言于胜义中者，谓于见真实义之智前，无有世俗、胜义二谛，说彼智前唯一胜义谛故。言胜谛者，谓胜义谛，以说彼智前无世俗谛，谓欺诳法，故可证知。总之，若诸法由自相有，则诸行不成虚妄欺诳之法，由无世俗谛故，二谛俱无。无自相宗乃有世俗、胜义二谛。

设作是念：前经既说，唯涅槃谛实，余诸行虚妄。诸有为法虽无自相，涅槃胜义谛，宁非由自相有耶？曰：涅槃之谛，经说为不欺诳法，故是不欺诳义，非有自性之谛实。由说一切诸行皆是虚妄欺诳之法，亦可证知前所说谛是不欺之义也。《六十正理论释》亦云："如有为法颠倒显现，欺诳愚夫，涅槃胜义则不如是显现欺诳。故说涅槃谛实，余不谛实。"故定应许，此分谛不谛实，是欺不欺诳之义。《六十正理论释》说涅槃于世俗为谛者，义谓就世俗前，安立涅槃胜义为有，非许涅槃于名言中为谛实也。

由世俗谛是悟入胜义谛之方便，故中观师应如世人安立名言，亦不观察自生、他生，而许为有。颂曰：

设若观察此诸法，离真实性无可得，

是故不应妄观察，世间所有名言谛。

设若观察此色受等法，为从自生，为复他生等，则唯见真实性，胜义无生无灭，离实性外，别无生等可得。故世间名言谛，不应观察自他生等。唯如世人所见，由此有故彼法生等，以是世间悟入名言之门，则应受许。提婆菩萨云：“如于蔑戾车，余言不能化，如是世未知，不能教世间。”《中论》亦云：“若不依俗谛，不得第一义，不得第一义，则不得涅槃。”《回诤论》云：“若不受名言，我等不能说。”

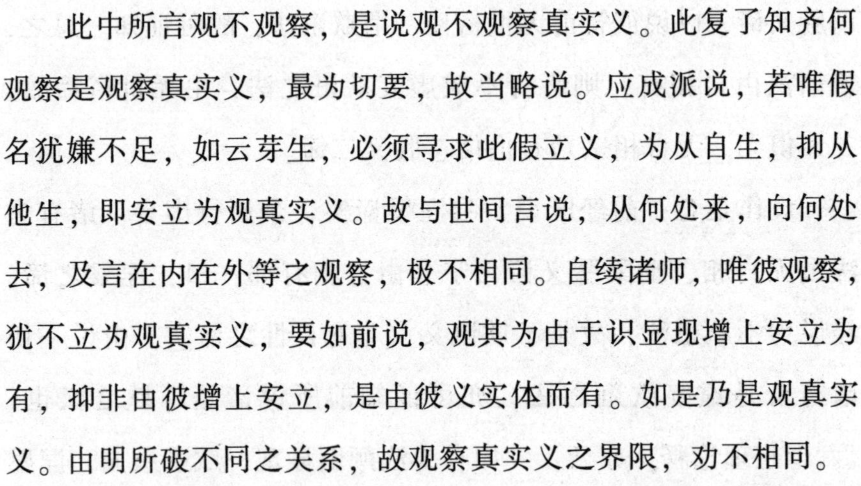

此中所言观不观察，是说观不观察真实义。此复了知齐何观察是观察真实义，最为切要，故当略说。应成派说，若唯假名犹嫌不足，如云芽生，必须寻求此假立义，为从自生，抑从他生，即安立为观真实义。故与世间言说，从何处来，向何处去，及言在内在外等之观察，极不相同。自续诸师，唯彼观察，犹不立为观真实义，要如前说，观其为由于识显现增上安立为有，抑非由彼增上安立，是由彼义实体而有。如是乃是观真实义。由明所破不同之关系，故观察真实义之界限，劝不相同。

有未解此义者，妄谓譬如此处，天授实不曾来，误彼已来，次审观察为来未来，乃知其未来。凡一切不观察之建立，皆是颠倒，观察之建立乃不颠倒。此说俱非中观、因明之义，以彼二派不观察之建立，皆有无量以正量成立之事故。余处已广说，故不繁赘。如是当知，若以观察真实义之正理观世俗法，则一切世间名言，皆当失坏。

【科】未三　应不能破胜义生

如是于一切法上破实执时，其执名言谛实有者，惊惶失措，大声呼曰："自相实体，为杂染清净系缚解脱之因，应许有生也。"彼虽作是说，亦唯存空言。何以故？颂曰：

于真性时以何理，观自他生皆非理？

彼观名言亦非理，汝所计生由何成？

如以观真实胜义时所说正理，观察色等自生他生皆不应理。如是即以彼理观察名言，亦不应理。则汝所计之自性生，为由何量成立？由自相生，二谛俱无，汝虽不乐亦定当受许也。

其以观真实义之正理，于名言中所破之生，在接续文中谓实体之生，在结文中则如上说，故皆是于所破上加自相生之简别，非破总生。于名言义不可作胜义观察，已数宣说故。若观察真实义之正理，不能于名言中破自相生，应许亦不能破胜义生。以有自相即成实有，故加不加名言简别，都无差别。

如是于所破上，加自相、自体、自性等简别者，于佛经中及龙猛师资，并此论师之论中，数见不鲜。破彼等时，有一类中观师亦是敌者，如前已说。《显句论》亦云："此唯应如是许，若不尔者，宁非世俗亦具正理。以是则成真实义，非世俗法。"此破唯以假名犹觉不足，必要观察假立之义，乃能安立名言义者。如是则色等成胜义有，非世俗有。此是与不许胜义有，而许世俗有者所出过难。此复非说实事师，故是说自续中观师，极为明显。论师又云："有谓龙猛菩萨言'非自非从他'等破

生者，是破异体能取所取遍计执生，非破依他起实有。此解无因不能成立，作是说者唯应结难。”此中敌者，先觉有说是安慧论师者，然安慧论中全无彼说。护法论师释《四百论》作唯识解，似是指彼。

若尔，将甚深经义作唯识解者，于龙猛论义，当如何释？世亲菩萨等之论中，未见解释龙猛菩萨之论义，唯释《正理论》等，皆依《解深密经》，释《般若经》为不了义，应如是释。以龙猛诸论未有破者，若如言解释，则《般若经》亦应如言解释。若说彼言为不了义，则须将彼义作唯识释也。然论说一切诸法非胜义有，非自相有。此如言义有理成立，无能违害，不可解释为不了义，故密意说唯应结难。于如言义，举无量能立，于相违品出无量结难，即是成立彼教义不可引作别解也。

【科】午二　释妨难

问：若自相生二谛都无，则无色等，世间眼等识应不可见色等体性。若不尔者，应眼等识亦见兔角，理相等故。颂曰：

如影像等法本空，观待缘合非不有，

于彼本空影像等，亦起具彼行相识，

如是一切法虽空，从空性中亦得生。

法本空谓虚妄。影像等，等谷响等。依待明镜、本质、空谷、发声等因缘合集，便生影响等，非是世间不许有者。于彼世间所许有中，从虚妄之影像等，亦生具彼影像等行相之眼等诸识。如从虚妄影像，生虚妄行相之识，如是一切法，虽皆自相本空，然从自相空之因，亦得生自相空之果。此说从影像生缘影像之眼识，故知影像亦是有事。由与内识体异，故是外境，复是眼识之所缘缘，故许为色处。第二月、毛轮相、幻相、谷响等，应知亦尔。

如是应知，错乱根识所见之本质，第二月、毛轮等，与无现前错乱之五根识所见之自相相同。本质等本来非有而现有本质，与本无自相现为有自相相同。影像与谷响等，与色声等相同。以是色等五境为有自相，虽不立为外境，而现为有自相之色等，则立为外境。如是影像等为本质，虽不立为外境，其影像等亦可立为外境。故彼二法可否立为外境相同。影像空无本质之虚妄义，世间老人，全未学习空性之教理者，亦能了知。故说了解彼义，是一种粗浅理智，不应道理。

问：若尔，虽已成立世人所说之影像虚妄，仍不成立中观所立之虚妄。前者如何为后者喻？答：此举影像等喻，是举世间已极成者为喻，非以中观所立之虚妄已极成者为喻。此复是以影像现似本质，不能分别此分现似本质，某分不现似本质，虽一切分现似本质如现而空，然依自因生亦不相违。取此为喻，成立青色现似有自相，亦不可分别现不现有自相之二分，如斯显现虽一切分皆如现而空，然自从因生，亦能生果，都不相违。若能了知，影像现似本质，虽一切分如现非有，然能安立影像不无，则亦能知青色现似有自相，虽一切分如现非有，然能安立青色是有。以精细慧辨色等上有破不破之二分，先就影像喻上而分，是求中观见者必不可少之事，故不应略知便足也。《释论》亦云："若知影像无自性之因果建立，谁有智者，由见有色受等不异之因果诸法，而定执为有自性耶？故虽见为有，亦无自性生。"前说有生，今说无自性生，是明说有与自性有、生与自性生之差别。若不能分彼等差别，说法是有，便计为自性有，说自性无，便执为断无，终不能出增减二边。《四百论释》云："如实事师，乃至说彼法有，便计亦有自性。若时舍离自性，便执彼法毕竟非有，如同兔角。如此执著不出二边，终难合理。"以是当知，由无自性故，离一切有边，由能安立无自性之因果故，离一切无边，是佛护、月称解释龙猛菩萨意趣之别法。故善分别二种有义与二种无义，极为切要。以影像喻抉择彼义，如《父子相见会》云："如于明镜中，现无性影像，大树汝当知，诸法亦如是。"余虚妄喻表法之理，亦应如是知。

【科】巳五　明于二谛破自性生之功德分二

午一　易离常断二见之功德

午二　善成业果之功德

今初

颂曰：

二谛俱无自性故，彼等非断亦非常。

由一切法如同影像，自性空故，于胜义世俗二谛之中俱无自性，故色等法，非有自性之常，亦非断灭。言断灭者，如

"芽时种无坏"时所说之断灭。《中论》云："先有而今无，是则为断灭。"此说先计有自性之法，后时灭无之无常，皆是断见。以说凡计诸法有自性已，随计彼法为常、无常，皆是随常断二边之边见故。《释论》此处引《中论》说：如佛世尊化一化人，彼复化一化人，作者、作业与彼相等。谓是显示从无自性生无自性，于无自性安立一切因果，无断见失。

若于世俗不破自相，则不能通达微细无我，最微细之常断二见，亦难令不生。故能尽离一切常断二见，是于世俗中破彼自相之功德。若能于世俗破有自相，非但不堕观待胜义之常断二见，亦必不为观待世俗常断二见之所染污，故有易离常断二见之功德也。

【科】午二　善成业果之功德分三

未一　明不许自性者不须计阿赖耶等

未二　明从已灭业生果之喻

未三　释妨难

初又分三

申一　释连续文

申二　释本颂义

申三　释所余义

今初

《释论》云："如是于二谛中俱无自性，非但远离常断二

见，即业灭已经极久时，与诸业果仍相系属，虽不别计阿赖耶识、内心相续、不失坏法及以得等，亦极应理。”此说于名言中不许有自相之宗，不但有远离常断二见之功德，更有不许阿赖耶识等，而善成立业果系属之功德。

解释龙猛菩萨论之诸派中，其无微尘许之自相，而能安立一切作用者，是为此宗不共释规。依此可知，此清净宗有多种不共余释之义。举要言之，谓破离六识之异体阿赖耶识，破自证分，不许用自续因引生敌者真实义见，如许内识亦应许外境，许二乘人亦能通达法无自性，立法我执为烦恼障，许灭是有为，及以彼理安立三世等诸不共规。初义是此处所明。由不许自相故不许自证分，下文当说。由此故不许自续者，如余处广说，此中已略述。由此故许外境者，下当广说。由此故许二乘人亦达法无自性者，如佛护说：“声闻藏中说一切法无我，其所无之我，谓自性有。”此亦许尔，彼即无我相之圆满义。故知补特伽罗无我之圆满相，即补特伽罗无自性。欲如实通达补特伽罗无我，亦须如实通达法无我也。由是亦须安立法我执为烦恼障，故明烦恼障有粗细二义。唯修无常等十六行相之道，有能不能解脱之二说。要至何位乃能断所知障等，差别甚多。

问：两派中观师皆应许有先入大乘，善决真实见已，后复堕入二乘道者；又应许如斯行者，若善修习法无我义应能现证，及现见后能更修习；复应许以如是道，于见道位断分别法我执，于修道位断俱生法我执。岂执诸法有自相之中观宗，许法我执有是否烦恼障之二类耶？答：于此未见明显解释，然自续中观师，似应说：二乘人修如是道，虽能暂断法我执现行，由未修集无边资粮以为助伴，故不能断二种法我执之种子。故二乘人虽有暂断所知障现行者，然无永断彼种子者。此师许法我执是烦恼障，断彼种子不须修集无边资粮以为助伴。若净治二相错乱习气之所知障，则无彼助伴不能净治也。若于上说能得正解，其益极大，故略开说。

【科】申二 释本颂义

问：如何许诸法无自性宗，虽不许阿赖耶识等，业果关系亦极应理？颂曰：

由业非以自性灭，故无赖耶亦能生。

有业虽灭经久时，当知犹能生自果。

虽业果中间隔极长时，然从善不善业生苦乐果，是内教上下诸部之所共许。若谓彼业，乃至未生果以前而安住者，应成常法。常法无作用，则从业生果之关系不应道理。若谓造彼业后，第二刹那即谢灭者，从彼时起，乃至生果以前，应无彼业。其业谢灭复是无事，如何从业能生后果？为答此难，于已造业第二刹那谢灭之前，业将灭时，为欲保持业功能故，有计阿赖耶识者，有计离二业外有余不相应行名不失法如债券者，有计离二业外有余不相应行名二业之得者，有计二业习气所熏识相续者。故说业虽已灭，经极久时仍能生果，亦不相违。以业于阿赖识熏成习气，习气即业之果，由彼同类辗转相续，最后生果。许彼是从最初业果辗转而生，余三之义应知亦尔。初说是一分唯识宗。第二说，观音禁说是毗婆沙师，然非迦湿弥罗毗婆沙师，应是其余一分。第三说是毗婆沙师中一分。第四说虽无明文，若按《俱舍论》第九品义，似是经部与迦湿弥罗毗婆沙师所许。迦湿弥罗者虽亦许有得，然不许得是由所得法二业引生，此处是指如是许者。故论云："如有"。若如中观应成派义，业非以自性生故，彼业亦非以自性灭，从非以自性灭业，引生自果，全不相违，故虽不许阿赖耶等，业亦能生果。以是当知，有一类有情已造二业灭经多劫，仍从彼业能生自果，因果不乱。是故此宗业果系属极为应理。

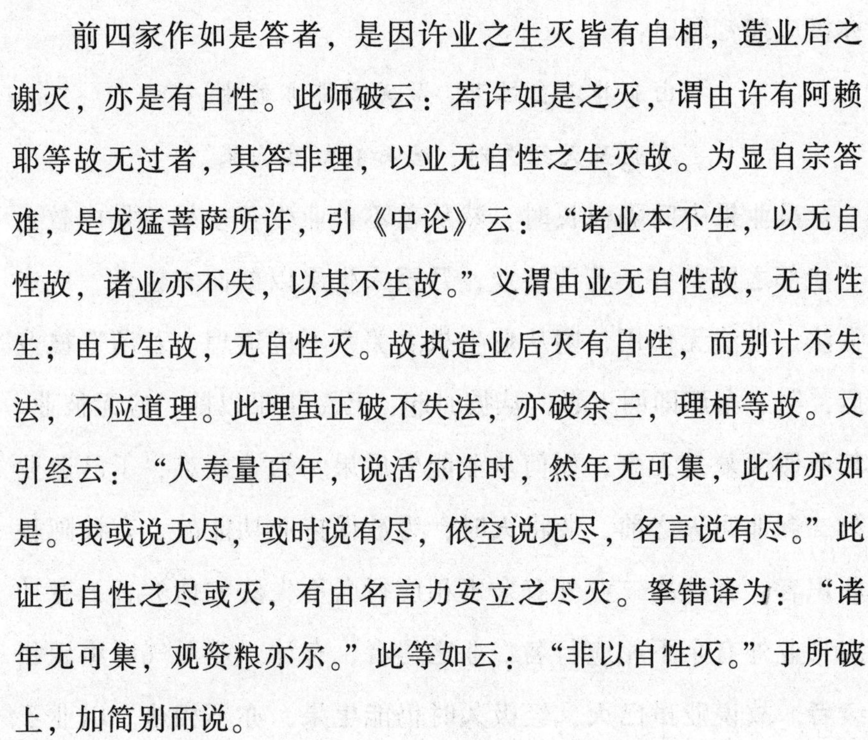

前四家作如是答者，是因许业之生灭皆有自相，造业后之谢灭，亦是有自性。此师破云：若许如是之灭，谓由许有阿赖耶等故无过者，其答非理，以业无自性之生灭故。为显自宗答难，是龙猛菩萨所许，引《中论》云："诸业本不生，以无自性故，诸业亦不失，以其不生故。"义谓由业无自性故，无自性生；由无生故，无自性灭。故执造业后灭有自性，而别计不失法，不应道理。此理虽正破不失法，亦破余三，理相等故。又引经云："人寿量百年，说活尔许时，然年无可集，此行亦如是。我或说无尽，或时说有尽，依空说无尽，名言说有尽。"此证无自性之尽或灭，有由名言力安立之尽灭。拏错译为："诸年无可集，观资粮亦尔。"此等如云："非以自性灭。"于所破上，加简别而说。

【科】申三　释所余义分二

酉一　明灭无自性是不许阿赖耶之因由

酉二　明虽不许阿赖耶亦立习气之所依

今初

问：自宗虽无自性之灭，然说："有业虽灭"，又云："灭非有自性"，如经说："名言说有尽"，亦许造业之后彼业谢灭。尔时业灭便成无事，复不许阿赖耶等为业果连系之所依，则说业灭已久，生果非理之难，宛然存在，故唯上答，犹嫌不足。答：无过。论云："由业非以自性灭"，即以彼理由，便能从业灭之灭引生后果，故不作别答。许诸法有自性之一切宗，皆不可说灭为有事。许无自性之中观宗，则可说灭是有事。以实事宗说，如苗灭时，苗之一切有事皆灭，离苗之外亦无其他有事，如瓶等可得，故许彼灭定非有事。以彼觉青处等一一分有事，或瓶等众分合集之有事，皆不可说是灭之所相，故灭非有事也，中观宗则说：如近密之五蕴，若一若多，及离此二之异体法，皆不可立为近密之所相，近密亦非彼三之所相。然依自身诸蕴，假立近密为有事，全不相违。如是所灭之有事及彼同类之有事，虽皆不可立为灭之所相，然灭是依所灭法生，故是有事。《显句论》中以圣教正理成立此义。初引圣教，如《释地经》云："生缘老死。"死即所死有情之灭，说彼是以生缘而生。又云："死亦有二种所作，一能坏诸行，二作无知相续不绝之因。"此说死能作二种事。既说死由因生，复说死生无明，故灭亦应有能生因及能生果。此虽是说相续之灭，第一刹那于第二刹那谢灭，理亦相同，故亦显示第一刹那为第二刹那谢灭之因。由是当知，有情之生与死（粗无常）及第二刹那不住与已不住（细无常）立不立为有事，是否由因所生，一切相同。依此密意，故《中论》云："有无是有为。"《六十正理论》云："由因尽而灭，说彼名曰尽。"前说苗等有事，与苗灭等无事，俱是有为。后说油等因尽，是烛等果尽之因。故定应许此是龙猛菩萨之意趣。

第一刹那于第二刹那谢灭，要遮所破乃能通达，故是遮法。然非是无遮，故是非遮。以非唯遮所灭之法，要遮所灭引有事故。诸余能立，广如《中论》释说。此是本宗中最要极细之正理也。

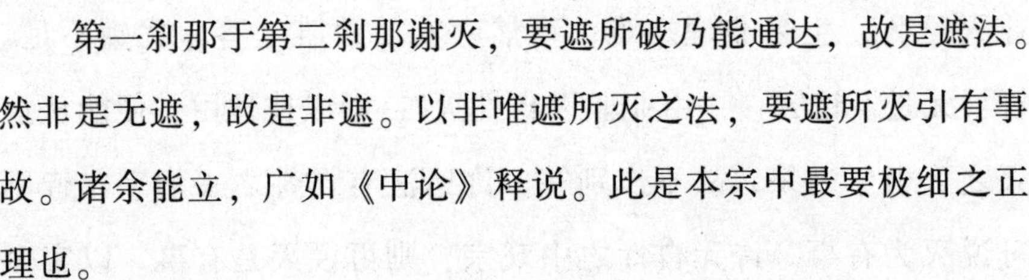

【科】酉二　明虽不许阿赖耶亦立习气之所依

问：此宗虽不许阿赖耶识，然须安立善不善业习气，及由习气成熟出生自果。《入中论释》云："由无始生死传来，诸法习气成熟，贪著诸法。"又云："如斯流类，余亦甚多。"此复若无安立习气之所依，则不应理。其所依为何？答：如许阿赖耶识者，说染污意执我之根本阿赖耶识，为习气之依处，如是此宗，亦说俱生我执之所缘，为习气熏习之依处。若尔，云何《入中论释》说内心相续为习气之所依？曰：由此我事是依内心假立之相续，故亦说名内心相续。若如说心同类名心相续者，亦是少分习气熏习之所依。无明习气之理，《入中论释》云："若法于心相续，染污、熏习、随逐，是名习气。烦恼边际、串习、根本、习气，是诸异门。声闻、独觉以无漏道已断烦恼，然犹不能断彼习气。如瓶衣等，已贮油、花等物，后纵除去油、花等物，犹有微细香气可得。"余善不善等习气，亦有二种所依，如理应知。

若尔，见道无间道时，虽无见所断烦恼，应有修所断随眠。尔时意识已成无漏，全无错乱习气所染，若谓随眠寄彼体中，不应道理。前五根识及色法，亦非彼随眠之所依，复不许有阿赖耶识，故彼随眠应无所依。答曰：无过，尔时假我为修所断随眠之所依故。余能治所治时，应知亦尔。若知此宗安立补特伽罗之不共道理，或问生空无边处、识无边处、无所有处之圣者，现起出世无漏心时，由无其余世间心故，彼等之趣生体应亦随灭；或问生有顶天之圣者，现起无所有地所摄之无漏心时，有顶与无所有二地所摄之趣生体，皆应随灭。以说彼无漏心之依处，是彼二趣体及涅槃趣体，不应理故。此等正理皆不成难，虽有漏心及无漏心，皆不安立为彼等趣生体之所相，然可安立彼趣生体故。此就敌宗，说未入道者及有学圣人之趣生体是无覆无记法而答。

愚钝如我，岂能自力答彼诸难，然依如实安立龙猛菩萨意趣之诸大车宗，故作是说。由此可知，成立阿赖耶识之诸余道理，对于此宗皆不成难。诸具大慧、细慧、明利慧者，当善思择。

【科】未二　明从已灭业生果之喻

前说业灭能生自果，今以譬喻重明彼义。颂曰：

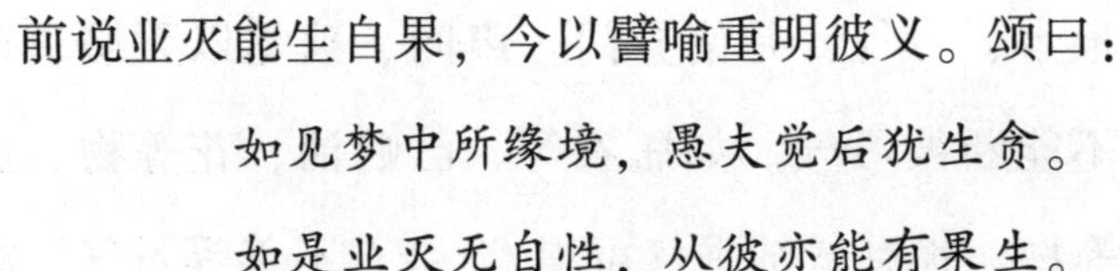

如见梦中所缘境，愚夫觉后犹生贪。

如是业灭无自性，从彼亦能有果生。

如诸愚夫，于睡梦中见有美女，醒觉之后，缘彼已灭现无之梦境，犹生猛利贪著。如是从无自性已灭之业，亦得有业果发生也。此说业灭，仍能生果。为证此义，引《转有经》云：“大王当知，譬如男子，于睡梦中见与美女共为稠密，既睡觉已，忆彼美女。大王，于意云何？若此男子梦与美女共为稠密，既睡觉已，忆彼美女，可说此人为有智否？”王言：“不也，世尊！何以故？世尊，由彼梦中美女非有，不可得故，况能与彼而行稠密！唯由彼人徒自劳苦。”此段出喻。次合法云：“大王，如是愚痴寡闻凡夫，眼见色时，心生喜乐，便起执著，谓色实有；起执著已，随生染爱；起染爱故，随贪瞋痴，发身语意，造作诸业。然此诸业作已即灭，灭已不依东方而住。”乃至“亦不依止四维上下。”寡闻，谓未闻真实义，不解真实。执著谓执为实有。由贪所发三业，通善不善二类业，瞋所发业，唯属不善，痴所发业亦通二类。业作已即灭，是依名言而说。余文是破灭有自性。次云：“后临终时，同分业尽，意识将灭，所作之业皆悉现前。譬如男子从睡觉已，忆念梦中所见美女，影像现前。”同分谓同类五蕴。现世业尽，现世之最后识将灭时，如染爱男子，觉已无间，犹忆梦中美女，心生恋慕，如是临命终时，于能感后世成熟之业，心意现前，然非忆念。又云：“如是最后识灭，生分所摄最初识生，或生天上。”乃至“或生饿鬼。”最后识谓现世识。生分所摄最初识生，谓生天等。中有非六趣摄，故是生有识。生死之间虽有中有，然多不宣说，故知主要是依生死抉择业果之关系。次云：“其最初识灭已无间，彼同类心相续生起，分明领受所感异熟。大王，曾无有法能从此世转至后世，然有死生业果可得。大王当知，最后识灭，名之为死，最初识起，号之为生。大王，最后识灭，无有去处，生分所摄最初识生，无所从来。所以者何？本性离故。大王，最后识由最后识空，死由死空，业由业空，最初识由最初识空，生由生空，而彼诸业不曾散失。”此说于生有中结生相续，领受宿业苦乐果报。其能领受心识相续，是从最初生识而生。又说生死于名言有，于胜义无，其理由谓本性离故。是于所破加简别言。当知此配最后识由自空等。虽如是说，然恐妄执业果非有，故说诸业不曾散失。

【科】未三　释妨难分二

申一　释异熟无穷难

申二　释违阿赖耶教难

今初

难曰：若谓由业自性不生，自性不灭故，能感异熟者，如是已感异熟者，亦当更感异熟，便成无穷？颂曰：

如境虽俱非有性，有翳唯见毛发相，

而非见为余物相，当知已熟不更熟。

如境虽俱非有，然有眩翳之眼，唯见非有之毛发等相，而不见为兔角、石女儿等诸余物相。如是当知，业虽俱无自性，然未熟业能感异熟，其已熟业则不更熟。又此譬喻非但成立业定有果，且能成立善不善业，感苦乐果各别决定。颂曰：

故见苦果由黑业，乐果唯从善业生，

无善恶慧得解脱，亦遮思唯诸业果。

如有眩翳之眼，唯见毛发等，不见兔角等，决定不乱。故可爱异熟，不从不善业生，非爱异熟，不从善业生。故见非爱苦异熟，唯从黑业出生，可爱乐异熟，唯从善业出生。通达善不善业自性不可得慧者，便当解脱生死。佛恐凡夫乐以理智审细观察，由如是如是差别业，感如是如是差别果之理由，毁谤业果，坏世俗谛，故曰："诸业异熟，不可思议。"遮止于诸业果而起思择。当知此论，由多门中恐于业果退失定见，故由多门令于业果发生定解。即空性见，亦是资助业果决定。今到宝洲，宜善努力，幸勿徒手而返也。

【科】申二　释违阿赖耶教难分三

酉一　正释违教之文义

酉二　离意识外说不说有异体阿赖耶之理

酉三　明密意言教之喻

今初

问：若无阿赖耶识，亦能安立业果关系者，则《楞伽经》及《解深密经》，阿毗达摩大乘经等，说有阿赖耶识，为一切有为法功能差别之所依，名一切种，如海起波浪，作内外一切诸法生起之因，岂彼建立一切非有耶？答曰：不尔，对须说有阿赖耶识而调伏者，即应说有阿赖耶故。此说为调伏众生故，说有阿赖耶识。故自宗说彼是密意教。其密意之所依，当知唯说自性空之空性，名阿赖耶识。说彼名阿赖耶识之理由，谓由彼空性随一切法转故。

又为教化增上之力，非但说有阿赖耶识，亦说实有补特伽罗。对须说有实补特伽罗，方能调伏之众生，即说有实补特伽罗而摄受故。如经云："诸苾刍，五蕴即重担，荷重担者谓补特伽罗。"此对执有独立实有补特伽罗者，不说无彼，而说有能荷重担之补特伽罗。文虽未言实有，义是宣说实有。

复为一类众生，说无实体补特伽罗，唯有诸蕴。如经云："谓心意识，长夜熏修信戒等德，后生天趣。"此是为执著生天解脱为实有者，暂不破彼实执之境，而说唯有诸蕴，义即显示诸蕴实有。此等一切皆是密意增上而说，此等是为何等众生密意而说？颂曰：

说有赖耶数取趣，及说唯有此诸蕴，

此是为彼不能了，如上甚深义者说。

经中说有阿赖耶识，或说有实补特伽罗，及说唯此诸蕴实有者，此等是为不能了达如上所说甚深义之众生，密意而说。若诸众生，由其长夜习外道见，不能悟入甚深法性，如《宝鬘论》云："谓我无当无，我所无当无，凡愚如是怖。"最初即为宣说法性，深生恐怖，于佛圣教起险处想，便于圣教憎背不入，于是当失最大义利。故对此辈最初不说究竟深处，而为宣说阿赖耶识及实蕴等。先令依此除外道见，引导令得最大义利。后由善解经典真义，自能弃舍阿赖耶等。以是当知，如是言教，唯生功德，都无过失。依如是次第意趣，《四百论》云："若乐何何事，先观彼彼法，倘令已退失，便非正法器。"离六转识须说异体阿赖耶者，唯对堪说能所取空为真实义之法器，亦必须破外境，若不许有如上所述阿赖耶识，则不能安立业果关系。故彼是对不能了解甚深义者而说。

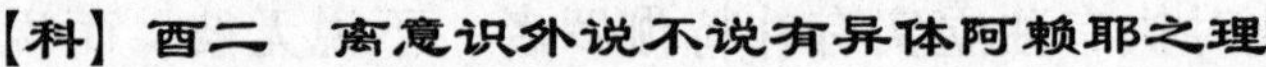
【科】酉二　离意识外说不说有异体阿赖耶之理

如《般若十万颂》等无量经典说识数时，只说六识身，不曾多说，故佛经藏有建立、不建立阿赖耶识之二类。如是慈尊解经意时，于《辨中边论》与《庄严经论》、《辨法法性论》中，建立阿赖耶识破除外境，于《现观庄严论》与《宝性论》中，则不建立阿赖耶识，不破外境。无著菩萨解《宝性论》，亦不作唯识宗释，而作中观宗释。《摄大乘论》，为成立阿赖耶识所引之《阿毗达摩经》，于《宝性论译》中，则引证一切有情皆有法性种性。如云："虽诸有情皆有如来界藏，然彼有情自不能知。"如云："无始时来界，一切法等依，由此有诸趣，及涅槃证得。"与月称论师说阿赖耶识意趣，是依空性而说，极相符合。故彼亦许，离六识身说有异体阿赖耶识，是为度一类所化增上而说。

问：《释菩提心论》云："如由近磁石，其铁速动转，彼铁实无心，似有心显现。如是阿赖耶，非实似有实，若时去来动，尔时取后有。如木在大海，无心亦动荡，如是阿赖耶，依身而动转。"此说阿赖耶识能取后有，当如何释？答：彼论说：唯破离心外境，不破内心有自性，说唯心者，是为遣愚夫于一切空起恐怖故，非真了义。诸瑜伽师许转依心，清净，有自性，唯是各别内证之境。破彼执时，彼便难云：若心不实，则从前世来生现世，及从现世趣于后世，动转作用皆不应理。为答此难，说如铁与木，虽实无心，而似有心，亦能转动。如是阿赖耶虽非实有，亦现有去来动作，似有实体。故非许有如余论所说有自相之阿赖耶识。

若谓虽不许有自相之阿赖耶识，可许离六识身，别有如幻为一切染净法之种子识。曰：若许有如是阿赖耶识，则亦应许唯由阿赖耶识习气成熟，现似色声等境，别无外境。然彼论云："由知知所知，离所知无知，如是何不许，无能知所知。"此说外境内心，有无相等，若无一此，余一亦无。当知与本论所说：心境二法，胜义俱无，名言俱有，于二谛中，俱不可分有无之别，义理相同。故无外境，唯有内识，非是龙猛菩萨所许。既离意识不许异体阿赖耶识，则所言阿赖耶者，是总于内心明了分，特于意识立为阿赖耶，以是破心有自性。答他难时，说心虽非实，能作所作皆应理故，许能取后有之心是意识故，复许

意识，是一切染净法之所缘故。

《中观心论》亦破阿赖耶为如实言。智藏论师许有外境，故亦不许阿赖耶识。即破外境之唯识师，亦有许不许阿赖耶识之两派。不许外境之莲华戒论师亦云："唯此意识，有与余生结生相续之功能，如云：'断善根与续，离染退死生，许唯意识中。'"此引《俱舍》为证。故静命论师，亦必不许阿赖耶识。无畏论师意亦相同。虽云余大乘经说有阿赖耶识，亦唯举其名，未释其义。审其文义，亦不许彼离六识身别有异体。且彼宗亦是许外境者，故是于意识上假立彼名也。

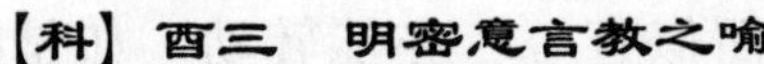

【科】酉三 明密意言教之喻

为令众生趣入故，非但先说阿赖耶识等。颂曰：

如佛虽离萨迦见，亦尝说我及我所，

如是诸法无自性，不了义经亦说有。

如佛永离萨迦耶见并诸习气，永断一切我、我所执诸分别心，然由说我、我所，是令世人了知法义之方便，故佛世尊亦尝说言我及我所。如是诸法虽无自性，然不了义经说有自性者，是令世人渐次了知真实义之方便。总之，如佛言我，言我所时，似有彼彼分别心，然无分别乃是了义。如是说诸法有自性时，虽似是佛之意旨，然诸法无自性，乃是了义。名言建立，须与世间相顺之理，如东山住部《随顺颂》云："若世间导师，不顺世间转，佛及佛法性，谁亦不能知。虽许蕴处界，同属一体性，然说有三界，是顺世间转。无名诸法性，以不思议名，为诸有情说，是顺世间转。由入佛本性，无事此亦无，然佛说无事，是顺世间转。不见义无义，然说法中尊，说灭及胜义，是顺世间转。不灭亦不生，与法界平等，然说有烧劫，是顺世间转。虽于三世中，不得有情性，然说有情界，是顺世间转。”如是广说。其中末颂，明有情无自性之补特伽罗无我。所余诸颂，明有事无事诸法无自性之法无我。东山住部《分别炽然论》，说是大众部中分出，故声闻藏中亦有明显说法无自性者。

【科】辰二　别破唯识宗分三

巳一　破离外境识有自性

巳二　破成立依他起有自性之量

巳三　明说唯心非破外境

初中分二

午一　叙计

午二　破执

今初

诸唯识师于上述中观宗心不忍可，不依佛意，唯随自分别建立宗义，欲显自教所说宗旨。颂曰：

不见能取离所取，通达三有唯是识。

故此菩萨住般若，通达唯识真实性。

安住增胜般若波罗蜜多，勤修真实义之六地菩萨，由何正

理能不增益异体二取，无倒通达，见悟真实，是为通达唯识真实性？谓由了达都无外色，诸心心所，唯缘起性，故名通达唯识实性。又此菩萨如何通达唯识实性？谓此菩萨以下所说，从内习气成熟而生色等之理，于自心上，由无异体所取，亦不见有能缘异体境之能取，即便了知三界唯识。善了知已，复长修习二空真实，由久修习，乃以内智现见真实不可言说二空自性。六地菩萨由先如是次第修习，故得通达唯识实性。若无外境唯有识者，既无外境，带境相之唯心，云何生起？颂曰：

犹如因风鼓大海，便有无量波涛生，

从一切种阿赖耶，以自功力生唯识。

譬如波涛所依大海，因风鼓荡，原如睡眠安稳不动之波涛，互相竞起，奔驰不息。如是内外一切法种子阿赖耶识，与贪等、信等俱生俱灭，各将自随顺功能熏习阿赖耶识，由此习气成熟之力，便有不净依他起性之唯识生，愚夫于此执为内外分离之能取所取。然离内识，实无少分异体所取。

此如说大自在天等为因者云："蛛为蛛网因，水晶水亦尔，根为枝末本，此是众生因。"说大自在天等为众生之作者。如是说有阿赖耶识者，说彼识是一切法之种子依，名一切种子，唯大自在常住，阿赖耶识无常，是其差别。以是多生习外道见者，要说有阿赖耶识方能调伏也。

若尔，《释论》叙唯识宗时，多云无外境，又云离识实无少分异体所取。此于所无之色等所取上，加离识异体之简别。又"妄执名为色根眼"句之释云："实无离识之眼根"。为于所破加如上简别，是唯识宗所许耶？为不加简别，直云无色等五境及无色根，是彼所许耶？曰：此《释论》中实有加不加简别之二类。如破生时多于所破加简别语，其未加时亦皆例加。此亦应尔。敌宗所依，《摄大乘论》云：“何缘此识亦复说名阿陀那识？执受一切有色根故，一切自体取所依故。所以者何？有色诸根，由此执受无有失坏，尽寿随转。”又云：“共相者，谓器世间种子；不共相者，谓各别内处种子。共相即是无受生种子。”此说阿赖耶识上器世间种子，即是无受法之种子。《摄抉择分》亦如是说。《缘起经释》说由阿赖耶识为缘，成就名色。说名为余四蕴，说色为大种及大种所造色。又说彼色，无色界无，下二界有。故唯识宗许有色者无量无边。若不尔者，则唯识宗，色蕴上所有色声等名，不加修改皆不可用。已见彼名皆不可用，犹称彼宗为善者，印度佛徒曾无是事。又彼宗亦名所知属内宗，义为不许色声等所知为外事，说是内识事。

设作是念：若唯识宗亦许色声等者，则破外境，仅是名字之诤。以现为外境之色有，即立为外境故。此与说“中观师破有自相之色而安立色者，既现为有自相等色，即立为有自相。故辩自相有无仅名字之诤”者，全无差别，实是两宗最难了解之处。不但中观道理难知，即于唯识宗此义，亦觉若破外境，则色等非有，若立色等亦应安立外境故。此等难处虽应解释，恐繁不述。

圣教建立，作如是说，颂曰：

是故依他起自性，是假有法所依因，

无外所取而生起，实有及非戏论境。

此依他起性，定应许是有自性，以是执有异体能取所取假有法等一切分别网之因故。如以绳因缘误以为蛇，无绳为依，则必不生，及以地等因缘误以为瓶等，无地等为依，于虚空中亦必不生。如是既无外境，误认青等为外境之分别，为以何等乱事为因？故定应许现似异体二取之不净依他起，为误认外境分别之因，以彼所依是杂染清净系缚解脱之因故。

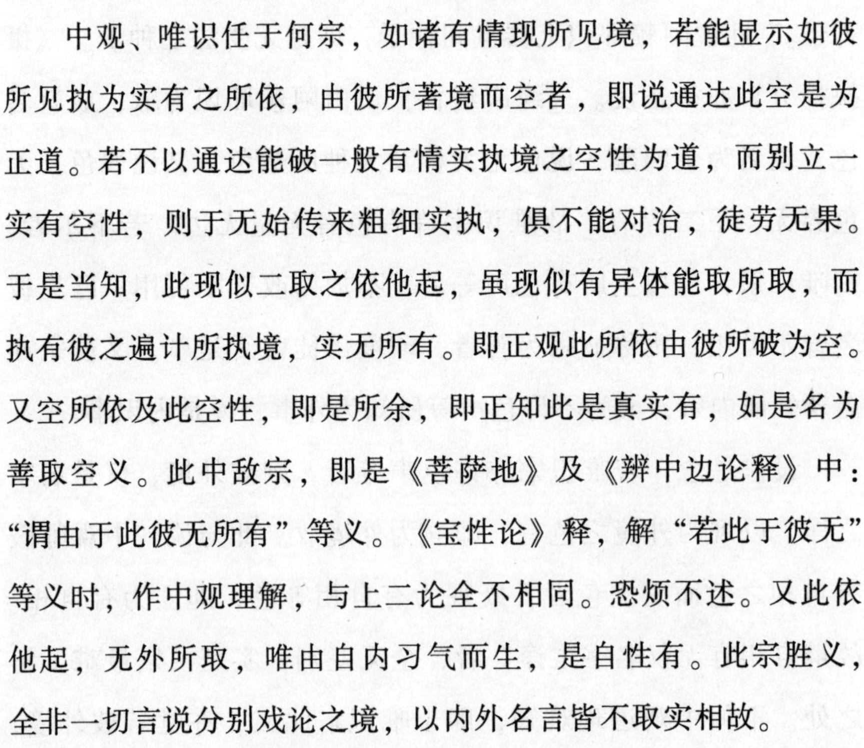

中观、唯识任于何宗，如诸有情现所见境，若能显示如彼所见执为实有之所依，由彼所著境而空者，即说通达此空是为正道。若不以通达能破一般有情实执境之空性为道，而别立一实有空性，则于无始传来粗细实执，俱不能对治，徒劳无果。于是当知，此现似二取之依他起，虽现似有异体能取所取，而执有彼之遍计所执境，实无所有。即正观此所依由彼所破为空。又空所依及此空性，即是所余，即正知此是真实有，如是名为善取空义。此中敌宗，即是《菩萨地》及《辨中边论释》中："谓由于此彼无所有"等义。《宝性论》释，解"若此于彼无"等义时，作中观理解，与上二论全不相同。恐烦不述。又此依他起，无外所取，唯由自内习气而生，是自性有。此宗胜义，全非一切言说分别戏论之境，以内外名言皆不取实相故。

总之，依他起性有三差别：一无外境而生，二是自性有，三于胜义中非一切戏论之境。是假有法之因义，亦摄在自性有法之中，不异三差别。言依他起有者，非泛说有，是特殊有。如安慧论师云："虚妄分别有，谓由自性是语之余。"此简别，于后文至为切要。

【科】午二　破执分二

未一　广破

未二　结破

初又分三

申一　破无外境识有自性之喻

申二　破由习气功能出生境空之识

申三　明如是破与修不净观不相违

初又分二

酉一　破梦喻

酉二　破毛发喻

初又分三

戌一　梦喻不能成立识有自性

戌二　梦喻不能成立觉时无外境

戌三　梦喻成立一切法虚妄

今初

颂曰：

无外境心有何喻？

汝唯识师说无外境，心有自相，当先推察有何譬喻而相比况？若唯识师曰：

若谓如梦当思择。

譬如有人眠极小房中，梦见狂象群，然彼房中决定不能有狂象群。故如彼梦，虽无外境，定应许此有自性识。为显此说无心要故，汝此譬喻当更思择也。云何思择？颂曰：

若时我说梦无心，尔时汝喻即非有。

若时我宗，说如梦中象境非有，则见狂象群之有自性心亦非是有，以不生故。若无有自性之识，尔时汝所说两宗极成之喻，亦即非有。故离外境非有内识。

此非是说如梦中无所见之象，亦无内识，是说无有自性之识。以说前唯识宗许无外境之依他起，是许有自性之依他起故。又此破总结时："总如所知非有故，应知内识亦非有。"《释论》明说："当知带所知相之内识，亦不自性生。"又本论释论此等破时，多于所破加简别故。又云："何故如来于彼经，说心从无明业生？"说无明生行，以行生识，是自宗故。故有智者，不致疑此宗是说无识。以是当知，凡说所知能知有无相等者，皆是依所破差别而说。设作是念：若谓梦中无乱识者，则彼觉后不应忆念梦中所受。此是以为识无自性，识便全无而难。此难非理。颂曰：

若以觉时忆念梦，证有意者境亦尔。

若以睡觉之时，犹能忆念梦中领受，便谓梦中意识有自性者，则梦中所见象等外境，如彼意识，亦应是有。何以故？颂曰：

如汝忆念是我见，如是外境亦应有。

如汝以睡觉时，追忆我于梦中见，有忆能缘之念，便证有意识者，如是追忆，梦中见此，亦有忆外境之念，则外境亦应有；或识亦应无也。

若尔，自宗亦许忆念梦中之心境，彼二有无如何许耶？曰：《释论》说有忆念梦中领受，及忆念梦中领受境。以是当知，梦中见象等时，如醒位见本质之影像。其见彼影像之眼识，虽非领受本质境，然可说是领受影像境。如是梦中虽无所领受象境，然有所领受现似为象之境。故虽云“念境”，实是忆念领受彼境。所缘与领受，除一二处外，多不须如是分别也。

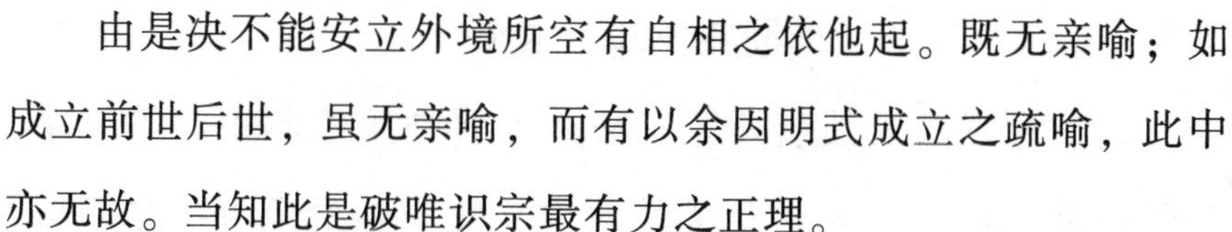

由是决不能安立外境所空有自相之依他起。既无亲喻；如成立前世后世，虽无亲喻，而有以余因明式成立之疏喻，此中亦无故。当知此是破唯识宗最有力之正理。

【科】戊二　梦喻不能成立觉时无外境

设曰：若睡梦中有象等色，则亦应有缘彼之眼识，此不应理。颂曰：

> 设曰睡中无眼识，故色非有唯意识，
>
> 执彼行相以为外，如于梦中此亦尔。

由睡梦中，睡眠昏乱无眼识故，眼处所取象等色境决定非有，唯有意识。虽无外色处，然由意识现似外相，即执彼相以为外境。如睡梦中全无外境，唯有识生，如是觉时应知亦尔。此谓前喻纵不能成立识有自性，然以梦喻必能成立觉时无有外境唯有内识也。破曰：不然，梦中意识亦不生故。此谓梦中无色处，其无色处之有自性意识梦中亦非有，故彼梦喻亦不能成立全无外境而有有自性之意识。颂曰：

如汝外境梦不生，如是意识亦不生，

眼与眼境此生心，三法一切皆虚妄。

如汝所说外境梦不生，如是意识亦自性不生。如醒觉位见色时，有眼、色、意三法和合，如是梦中了别境时，心亦见有三法和合。如梦中眼与眼之色境二俱非有，如是此二所生之眼识亦定非有，故梦中之眼色意三法一切皆是虚妄。又颂曰：

余耳等三亦不生。

如眼等三法，其余耳等三法亦无自性生。此中“等”字，等取声及耳识，乃至意及法处意识。此谓耳根至身根之四根，声尘至触尘之四尘，耳识等四识，如前所说眼等三法，梦中虽无彼体而现彼相，故是虚妄。其意等三法，则谓梦中虽有，然无自性现有自性，故是虚妄。以是当知，彼以为此师许梦中有根识，而相攻难。如云：敌者之天未晓，难者之日已出，慧太粗陋，故应弃舍。藏中亦有自矜智者，于此善巧宗义尚未知其粗分，便谤为非福之田，令诸众生多造非福，尤应惧焉。若此“设曰睡中”等，作为唯识宗义，清辨论师为出喻不成过云：“意识所取法处所摄色，梦中亦有，故离外境全无内识”。此亦不应理，梦中三法毕竟非有故。若谓为破他宗故如是许者，是则梦喻应全无用，以梦非虚妄，不能显示所喻之法为虚妄故。此谓有自性之根境识三法，梦中亦毕竟非有，故说法处所摄色，于梦中离识实有，不应道理。然自宗亦许有彼色，且许梦中有彼亦不相违。故知说梦无彼色者，是因清辨论师许彼色有自相也。

若谓因唯识宗，说无外处所摄色时，以梦喻而破，今为破彼宗故许色有自相者，则中观师成立无实立如梦喻，应成无用，以梦非虚妄是有自相，不能成立彼所喻之法为虚妄故。以未破有自性以来，成立无实之因法，皆不随彼喻转故，以是自宗前说，梦中所见一切皆无自性，最为善哉!

若尔，梦中所见色，自宗许是法处所摄色不？曰：以梦中无根识，故梦中所见五境，唯是意识所现，梦中虽不可安立色等五处，然可立为法处所摄色。如意识所见之骨锁，立为法处故。此复是法处五色中，遍计所执色。由此道理，如斯多处，皆当了知。

【科】戊三　梦喻成立一切法虚妄

由梦中所见根境识三皆非实有，则以极成不实之梦，成立其余未极成法亦非实有，故能成立醒觉位中一切诸法皆无自性。颂曰：

如于梦中觉亦尔，诸法皆妄心非有，

行境无故根亦无。

如梦中之根境识等皆是虚妄，如是醒觉位诸法亦皆是妄，故彼内心非自性有。如是诸根所行之色等境亦皆非有，诸根亦皆无自性生。是故经云：“犹如所见幻有情，虽现而非真实有，如是佛说一切法，如同幻事亦如梦。”又云：“三有众生皆如梦，此中不生亦不死，有情人命不可得，诸法如沫如芭蕉。”皆成善说。言不生等，当如前云“非真实有”，于所破上加简别言。此等经典，皆以梦喻诠一切法非真实有，于中观宗极为应理，于唯识宗则不应理，故云善说。颂曰：

此中犹如已觉位，乃至未觉三皆有。

此世间固有无知睡眠，又由暂离通常睡眠名曰醒觉，如此醒位诸法，虽本无自性生，然以无明睡眠正作梦故，见三法有。如是乃至未离睡眠未醒觉位，根境识三就彼心前皆可云有。颂曰：

如已觉后三非有，痴睡尽后亦如是。

如睡觉后，梦中三法皆非是有。如是诸佛断尽愚痴睡眠，亲证法界，则彼三法亦皆非有，故无离外境之内识也。此复应知，如所有智前，三法皆不现。尽所有智前，虽不由内心无明习气之力而现三法，然因他有情识以彼染力所现者，诸佛亦显现了知也。

【科】酉二　破毛发喻

他曰：有翳之眼，毛发非有而有可见，故虽无外境而识有自性。此亦不然。颂曰：

由有翳根所生识，由翳力故见毛等，

观待彼识二俱实，待明见境二俱妄。

有翳眼根所生眼识，由彼翳力见毛发时，若观待彼人内识所见，眼识与毛发行相之境，二俱是有。若观待明见境义无翳眼之所见，则所现毛发与见彼之识，二俱虚妄不生。无所现境说有彼识，极难知故。此义定应如是许，若不尔者，颂曰：

若无所知而有心，则于发处眼相随，

无翳亦应起发心，然不如是故非有。

若谓有翳人，虽于无所知毛发，而能生见毛发行相有自性之心者，则有翳人随于何处见有毛发，若无翳人亦相随逐审视其处，亦应生见毛发之心，如有翳人，无境相同故。如从有自性之他生，则应从一切他生。如是若有一有自性之识生，以无毛发之境相同，有翳眼既生见彼之心，无翳眼不生见彼之心，则不应理。能难彼心不待有翳，以全不相关故。然无翳眼不生见毛发之心，故离外境有自性之识，决定非有。

【科】申二　破由习气功能出生境空之识分三

酉一　破说由习气成未成熟生不生见境之识

酉二　重破说无外境而有内识

酉三　明破唯识宗不违圣教

初又分二

戌一　叙计

戌二　破执

今初

设作是念，若以现似毛发之境，为生识之因者，则无翳者亦应生见毛发识。然今不尔。是由往昔所熏能生识之习气成未成熟，为生不生识之因。若有往昔见毛相识所熏习气，由此成熟乃生见毛相之识。其无翳障清净见境者，由彼无有见毛相识之功能习气成熟，故无翳者不生见毛发之识，非由离所知毛发境故不生彼识也。

【科】戊二　破执分三

亥一　破现在识有自性功能

亥二　破未来识有自性功能

亥三　破过去识有自性功能

今初

颂曰：

若谓净见识功能，未成熟故识不生，
非是由离所知法，彼能非有此不成。

若有所说自性功能，方可说由彼功能成未成熟，生不生识。若实无有自性之功能，则此义不能成立。如何不成？颂曰：

已生功能则非有，未生体中亦无能。

若计有功能，为属现在识，为属过去识，为属未来识？且现在已生识中定无自性之功能，未来未生体中亦无彼功能；若计现在识有彼功能，识与功能应同时有。若于功能与有功能，作六啭声名“功能之识”，则说彼二法无别体故，功能之识即彼功能，不应道理。若不尔者，则离果外应无别因，芽已生时种应不坏。若于功能与有功能，作五啭声名“从功能识”，则彼识生是从同时之功能中生，不应道理，以于因位果已有故。故现在识中功能非有。

【科】亥二　破未来识有自性功能

若谓未生识有彼功能者，颂曰：

非离能别有所别，或石女儿亦有彼。

若云“识之功能”，功能是所别事，识是能别法。其未来未生识，不能表示其所立体性，云是识；亦不能表示其所破体性，云非识。其未来识，现在尚无识体，汝以何法简别功能，云此功能是彼识之功能耶？如是既无能别之识，则以彼所别之功能，亦定非有。若不尔者，则石女儿亦应有彼功能也。

若谓心想某识当从功能生，便云此是彼识之功能，从此功能出生彼识，于是即成能别所别。世人亦云“煮饭”，及云“此线织布”，心想当来之饭、布，作如是说。《俱舍》亦云：“前三种入胎，谓轮王二佛。”是于当来之轮王等入胎，说名彼等入胎。如是心想当生之识，说名识之功能。此亦全无心要。颂曰：

若想当生而说者，既无功能无当生。

若法有时生者，乃可说当生彼果。其恒时决定不生者，如石女儿等及无为虚空等，则现在、后时皆定不生。若自性之功能是有者，乃能生识；若现在未来皆无有自性之识者，则定无生彼识之功能。既无生自性识之功能，则自性识之当生亦定非有，如石女儿等。

中观师破芽自相生时，多出难云：若种时无芽而生芽者，亦应生兔角等。此中关要是因自相之芽，一是无有，则终非有，便与无法无别，非总破种时无芽而有芽生，便云应生兔角等。

此理亦释煮饭等喻，以若如自性生者，则饭等亦无当生故。复次，颂曰：

若互相依而成者，诸善士说即不成。

若观待当生之识，立彼识之功能，观待识所从生之功能，而立识者，则是互相依待而成也。若许此者，诸善智者皆说有自性之识即不成立矣。《释论》复说：如长短，彼此，观待成者，皆是假有，无自性成。故非泛破彼等成立，当知是别破自性成立也。若如是许，则当随顺吾等而说。故未来识亦无功能。

【科】亥三 破过去识有自性功能

今当明过去识亦无功能，颂曰：

若灭功能成熟生，从他功能应生他。

若谓已生正灭之识，为生自类果故，于阿赖耶识熏成习气功能差别，从已灭识之功能，成熟力故，出生当生之识者，则从他自性功能，应生其他果识。何以故？颂曰：

诸有相续互异故。

由有相续诸刹那法次第生者，如汝所许，前后体性互相异故。相续之字界云："达努谓增广。"施以字缘，成辗转义，名曰相续，犹如河流相续不断。因果相续转时，由于生死辗转无间无断，是三世诸行刹那之能取。此说是诸刹那分之有分，非仅说前后无间也。由此遍于诸相续分刹那中有，故相续支分之诸刹那，名有相续。由诸支分，是有分相续之支分，故说相续是彼之能取，如瓶是瓶嘴、瓶项等之能取也。此前后诸刹那，更互相异，为自相之他，是敌者所许，故应是从有自性之他功能，而生他识也。若谓许者，颂曰：

一切应从一切生。

是则一切法应从一切法生也。颂曰：

彼诸刹那虽互异，相续无异故无过，

此待成立仍不成，相续不异非理故。

设作是念：彼前后刹那次第转时，其有相续诸刹那法，自性互异，虽有他性，然遍于彼前后刹那上之相续，则唯一无异，故所说应一切法从一切生，此过非有。此说前后相续是一者，即答他生太过之根本释难。若前后自性异法同一相续，已极成者，可容无过。然相续是一尚未极成，故一相续，仍是所立之法也。所以者何？以前后自性各异诸法，是一相续，不应理故。颂曰：

如依慈氏近密法，由是他故非一续，

所有自相各依法，是一相续不应理。

喻如慈氏与近密身中所摄诸法，由补特伽罗是各别他故，

非一相续所摄。如是自相各别前后刹那，说是一相续摄，亦不应道理。如是于他生出太过时，他宗答曰：稻之种芽是一相续，彼与麦之种芽非一相续，故非一切从一切生。破他此答不能释难之关要，是因他宗许有自相之他，非凡许他即为出难，极为明显。以是有人或作同类攻难而破，或由未知所破之简别是自相他，弃舍月称论师所说他宗不能释难之理由，臆说所未说之理由，实是正宗之污垢也。

【科】酉二　重破说无外境而有内识分二

戌一　叙计

戌二　破执

今初

如是说已，诸唯识师，复欲申述自宗，成所乐义。颂曰：

能生眼识自功能，从此无间有识生，

即此内识依功能，妄执名为色根眼。

由前眼识正灭时，于阿赖耶识中无间熏成能生眼识之功能习气，从此习气成熟，便于后时有前识行相之眼识生起。眼识无间所从生之功能刹那，是眼识之所依。世间愚人，即执彼功能名有色根之眼，实离内识眼根非有。余有色根应知亦尔。

其能生眼识之习气因，是因缘。眼根是眼识之增上缘。此中说眼根是眼识之亲因者，意说能生眼识之习气已成熟位，非说眼根皆尔。如《辨中边论》云："识生变似义，有情我及了，此境实非有。”说变似色等义与有情五根之识生，是阿赖耶识。安慧论师亦说诸有色根是阿赖耶识之所缘。故许阿赖耶识之唯识师，是说阿赖耶识变似之有色根，为眼根等。已说无有离识之眼根等，当说色等亦不离识。颂曰：

此中从根所生识，无外所取由自种，

变似青等愚不了，凡夫执为外所取。

于此世间从五根所生之五识，实无所取青等外境，是由前识于阿赖耶识中熏成自种，由此种成熟，变似青色等相。由彼凡愚不了此义，遂于内心所变之青等相，执为所取外境。故离内识别无外境。更有异说。颂曰：

如梦实无余外色，由功能熟生彼心，

如是于此醒觉位，虽无外境意得有。

喻如梦中无余色等，唯由自心习气功能成熟之力，而生带彼色声等行相之心。如是此醒觉位中，亦无外境而有意生也。

【科】戊二　破执

此皆不然，颂曰：

如于梦中无眼根，有似青等意心生，

无眼唯由自种熟，此间盲人何不生？

如梦中无眼根，有变似青等意识之心生，如是无眼根唯由自识种子成熟而生，则此醒觉盲人，何不生见色等之意识，如不盲者？以梦觉二位无眼根相同故。此亦是因无外色等而有自性识生，则梦醒二位都无差别也。

若作是念：盲人醒觉时，不生明见色等之意识，如梦中者，其原因非由无眼根，是因无有生如是意识之功能成熟。故唯有功能成熟者，乃有如是意识生。此复是以睡眠为缘，故唯梦中乃有，觉时则无也。

此不应理，颂曰：

若如汝说梦乃有，第六能熟醒非有，

如此无第六成熟，说梦亦无何非理？

若如汝说梦中乃有第六意识之功能成，醒觉时非有，则说如此醒觉时盲人，无有第六意识明见色等之功能成熟，如是梦时亦无，云何非理？若汝全无正理，仅凭口说，吾等亦可如上说也。颂曰：

如说无眼非此因，亦说梦中睡非因。

梦中见境，应无眼识行相相顺意识功能成熟所起之意识，由识所依根无作用故，如醒时之盲人。如说无根，非醒时盲人，见境习气成熟之因，如是睡眠亦非梦中见境习气成熟之因。以无外境识能自性生者，不须观待习气成熟也。颂曰：

是故梦中亦应许，彼法眼为妄识因。

由虚妄习气生梦中见境之虚妄识，故梦中亦应许如醒觉位见如是色等境法之识是虚妄，及梦中眼为彼识之所依因。如《释论》云："梦中所见境，亦有三法和合可得"。又云："梦中无色处、眼根，并彼二所发之识"，当知是说，梦中虽无眼识等前五之根境识，然就梦人前，有彼三法可得，故应许有梦中眼、梦中眼识，及梦中色，非许彼三是真眼等。如许有幻象马，及幻人，不必许彼是真象马及真人也。颂曰：

随此如如而答辩，即见彼彼等同宗，

如是能除此妄诤。

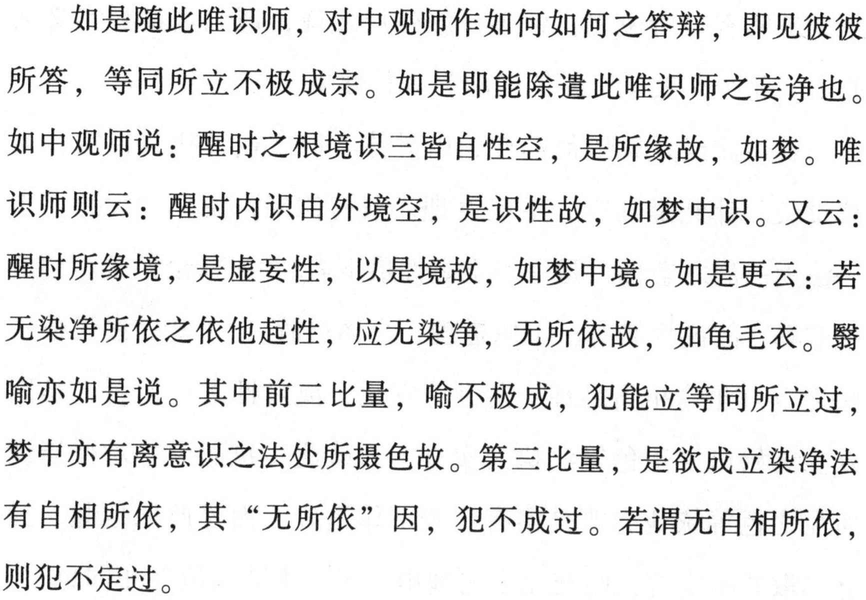

如是随此唯识师，对中观师作如何如何之答辩，即见彼彼所答，等同所立不极成宗。如是即能除遣此唯识师之妄诤也。如中观师说：醒时之根境识三皆自性空，是所缘故，如梦。唯识师则云：醒时内识由外境空，是识性故，如梦中识。又云：醒时所缘境，是虚妄性，以是境故，如梦中境。如是更云：若无染净所依之依他起性，应无染净，无所依故，如龟毛衣。翳喻亦如是说。其中前二比量，喻不极成，犯能立等同所立过，梦中亦有离意识之法处所摄色故。第三比量，是欲成立染净法有自相所依，其“无所依”因，犯不成过。若谓无自相所依，则犯不定过。

【科】酉三　明破唯识宗不违圣教

如是破唯识宗，非但不违正理，亦不违圣教。颂曰：

诸佛未说有实法。

诸正等觉，于自宗经中不曾说有宝法故。如《楞伽经》云：“三有唯假立，全无自性法，于假立分别，执为法自性。无体无了别，无赖耶无事，凡愚恶分别，如尸妄计度。”初句明三有唯由心假立。第二句明假立义，谓无自性法，是说无自性，非说法全无。后二句明未通达真实义之恶分别者，于如是唯心假立法，计为有自性之法。初颂总明无自性，次颂别释。梵语“茹巴”，通自体与色二义，此处当作色解，以与了别相对故。无事句之“事”字，上句已说无色事心事，故此处当作余自性事解，是无破实有时所说之自性事。如死尸之理，谓无观察真实义之心力。此经即破计三界依他起为有自性也。

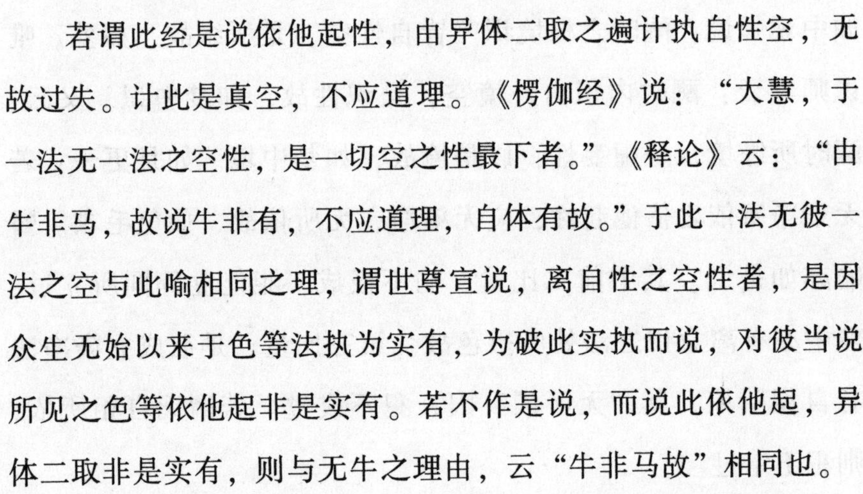

若谓此经是说依他起性，由异体二取之遍计执自性空，无故过失。计此是真空，不应道理。《楞伽经》说：“大慧，于一法无一法之空性，是一切空之性最下者。”《释论》云：“由牛非马，故说牛非有，不应道理，自体有故。”于此一法无彼一法之空与此喻相同之理，谓世尊宣说，离自性之空性者，是因众生无始以来于色等法执为实有，为破此实执而说，对彼当说所见之色等依他起非是实有。若不作是说，而说此依他起，异体二取非是实有，则与无牛之理由，云“牛非马故”相同也。

以是当知，中观、唯识无论何宗，说众生执著之所依，即此所见内外诸法，无所不同。明彼空者，是遣除于所依上所生之执著，亦无不同。所不同者，谓执著之相。唯识师说：现见二取内外分离，若如所见执为二取异体，是此执著相。其能对治，谓以此现见之依他起为有法，破除二取有异体，故是破彼所依事是此所破性也。中观师说：若执现见法，非由名言心安立，是实有者，即此执著相。其能对治，谓以此现见法为有法，破无斯实有，故亦是破彼所依事是此所破性。以有情之执著，非于彼所依事执有异体之所破性，是执彼所依事即是彼所破性故。宣说空性，亦须如彼所执，即明如是空故。

故有人说：现在所见诸所依事，以实有空，为断灭空。弃此不用，别以余所见法为空所依事，亦不说“由是彼所破故空”，而说“以有事故空”。俱非中观、唯识宗义。即众生身中无始传来之执著，有无执如斯所破之心，当自向内反观。法称论师曰：“于此亦随说，故恶暗周遍。”智者当知，现在正是此类最多之时也。

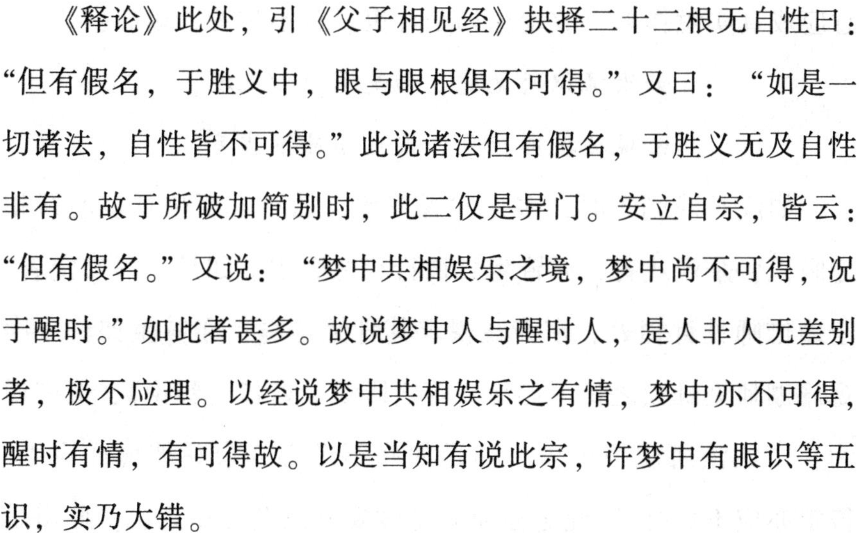

《释论》此处，引《父子相见经》抉择二十二根无自性曰：“但有假名，于胜义中，眼与眼根俱不可得。”又曰：“如是一切诸法，自性皆不可得。”此说诸法但有假名，于胜义无及自性非有。故于所破加简别时，此二仅是异门。安立自宗，皆云：“但有假名。”又说：“梦中共相娱乐之境，梦中尚不可得，况于醒时。”如此者甚多。故说梦中人与醒时人，是人非人无差别者，极不应理。以经说梦中共相娱乐之有情，梦中亦不可得，醒时有情，有可得故。以是当知有说此宗，许梦中有眼识等五识，实乃大错。

故唯识宗无通达究竟了义之慧力，其所立宗义，恒应破斥也。

【科】申三　明如是破与修不净观不相违

设作是念：若无外境，即无明见色声等之自性识者，则依师长教授修不净观之瑜伽师，见有骨锁充满大地，云何应理？以虽无骨锁，而有自性之识故。颂曰：

诸瑜伽师依师教，所见大地骨充满，

见彼三法亦无生，说是颠倒作意故。

修不净观之瑜伽师，依师长教授，所见骨锁充满大地者，今见彼中根境识三法，亦皆无自性生。经说彼定，是颠倒不实作意故。

若见骨锁之心是有自性，彼心所见亦应有自性，是则彼作意应成真实境作意，故定应如是许也。若不尔者，颂曰：

如汝根识所见境，如是不净心见境，

余观彼境亦应见，彼定亦应不虚妄。

如汝观戏剧等时，多人共观彼境。如一人所生具彼境行相之眼识，余观戏者，亦皆生具彼行相之眼识。如是余非修定者，于瑜伽师见骨锁处，审谛观视求其骨锁等境，亦应生如修不净观瑜伽师见骨锁之识，如缘青等之眼识。若依《释论》，似应译为："如汝所观根识境，如是如修不净心，余观彼境亦应生，彼定亦应不虚妄。"此定亦应非是虚妄颠倒义之作意也。此出是非瑜伽师理应相等之过者，亦因识有自性，则不应观待修骨锁之教授也。如是颂曰：

如同有翳诸眼根，鬼见脓河心亦尔。

如有翳眼根，若引幻事、影像等喻，答辩之理应亦尔。又说饿鬼于江河处起脓血心，亦应知同前。

此中法处之五种色，非实事师宗假立，是经中所说，自宗亦许有。故虽无骨锁而明见之骨锁，如同影像，当许为有色。然此唯是意识所见，故非色处摄，亦非余九有色处，故是法处之遍计所起色。眼识所见毛发，则如影像是色处摄。饿鬼见河为脓血者，是彼眼识所见，故亦当立为色处。《摄大乘论》亦云："鬼傍生人天，各随其所应，等事心异故，许义非真实。"其等事为何，及各别见之理，《摄论》中俱未明说。无性释云："于一河事，自业变异增上力故，饿鬼所见充满脓血等处，鱼等傍生即见宅舍，游从道路，人类即见甘清冷水，沐浴饮渡，入空无边处定诸天，即见虚空，坏色想故。"

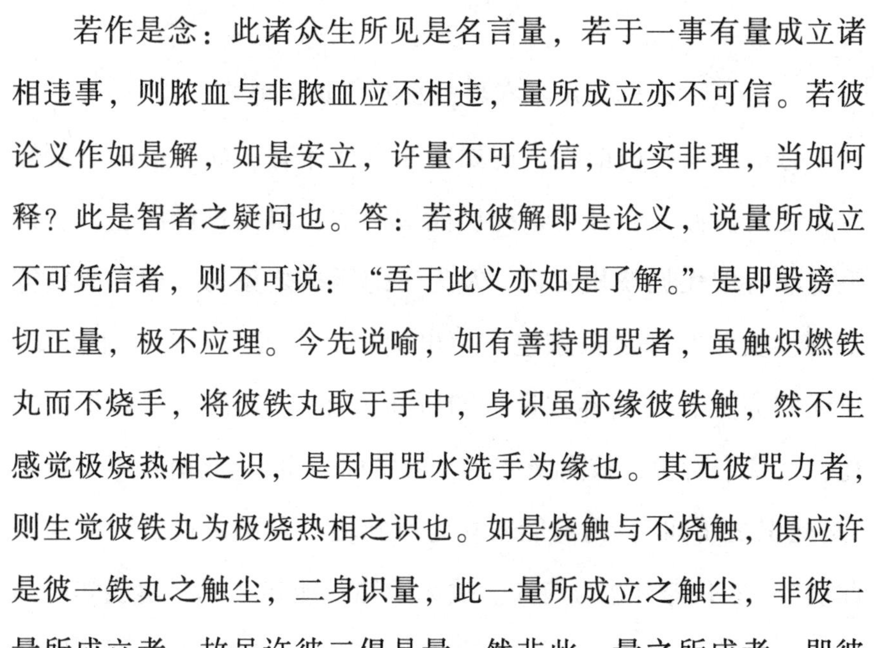

若作是念：此诸众生所见是名言量，若于一事有量成立诸相违事，则脓血与非脓血应不相违，量所成立亦不可信。若彼论义作如是解，如是安立，许量不可凭信，此实非理，当如何释？此是智者之疑问也。答：若执彼解即是论义，说量所成立不可凭信者，则不可说："吾于此义亦如是了解。"是即毁谤一切正量，极不应理。今先说喻，如有善持明咒者，虽触炽燃铁丸而不烧手，将彼铁丸取于手中，身识虽亦缘彼铁触，然不生感觉极烧热相之识，是因用咒水洗手为缘也。其无彼咒力者，则生觉彼铁丸为极烧热相之识也。如是烧触与不烧触，俱应许是彼一铁丸之触尘，二身识量，此一量所成立之触尘，非彼一量所成立者。故虽许彼二俱是量，然非此一量之所成者，即彼一量之所破也。如是于一河处，河之一分，由鬼昔业增上力故，见为脓血。河余一分，由人昔业增上力故，不现脓血，现为可饮可浴之水。彼二俱是河之一分，由饿鬼眼识量所成立义与人眼识所成立义，事体各别，故非一量所成立义，余量即成立为彼相违事。《亲友书》云：“诸饿鬼趣于夏季，觉月亦热冬日寒。”亦说饿鬼由昔业力，夏季觉月光触尘为极烧热，冬季觉日光触尘亦极寒冷。人则觉日光为热相，月光为凉相，全不相违。此二亦非一量所量之热触，即余量所量之寒触。此二亦俱可立为日月光之触故。论中亦云“等事”，故不应不审观论义，略得粗解便以为足也。

【科】未二　结破

总如所知非有故，应知内识亦非有。

总结上来广说诸义，谓如所知自性非有，如是应知具所知行相之内识亦无自性生。此说能知所知，俱无自性同也。若谓毛发非有即无见彼相之识，及无于幻所执之象马，即亦无执彼之心，实非此师之正宗也。《出世赞》亦云：“不知非所知，彼无知亦无，是故佛宣说，知所知无性。”又云：“诸识同幻化，是日亲所说，彼所缘亦尔，决定同幻事。”此谓若不可说云“是此识之所知”，则不能安立为所知境。若不可说云“此知如此境”，亦不能安立为能知。故无所知，能知亦无，由能知所知观待立故。佛说彼二俱无自性。以是彼二于二谛中不可分别一有一无，即是圣者意趣。《释菩提心论》云：“由知知所知，离所知无知。”与前所引赞义相同，与前所引赞义相同，故亦是心境有无相同之根据也。

【科】巳二　破成立依他起有自性之量分四

午一　破成立依他起之自证

午二　明唯识宗失坏二谛

午三　唯龙猛宗应随修学

午四　明破依他起与破世间名言不同

初中又四

未一　徵依他起之能立，明其非理

未二　破救

未三　以余正理明自证非理

未四　明依他起有自性同石女儿

今初

如是已说若离外境定无内识，今当更破不加无外境之简别，依他起唯事是有自性。颂曰：

若离所取无能取，而有二空依他事，

此有由何能证知？未知云有亦非理。

若谓离外所取亦无异体之能取，异体二取空之依他起是实有者，今当问彼：此依他起之有，是由何识证知耶？若谓由彼自识证知自识，不应道理，自之作用于自体转成相违故，如刀不自割，指不自触，轻捷技人不能自乘己肩，火不自烧，眼不自见。许自识知自识之敌宗，至下当说。彼识亦非余识能知，唯识自宗相违故。唯识教说：未得转依果之前，若有他识能为此识所见境者，即失坏唯识宗也。以是若依唯识宗义，则彼能知毕竟非有。识未知者，而说境有，亦非道理。中观师如是破已，唯识师曰：虽无余识能知，然有自证。唯由自证知有依他起，故此得有。破彼颂曰：

彼自领受不得成。

若谓即彼自识领受自体，亦不成立。今当略说唯识宗自证之依据。如《分别炽然论》云："唯识师说：识见二事，谓见自及见境。见境之识，变似外境相已，复为见自识之境。答曰：除见境所余，如何见自心？"此说除见境所余，谓离彼之外，未见有能见自体者。故唯识师说向内观识全无二相。复说彼识自见自体为之自证，然不许彼识有能证所证之异相。《二谛论释》破自证时亦云："远离识二性，要有能证者，乃能知无彼，若不尔者，亦不应理故。"此说唯识师，成立依他起为异体二取遍计执空时，其依他起识远离二取之自性，要先以能知之自证成立，乃可以彼为所依事，知彼无有异体二取。若先未以自证成立彼所依事，则不可以彼为所依事，成立遍计执空。此是破云：如汝所许，须以离二取相之自证，成立依他起，然彼亦不成也。有说由破如是自证故，亦破诸瑜伽师各别内证之自证，及破世人名言义云我自见之自证者，实属愚谈。

【科】未二　破救分二

申一　叙计

申二　破执

今初

此中唯识师，许经部计，为成立自证故，作如是言：如火生时，非渐照自体及瓶等，是顿时俱照。说瓶声时顿缘彼声及所诠瓶。如是识生时，亦非各别渐知，是顿了自体及境，故定有自证也。其不许自证者，亦定当许有自证；若不许彼，则后时忆念境谓先见此事，及忆念能领受境者，谓我先见，皆不应理。何以故？先未领受，念必不生，念心唯缘曾领受境。汝既不许自证，如前见青识当时不曾有领受故，后时有念则不得成。此是以后念为因，成立前见青识有能领受。若成立前见青识有自领受之自证者，则不得他极成之同喻，故不作如是成立也。若已成立见青识有能领受者，则此领受，不出自领受与他领受之二类。初非汝宗所许，次为自宗所破。既破领受之能遍，则领受亦不成也。此破即是成立自证最有力之正理。又此见青识，由余识领受亦不应道理。此有二过：一应成无穷，谓若见青识，由后起之余识知者，则彼后识，须否更由余识证知？若不须者，前识亦应尔。若更须者，彼识亦应更须余知，故成无穷过。成无穷者，初见青识使有领受不成之过也。二应不见余境，谓若前识由后识知，则应不知余色等境，不于后转，以识相续，唯缘前识为境故。此非不定，以前前识为后后识知，则以前识为所取义而生后识。尔时不应舍内近所取义，而趣外远事故。若谓能证前见青识之后见青识，与观青色之见青识同时生起，无不于境转之过者，则一补特伽罗身中，应有同类异体之二眼识，同时生起。若许尔者，经说："诸有情类各一识相续"，则成相违。

《释论》云："诸识次第起者，如刺青莲百瓣，由速转故，

现似顿起。”疏论解云：“如入舞场，观舞人面，听歌乐声等顿缘五境，云何五识不能顿起？曰：缘五境之诸识，虽次第生起，由速转故，现似顿起。”此极不应理。成立有自证之经部师及唯识师，解经说诸有情类各一识相续之义，如《释量论》云：“彼等从同类，功能成决定”。是许一补特伽罗，诸同类识不能顿生，非许异类识不能顿生也。藏人多说：“如观彩缎时，缘赤色白色等多识，岂非顿生？曰：彼诸识实是次第生，而似顿生”。此是不知经说“各一识相续”，意说同类心王，复不知一眼识能缘多色，更不知有缘杂色之眼识也。故应解为：“他问同类识应顿生，答曰：彼等由速转故，虽次第生，现似顿生。”然说成立有自证之二宗，以速疾转为误认顿生之因，《释量论》中已广破斥。则此论文难以立为彼二宗义，似是梵本有误，诸有智者更当观察。为免无穷过，与不见余境过故，决定当许有自证分。由境心俱能引生后念，故能比知前见青时，有领受境与领受心者，既有自领受之自证，由此自证亦能成立有依他起。汝中观师问：“此有由何能证知？”故如上答。

【科】申二　破执分三

酉一　正破他宗

酉二　自宗不许自证亦有念生

酉三　释难

今初

颂曰：

若由后念而成立，立未成故所宣说，

此尚未成非能立。

若依有自相说由后念，成立所念境之前识有自证者，则为成立所未成立之自证故，汝所宣说有自性之念，此于敌者尚未极成，非是自证之能立。如为成立声是无常，云眼所见性，若依世间名言而说，亦无自证之果念。何以故？如火先成立，方知烟是彼果。如是要先成立自证，及念从彼生之关系，乃能由念比知自证为有。今彼自证于敌者宗尚未成立，宁得有念为自证之果？此关系不成之喻，谓如见有水火，不能比知定有水珠、火珠。即无彼珠，由降雨、钻木等，亦有水火故，如是虽无自证亦有念生。下当广说。

此非说念与自证如烟与火，从因果门由念比度自证，是如前说，由念比度前识有能领受。此复定为自领受与他领受二门，破他领受，成立为自领受，然许识为能证之经部师与唯识师所立二门实不决定。如灯不自照，仍不失其为能照，如是内识虽不如敌宗所计能自领受，亦不失其为能领受也。若谓灯能自照者，暗亦应能自蔽。若尔，如瓶在暗中不可见，暗亦应不可见矣。如《中论》云："若灯能自照，亦能照于彼，暗亦应自蔽，亦能蔽于彼。"即不作如是推察，亦不应理。颂曰：

纵许成立有自证，忆彼之念亦非理，

他故如未知身生，此因亦破诸差别。

纵许内识能自证及了境，然说念心忆彼心境亦不应理，汝

许后时念心与前领受境之识，是有自性之他故。如慈氏识之自证与领受境，近密之识，先未领受，不应忆念。如是自身后时所生识，亦应不能念未曾领受之心境，是自性他故，如先未知未曾领受者身中所生之识。

若谓一相续所摄者是因果法，故有可念者，亦不应理。以此“是自相他故”之因，亦能破彼一相续所摄，及因果等诸差别故。此于前：“如依慈氏近密法”时，已广论讫。

【科】酉二　自宗不许自证亦有念生分二

戌一　此论所说

戌二　余论所说

今初

汝既不许自证，生念之理云何？颂曰：

由离能领受境识，此他性念非我许，
故能忆念是我见，此复是依世言说。

由离前能领受境之识，说此能忆念识是有自相他者，非我宗所许有，如上已说。如种芽等亲因果法，其执为自相之他者，世人通常心中无有此执，亦如前说。故前领受境，与后忆念之因果，世人俱生心，亦不执为有自相之他。非但不执，且于后时忆念前缘境识所见之境时，并可说言，我先亦见此境。故领受与念，及彼时二念，世间常心不执为名言有自相。若不尔者，则他人所领受，自亦应能念也。由前领受青识所受所了，后忆彼之识非不受不了。故能生念心，谓我先亦见此。此复是世间之言说也。不可唯以假名犹觉不足，必要推求假名立义观察而立，以推求假立都无可得虚妄之义，即世间名言故。《释论》于破自相实者之自证与念后，又云："若依世间名言增上，亦无以自证为因之念。"此说不但胜义，即于名言亦破自证。又云："无自证分念如何生？至下当说"，是指此段虽无自证，然由领受即能生念之理也。若念云："我见"，是忆能见。若念云："见此青等"，是忆彼境。若念云："以前我自见者，我自忆念"，此是特殊忆念。他宗意谓，若有此种念心，则如见慈氏之识，应自领受，以念心是随领受境起故。自宗虽许世间之忆念，然说能如是忆念者，非由前领受境识能自证故而起，是因前领受所了者，后念亦能了别。由境是一，故起念心，谓"我以前亦曾见此慈氏"也。以是当知，如云："我自见者，我自忆念"，此类名言自宗亦许。然此与所破之自证全不相同。

他宗安立领受与念，及彼时二境，皆是有自相之他。彼虽亦说领受与念同缘一境，及许彼二为一相续，然实不能如是安立。前已广说。

又虽念云："见此慈氏"，然非执此时此处所差别之慈氏，是先所见，是缘总慈氏而说，反观内心便可了知。

【科】戊二　余论所说

说无自证能生念心之两大派中，静天论师意，如《入行论》

云："若无自证分，云何能念识？"此敌者宗如前广说。于敌者宗所出之过，答云不定。自宗既无自证，念云何生耶？曰："由念余相连，能念如鼠毒。"由能取心领受余所取境事，即由领受境识，引生忆识之念也。若谓由领受余境，能引生忆内心之念，不应道理，太过失故。答曰：无过，言由领受境引生忆内心之念者，非离识而念。如念"昔见此色"，是由心境相连，忆念相连也。如于冬季身被鼠咬中毒，只觉被咬，不知中毒。后闻雷声毒发，虽亦能忆念是被咬时中毒，然非前时已觉中毒也。此中鼠咬，喻缘青识领受青境；咬时中毒，喻缘境时有能领受心。尔时自心不自领受，如被咬时不知中毒。后时忆被咬，喻忆领受境，昔能缘心虽不自证，然由忆念领受境时，即能忆念，如由忆念被咬之力，即能忆念昔时中毒也。此是论师证明无自证分而能生念之最妙道理。然诸解《入行论》者，似皆未能如实阐明也。

他难：后忆识之念，应非道理，前识不能自领受故。此既总答不定，故有说《入行论》于名言中不破自证者，非此大论师所许也。

【科】酉三　释难分二

戌一　释余现量及比量难

戌二　释余意识难

今初

问：自宗既亦许有缘青等识，如破他时说："此有由何能证知，未知云有亦非理。”自宗亦应犯过。以此青识，若自知为有，应许自证，若由余识证知，亦非理故。答：此是最难解处，若以忆念心境为喻，则易了知。如由忆境之力，即能忆内心，不须别忆内心。如是由成立青境之力，即能成立有能缘之心，离成立青境，不须别成立能缘青之心也。此复由青色境于缘青识印现有自相之力，成立青色为有，与他宗相同。其不同者，为成立此缘青内识。他宗说是，由离二取相纯能取相之自证成立，复说一切识皆同。自宗则如《中观心论》与《二谛论》本释所说，如斯单纯之能取相决定非有。故彼青识，非由自证成立，是由成立青境之力，即成立彼青识。如由忆境，即能忆心，非如他宗所许，要彼前心能自证之力，乃能忆念也。此如《显句论》云：“能量之数是由所量增上决定，唯随所量行相，安立能量之体性故。”此说能量决定为二者，是由所量决定为二增上之力而安立故，及说能量由现所量行相增上之力，安立能量自体为有。“唯”字是遮，如唯识与经部所许，由能量心随所量行相转故，成立所量，次成立能量时，舍弃前理，别说能量自体，由离二取相纯能取相之自证成立。义说唯由成立所量即能成立能量也。圣者亦云：“若量自成者，则应汝能量，不待所量成，皆不待他成。”此谓若如他宗成立能量时，唯由成立所量犹嫌不足，必要能量自成立为量者，则应不待所量，成立为能量。若许尔者，一切诸法皆应不待因缘，各自成立。此亦反显，唯由成立所量，即能成立能量也。以是当知青识，非如他宗由自证成立，是由根现量成立。由缘青识成立所量，即能通

达有彼识故。故一切量，皆是由成立所量即各自成立也。

【科】戊二　释余意识难

问：此宗既如上说，影像与谷响等亦是色声等处所摄。《显句论》亦说："第二月等，待无翳识，非是现事，待有翳识，唯是现事。"此宗于说明"现"字，为色声等境之实名，为缘彼心之假名时，说第二月等，待世常人，虽有是否现事之别，然自宗则许，第二月等亦是所量现事。故诸根识，不论待世常人为错不错乱，但由成立各自所量，即能成立为内心也。然则不许自证者，应不能安立因位，于所见境及所著境之错乱意识，以彼诸识不能由成立各自所量，而成立内心故。答：此宗离六识外，不许更有异识，故除依止色根与唯依止意根之二种量外，亦不许余量。《显句论》说：现比二量与圣教量、譬喻量之四量者，是依《回诤论》本释而说。其后二量亦比量摄。《四百论释》云："非一切法皆是现识所了，亦有比量所通达者。"又现量中，他宗说有四种现量，自证现量是此所破。意识现量亦与因明中所说者不同。《四百论释》中解释对法所说色等五处，各为根识意识所了时，云："非由二识共知一境，是先起一识，亲了境相，次第二识，非亲知彼相，由根识之力，起如是分别，即安立彼识为了知彼境。"此说先起根识，亲了色等境义，由根识力意识亦了，然非如根识亲了也。说念亦尔。《四百论释》又云："非如受等领纳行相，亦非如色声等，由诸根亲知。"此说量度现事仅有二种：一如根识亲见色等，二如受苦乐等，由内心领纳而知。此后者，因位亦许有，但离四现量外，此宗未说更有现量。然不可立为瑜伽现量与根现量及自证现量，故当立为意现量摄。虽说意现量与因明论者不同，然非不许意现量也。如是“受”字，可通作者、作用、作业，如云此人受，由此受，受此事。其第二种属于能量，即受心所。第三是所量，有苦乐舍，此是依意识增上而说。根识之三受则能亲知色声等境，成立之理如上已说。

若意识受，能现知苦乐等，宁非自证耶？曰：不然。所破之自证，是一切识唯向内缘，永离能证、所证之异相，系单纯之能取相。此是经说以领纳为相之受心。世间名言亦说受苦乐故。此有能受、所受之异相，故与自证不同。由能成立受苦乐等，即能成立能受心也。

又如意识见骨锁等法处色时，由于意识现彼等相，即由意识成立彼等。成立缘彼之识，与前理同。彼境亦与意识各异。

又如二种我执之意识，成立之理，如《显句论》云：“随是所相、自相、共相，凡世间所有者，一切皆是现可得，故非不现事，故与彼能缘识同安立为现事。”此说能相、所相一切皆是现可得者，是明四量中之现量时说，故非是说由一切种智现前可得。又云：“缘不现境，从不错因所生之识，是名比量。”故亦非说一切自相、共相，唯是现事，无不现事也。以是当知，若识缘于自相、共相，彼识即有二相之相现。其所现相即彼识之现境，安立彼境与彼识俱为现事，故许“现”字，为彼境之

实名，为彼心之假名。若于此识有彼相现，即说彼相为此识现境。彼现境于此识为现见事，此识于彼境为不欺诳识。世间共许不欺诳识为能量，故此识亦是能量，尔时彼所量相，即由此识而得成立。其成立此识之理亦同上说。故二种我执亦是现见二种我相，彼所量现相，即由此二执成立等，亦同上说。其余于所著境错乱之内识，皆当如是了知。

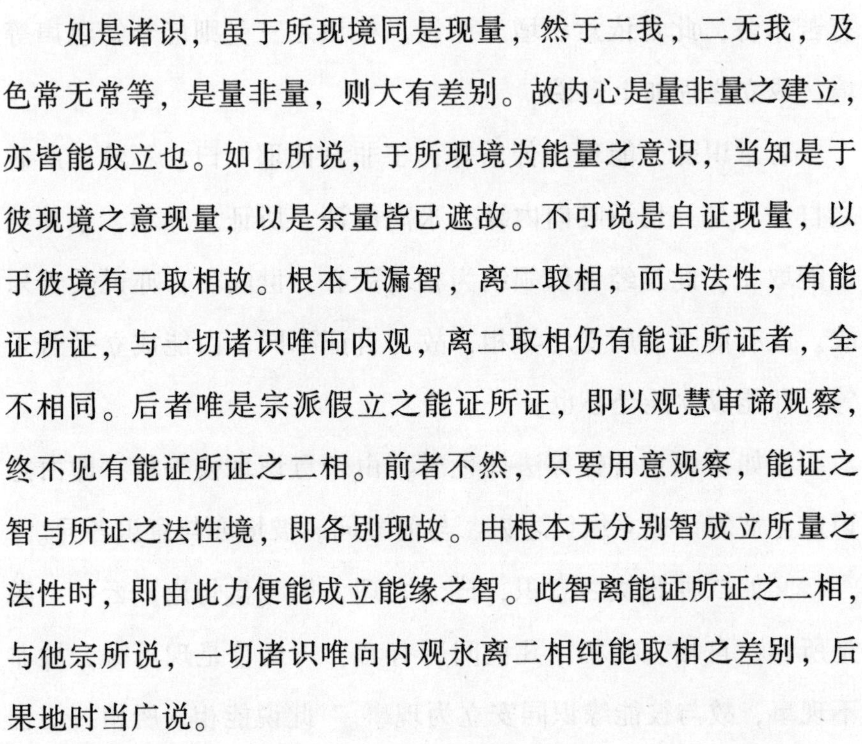

如是诸识，虽于所现境同是现量，然于二我，二无我，及色常无常等，是量非量，则大有差别。故内心是量非量之建立，亦皆能成立也。如上所说，于所现境为能量之意识，当知是于彼现境之意现量，以是余量皆已遮故。不可说是自证现量，以于彼境有二取相故。根本无漏智，离二取相，而与法性，有能证所证，与一切诸识唯向内观，离二取相仍有能证所证者，全不相同。后者唯是宗派假立之能证所证，即以观慧审谛观察，终不见有能证所证之二相。前者不然，只要用意观察，能证之智与所证之法性境，即各别现故。由根本无分别智成立所量之法性时，即由此力便能成立能缘之智。此智离能证所证之二相，与他宗所说，一切诸识唯向内观永离二相纯能取相之差别，后果地时当广说。

自破他云“此有由何能证知”等，所说众过，他反难时，其不知各宗微细建立者，复不能以自宗了义圣教最精微义，及最难通达之深细正理而释他难，唯乐狡辩，云我宗无所许故不犯过者，实不需知如斯精微建立，然诸聪睿智士，若不见以精细正理，简择得失之正道，便不能信受。吾为此辈，故略示安立此宗无过之门径也。

问：其念“我见青色”，此“我”是补特伽罗，与缘青识相违。如是念时，如何是念缘青识耶？答：缘青眼识与见青之补特伽罗，虽属相违，然以彼识见青为缘，即可安立是我见青，并不相违。如是由念缘青眼识见青为缘，云我先见青，说此补特伽罗即念缘青眼识，何违之有？

【科】未三　以余正理明自证非理

由是因缘，颂曰：

> 是故自证且非有，汝依他起由何知？
>
> 作者作业作非一，故彼自证不应理。

是故自证且非是有，汝唯识师所说依他起性，为由何识证知为有耶？又由能斫木之作者，与所斫之木，及斫木之作用，三非是一，故说彼识能自证知不应正理。此违害之理，如《二谛论释》云：“于识自体，不见有诸极微及离二相之体性。不可见者即无言说。”安立诸识唯向内观离二取相领受体性，自为能证所证。然以观慧任何观察，终不见有能证所证。若于彼上能安立能证所证者，则余作者、作业、作用，皆应成一也。故智藏论师说：唯识宗之自证与小乘部之无方分极微，有无相等，以无方分极微，亦必有所在处，见彼相时，离诸方分则无可见，故说彼二之能证所证与无方分，纯属宗派之假立也。

若说彼二是见而不定法，亦不应理。如《二谛论释》云：

“若谓此是见而不定，如是亦无言说。纵言可见，不可信故，唯可饮誓水。此谓唯有盟誓成立为可见。”

又以《楞伽经》所说道理，亦能证明自证非有。经云：“如剑不自割，指亦不自触，如是应知心，不自证亦尔。”

【科】未四　明依他起有自性同石女儿

颂曰：

若既不生复无知，谓有依他起自性，

石女儿亦何害汝，由何谓此不应有？

依他起性不从自他生，既如前说，今复宣说，无有能知彼之自证。若既不由自性生，又无量能知，而谓依他起事是有自性，则由何道理谓石女儿不应有？此石女儿，于汝唯识师复有何害？汝今亦可许彼为有，谓石女儿，离一切戏论，唯圣智所行，是离言自性也。

【科】午二　明唯识宗失坏二谛

又汝前说：“是假有法所依因。”若依他起是有自性，虽可应理，颂曰：

若时都无依他起，云何得有世俗因？

若时依他起都无少分自性，则说名言世俗错乱之因为实物，云何得有也？此明由计依他起胜义有故，即失坏胜义谛。故唯识师所说世间名言之因，非有自性。颂曰：

如他由著实物故，世间建立皆破坏。

呜呼可叹！如他唯识师，由无简择究竟了义之慧力，执著依他起物，以为真实，讵知依他起法如未烧之泥瓶，非理观察如注以水。由智慧恶劣故，例如观待世间共许之建立、坐、去、作等，及诸外色与从外境所生之受等，皆被破坏。故唯识师唯护衰损，不能证得增上胜道，由破外境，乃破去、坐等诸外事乎？此明唯识宗失坏世俗谛。

【科】午三　唯龙猛宗应随修学

如是由师倒说不了义为了义，不得佛意，随自分别，妄造宗派。入彼道者，颂曰：

出离龙猛论师道，更无寂灭正方便。

出离龙猛菩萨所开之轨道，更无能得寂灭涅槃之正方便。何以故？颂曰：

彼失世俗及真谛，失此不能得解脱。

由出此外者，决定失坏世俗谛及胜义谛。失坏二谛者，至未舍尽彼执，决定不能证得解脱。何以故？颂曰：

由名言谛为方便，胜义谛是方便生。

不知分别此二谛，由邪分别入歧途。

由不颠倒名言谛之建立，即是如实通达胜义谛之方便。如实通达胜义谛，是从上说方便生起之果。故不知此二谛之差别

者，即由邪分别误入歧途。此明未知无过失之名言建立，必不能如实通达真胜义谛，故唯当随学龙猛菩萨所开辟之轨道也。如见《真实三摩地经》（即《宝积经·见实会》）云："世间智者于实法，不从他闻自然解，所谓世俗及真谛，离此更无第三法。"此明佛自力宣说二谛，及明一切所知，决定唯二谛所摄。次云："众生为求安乐故，于善逝所生信心，如来悲愍于一切，为利世间说俗谛。"此明说世俗谛之所为。又云："人中狮子设世俗，显示众生为六趣，地狱畜生及饿鬼，阿修罗趣与人天，下贱种姓高贵族，大富家庭与贫舍，奴仆之属及婢使，男女等类并二根，所有众生诸差别，佛无比者为世说。智者了知世俗谛，佛为利人故宣说。"此明宣说世俗谛相。又云："众生著此沦生死，不能脱离世八法，所谓利衰及毁誉，所有称讥并苦乐。得利即便生欣喜，失利便起瞋怒心，余未说者皆应知，八病恒损于世间。"此明乐著世俗为实有者，便恒追求世间八法，为彼所恼流转生死。及明八法中初二法，余未说者亦当例知。又云："谁说世俗为胜义，应知彼人慧颠倒。"此明若谁说世俗六道等法，为胜义实有，当知彼是具颠倒慧者。故说自教如是计者亦是错谬宗派。又云："不净苦中说净乐，于无我性说有我，无常法中说是常，住此相中而爱著。彼闻如来所说法，恐怖诽谤不信受，诽谤如来正法已，堕地狱中受剧苦。凡愚非理求安乐，转受无量百千苦。"此明串习四倒及被成立四倒邪宗所迷之外道辈，闻佛圣教，憎背诽谤，由此力故堕地狱中。及明彼等以非理方便求解脱乐，非但不得，反受无量大苦。又云："若有于佛正法中，如实观察不颠倒，超出诸有入涅槃，如蛇脱去其故皮。一切诸法自性离，空无有相第一义，若闻此法生爱乐，必得无上大菩提。佛见诸蕴皆空寂，诸界及处亦复然，诸根聚落咸离相，能仁皆悉如实知。”此明无倒通达甚深教义，便能解脱生死。次问如何通达？谓闻一切诸法，皆离自性之教，心生爱乐，了达其义，必当证得大菩提也。前明世俗，此明胜义。界谓地等界，处谓色声等处。故诸不知世俗假立，与胜义谛无自性者，宁得解脱？故唯识师皆是转入歧途者也。

此说名言谛为方便者，如《三摩地王经》云：“无文字法中，何说何可闻？于不变增益，故有闻有说。”初二句明胜义无文字，于彼胜义无文字之法中，以分别心增益假立，故有闻有说。“字”之梵语为阿义啰，通字与不变二义，此处若译为“无字”尤妥。增益，虽多释为“于无计有，于非计是”，然不限于彼义，凡由分别假立者皆可谓增益也。唯依世俗谛，始可宣说胜义谛，由此乃能通达胜义而得胜义涅槃。如《中论》云：“若不依俗谛，不得第一义；不得第一义，则不得涅槃。”

【科】午四　明破依他起与破世俗名言不同

若汝于我等极不顾忌，我今于汝亦不容忍。汝仅善破他宗，谓以正理观察不应理故，破依他起自性。我今仍以破自他生等道理，破汝所许之世俗。曰：如无始以来，经百千艰苦所积财宝被他夺去，诈现亲善，授以毒食，还夺其财，深心庆喜。我

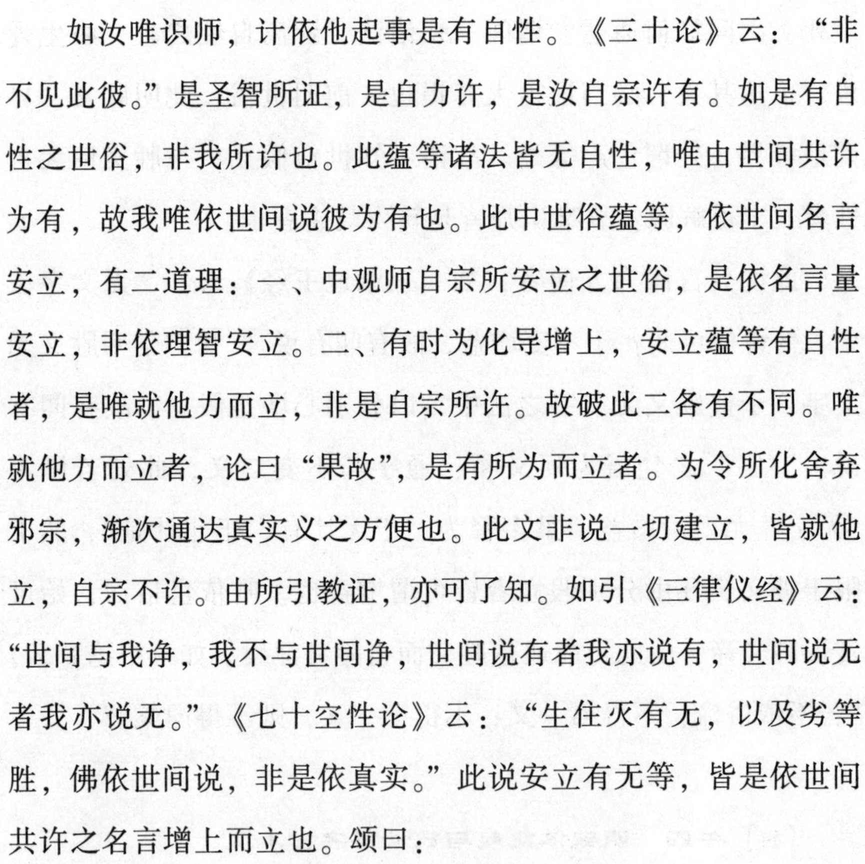

等夺汝依他起性实执之境，实为饶益，若汝于我以怨报德，深心欢喜者，可随汝欲，我等自得胜善利益也。颂曰：

如汝所计依他事，我不许有彼世俗，
果故此等虽非有，我依世间说为有。

如汝唯识师，计依他起事是有自性。《三十论》云：“非不见此彼。”是圣智所证，是自力许，是汝自宗许有。如是有自性之世俗，非我所许也。此蕴等诸法皆无自性，唯由世间共许为有，故我唯依世间说彼为有也。此中世俗蕴等，依世间名言安立，有二道理：一、中观师自宗所安立之世俗，是依名言量安立，非依理智安立。二、有时为化导增上，安立蕴等有自性者，是唯就他力而立，非是自宗所许。故破此二各有不同。唯就他力而立者，论曰“果故”，是有所为而立者。为令所化舍弃邪宗，渐次通达真实义之方便也。此文非说一切建立，皆就他立，自宗不许。由所引教证，亦可了知。如引《三律仪经》云：“世间与我诤，我不与世间诤，世间说有者我亦说有，世间说无者我亦说无。”《七十空性论》云：“生住灭有无，以及劣等胜，佛依世间说，非是依真实。”此说安立有无等，皆是依世间共许之名言增上而立也。颂曰：

如断诸蕴入寂灭，诸阿罗汉皆非有，
若于世间亦皆无，则我依世不说有。

如诸阿罗汉，永断诸蕴，入无余依妙涅槃界，则一切世俗法，皆悉非有。若此世俗法，于世间亦如是无者，则我依世间名言，亦不说为有。故我唯依世间名言增上，许有世俗法，非不依世间名言，由自力许有也。

又此，唯由世间先许为有，汝应唯待世间而破，不可待余中观师而破也。颂曰：

若世于汝无妨害，当待世间而破此。

汝可先与世间诤，后有力者我当依。

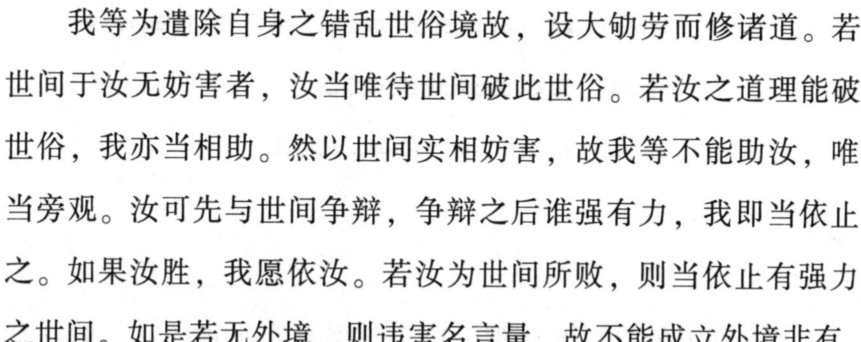

我等为遣除自身之错乱世俗境故，设大劬劳而修诸道。若世间于汝无妨害者，汝当唯待世间破此世俗。若汝之道理能破世俗，我亦当相助。然以世间实相妨害，故我等不能助汝，唯当旁观。汝可先与世间争辩，争辩之后谁强有力，我即当依止之。如果汝胜，我愿依汝。若汝为世间所败，则当依止有强力之世间。如是若无外境，则违害名言量，故不能成立外境非有。

问：诸唯识师，以无无方分之极微，破彼极微所合成之外境。此理，岂不能破无方分之外境耶？答：非说正量不能破彼等，然破彼等，不必无外境。由此当知，虽破无时分之内识，及彼识所续成之相续，然亦不必破内识也。他宗意谓，若能破无方分之外境，则亦能破，于所见境不错乱之根识。错乱根识，既不能安立其境为有，故亦破其外境也。此宗则谓，错乱根识，虽不能安立其所量为真实有，然安立其所量为虚妄，适成相宜。此亦是提婆菩萨之意趣，如《四百论》云：“谓一有一无，非真非世间。”此说分别心境有无，俱非二谛之建立。故如是分别，亦非龙猛菩萨所许也。

【科】巳三　明说唯心非破外境分三

午一　解《释地经》说唯心之密意

午二　明外境内心有无相同

午三　解《楞伽经》说唯心之密意

初又分三

未一　以《释地经》成立"唯"字非破外境

未二　复以余经成立彼义

未三　成立"唯"字表心为主

今初

问：若汝怖畏世间妨难，虽无观察真实正理成立，而许有世俗者，亦应怖畏圣教妨难，而许唯识，如《释地经》云："如是三界皆唯有心。"答：佛所说经如琉璃宝地，汝不知彼是琉璃体，迷为实事识水。今欲取彼实事识水，汝之智慧如未烧瓶，试为汲浸，必当碎成百片，徒为知彼体者之所耻笑。此经密意，非如汝慧之所解也。若尔，经义云何？颂曰：

现前菩萨已现证，通达三有唯是识，

是破常我作者故，彼知作者唯是心。

经说第六现前地，现证法界，由有思得一切种智菩提之心，故名菩萨。彼能通达三界诸有唯是识者，是令破除常我作者，通达世俗作者唯是心故。彼菩萨能通达世间作者唯是一心。如《释地经》云："随顺行相观察缘起，如是但生纯大苦蕴，纯大苦树，其中都无作者、受者。彼复作是念：由执作者，方有作业；既无作者，于胜义中业亦无得。彼复作是念：如是三界皆唯有心，如来分别演说十二有支，一切皆依一心而立。”乃至广说。此经但成立无作者、受者。解释唯心之义，则说十二有支皆依一心。故此经之“唯”字，但遮离心之作者，不遮外境。此之敌宗，是如《摄大乘论》云：“此中教者，如《释地经》，薄伽梵说，如是三界皆唯有心。”由教理比知唯识中，引此为教证。《二十唯识论》亦引彼教，谓“心”字意取相应心心所法，“唯”字遮遣外境。如上破者，清辨论师曾先破，月称论师亦随破。

【科】未二　复以余经成立彼义

如是已说《释地经》义，唯心之“唯”字是破余作者，更以余经显示此义。颂曰：

> 故为增长智者慧，遍智曾于《楞伽经》，
> 以摧外道高山峰，此语金刚解彼意。

由此“唯”字破余作者，是《释地经》义故，复为增长诸能通达真实义智者之慧故，佛一切智于《楞伽经》中，曾以如下所述此语金刚，摧坏外道身中，执我及自性等为世间作者之恶见高山，解释余经宣说唯心之密意。其语金刚，如《楞伽经》云：“余说数取趣，相续蕴缘尘，自性自在作，我说唯是心。”此谓余人说补特伽罗，乃至大自在天以为作者，我说彼等皆非作者，作者唯是自心。今为解释此经义故，颂曰：

> 各如彼彼诸论中，外道说数取趣等，

佛见彼等非作者，说作世者唯是心。

各如外道自宗彼彼论中，说补特伽罗等以为作者。等取相续及蕴等。佛见彼等皆非作者，故说世间作者，唯是自心。颂言外道，意取多分，以内道佛弟子，亦假立补特伽罗及相续等，为作者故。或凡计补特伽罗等为作者者，即非内道佛弟子数，如同外道，不能无倒通达佛经之义，故外道言，能遍一切也。《宝鬘论》亦云："凡说人蕴者，世间数论师，鸺鹠徒无衣，问彼离有无。故知唯佛教，宣说甘露法，离有无甚深，是正法殊胜。"此说，凡说补特伽罗与诸蕴为实物者，虽似宣说双离有无二边之义，应当问彼，彼必不能解说其义。是故当知永离有无二边之教义，唯是正法差别，是为他宗所无之胜法。

由此生死无始故，诸恶分别何所不有，何不当有。即现在世，白净断等，亦计实有蕴等而为作者。有本作"白净乞等"。疏中译作"苾刍白净等"，释彼义，谓诸露形苾刍。然断是静虑之名，故是内道说诸蕴实有为作者之一派，名白净静虑者也。

【科】未三　成立"唯"字表心为主

上文已说破离心作者，"唯"字义尽，故彼"唯"字不破外境。除前理外，今更以说心为主之余门，明不破外境。颂曰：

如觉真理说名佛，如是唯心最主要，

经说世间唯是心，故此破色非经义。

如于真实义觉慧圆满，说名曰佛。略去前句醒寤之义，亦可名佛。如是色心二法中，唯心为主。当知略去后句“为主”之义，经说世间三界唯心。故此唯心，是遮色等为成就世间之主因。若说唯心有自性，都无外色，则非经义。故此《释地经》义当许唯如我等所说也。若如汝宗，颂曰：

若知此等唯有心，故破离心外色者，

何故如来于彼经，复说心从痴业生？

若佛由知三界唯是有自性之心，故于《释地经》中破外色者，则佛世尊何故复于《释地经》中，说识从无明愚痴及诸行业生耶？如云：“无明缘行，行缘识。”《释地经》说识是无明诸行之果，未说识有自性。若说是缘起，复说有自性，则彼说者应成迷乱，自宗必不俱许彼二。当知是为引导众生，依众生力而许也。自宗不可俱许彼二者，谓识有自性，应不观待无明及行；然实观待，故无自性也。内识毕竟非有自性，如眩翳人见毛轮等，要有颠倒因缘，彼方得有。若无颠倒因缘，彼即无故。要有颠倒因缘乃有识者，由经中流转缘起显示。若无无明即无识者，由还灭缘起显示。其后又云：“菩萨如是观察有为，多诸过患，无有自性，不生不灭。”谁有心者，见此教已，复计识为实有？如是计者，唯由自内实执宗之所迷耳。《六十正理论》云：“佛说此世间，以无明为缘，故世即分别，云何不应理？若无明灭者，此法即随灭，是无明遍计，云何不明显？”义谓若有自性，即是实有。迷惑灭时理应明显，不应随灭也。

为显心为主故，颂曰：

有情世间器世间，种种差别由心立。

经说众生从业生，心已断者业非有。

有情世间，是由各自业及烦恼，感得我事。器世间种种差别，下自风轮，上至色究竟天，亦唯由诸有情心所造共业之所感生。如孔雀翎等各种杂色，是由彼众生自不共业之所感生。如莲华瓣各种颜色，是由众生共业所感。余亦应知。经云："随有情业力，应时起黑山，如地狱天宫，有剑林宝树。"唯识教中亦说二种世间，是由共不共业所感，故唯识宗亦非不许有器世间也。如是一切众生皆从业生，心已断者业即非有，要有心者乃能造业，故业亦依心。

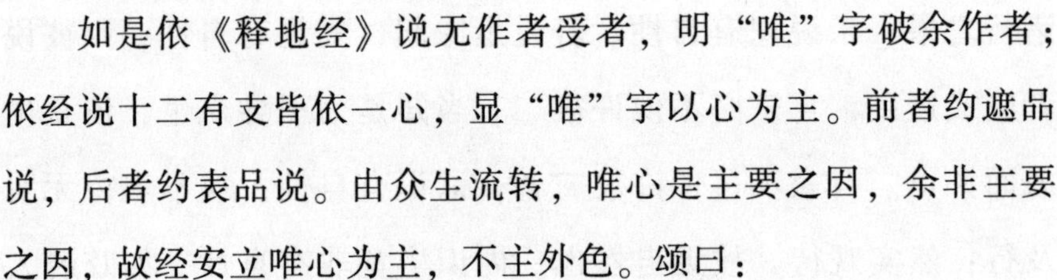

如是依《释地经》说无作者受者，明"唯"字破余作者；依经说十二有支皆依一心，显"唯"字以心为主。前者约遮品说，后者约表品说。由众生流转，唯心是主要之因，余非主要之因，故经安立唯心为主，不主外色。颂曰：

若谓虽许有色法，然非如心为作者，

则遮离心余作者，非是遮遣此色法。

若谓虽许有色法，然说色法非如内心能为众生之作者，是则唯破离心之作者，非遮遣此外色也。

此中数论师等，计自性等为作者，佛弟子众许内心为作者。色非作者则俱无诤也，故当观察自性等余作者。为破无作者相之自性等故，于名言中说有作者功能之唯心乃是作者。由破自性等作者，自即据有驱自性等出境之所诤地，如有二王欲王一国，逐走敌人，自即得有其国；民众是二王所共需者，故于国民都不损害。如是此色，亦是二者所共需，都不损害，故定应知此色是有也。

【科】午二 明外境内心有无相同

由前所说道理，颂曰：

若谓安住世间理，世间五蕴皆是有，

若许现起真实智，行者五蕴皆非有。

若谓安住世间建立之道理，则世间共许外色等五蕴皆是有；若许是现起亲证真实义之智者，则行者住根本定时，五蕴皆非有也。

由是当知，颂曰：

无色不应执有心，有心不应执无色。

若许无外色者，则亦不应执有内心。若许有内心者，则亦不应执无外色。若时以正理推求假立义，了知无外色者，亦应了达无有内心，以内外二法之有，皆非正理所成立故。若时了达有内心者，亦应了达有外色，以二法俱是世间所共许故。此说唯识师，许心色二法有无不同者，其所无之色，谓无外色。如论云："无外所取，由自种变似青等。"释云："虽无青等外色。"说无色时于所破上加外简别。释又云："故彼"唯"字不破所知，更以异门明不破外境。"说破色非是经义时，解释破色即是破外境故。若不如是解，但依文者，则释云："故彼"唯"字不破所知。"亦应说唯识宗，许"唯"字破所知心也。若谓唯识宗不许有色者，则唯识宗成立阿赖耶识时，《摄大乘论》云：

"复次，结生相续已，若离异熟识，执受色根亦不可得。"又云："若离异熟识，识与名色更互相依，譬如芦束相依而转，此亦不成。"应皆成相违，以许有色法，即须许有外境故。以是当知，虽许以识为缘生名色等，不须许有外境。不可违此而说。明唯识宗不共建立时，多作如是说故。

即由圣教亦应了达内心外境有无相同。颂曰：

《般若经》中佛俱遮，彼等对法俱说有。

色等五蕴，佛于《般若波罗蜜多经》中，俱遮其自性故，如云："须菩提，色自性空。"乃至："识自性空。"对法藏中则由自相共相等门，俱说五蕴为有也。如是颂曰：

二谛次第纵破坏，汝物已遮终不成。

是故他宗是破坏上来所说，外境内心胜义俱无，世俗俱有，圣教以正理所成立之二谛次第，纵使如是破坏，然汝唯识师所计之依他起实物，终不得成。何以故?依他起实有，前已数破，故汝徒劳无益也。不可破坏二谛次第，应许胜义中无，世俗中有。颂曰：

由是次第知诸法，真实不生世间生。

由上来所说次第，当知诸法，于真实义本来不生，于世间名言中则有生也。此中既说诸法不生是依胜义，于名言中则许有生，故于所破定当加简别。

【科】午三 解《楞伽经》说唯心之密意分二

未一 明说唯心都无外境是不了义

未二　明通达不了义经之方便

初又分二

申一　以教明不了义

申二　以理明不了义

初中又二

酉一　正义

酉二　明如是余经亦非了义

今初

问：《释地经》义虽如是说，然《楞伽经》云："外境悉非有，心变种种相，似身受用处，故我说唯心。"此中"身"谓眼等有色根，"受用"谓色声等五境，"处"谓器世间。由离内心无外境故，内识生时，变似根身、受用、处所，故身等境事，似离内识别有外境，是故三界唯心也。为显此经是密意语，颂曰：

> 经说外境悉非有，唯心变为种种事。

彼经密意，颂曰：

> 是于贪著妙色者，为遮色故非了义。

诸有情以贪著妙色为缘，随贪瞋慢等而转，不得自在。由贪著彼故，造诸重罪，退失福德智慧资粮。世尊为破以色为缘所起烦恼，故说唯心。如于有贪众生说除外境贪之骨锁，虽非实有亦如是说。

复次，此经是不了义，非是了义。由何决定？颂曰：

佛说此是不了义，此非了义理亦成。

此经说唯心都无外境，大师自说是不了义，故由圣教即能成立为不了义。此经是不了义，以正理亦能成立也。

月称论师，不说外境悉非有等，唯心之“唯”字，如《释地经》，不破外境，破余作者，说此“唯”字是破外境，然释此经是不了义。清辨论师则释此经说心似身受用处者，谓心带彼影像而生。外境悉非有者，谓破心无相而见。故说此“唯”字亦不破外境也。

【科】酉二　明如是余经亦非了义

非但说外境悉非有等，明唯有心都无外境之经是不了义。颂曰：

如是行相诸余经，此教亦显不了义。

凡如上说行相之经，唯识宗许为了义者，由下引之教，亦皆显其是不了义。如是行相之经为何等耶？《释论》说如《解深密经》明三自性中，遍计执无性，依他起有性。又说：“阿陀那识甚深细，一切种子如暴流，我于凡愚不开演，恐彼分别执为我。”如是等经。

彼经中说：遍计执无自相，依他起有自相，分其有无之别。如二我遍计执，与假立诸法自性差别为有自相之遍计执，唯识宗虽不许有，然如假立自性差别之遍计执等，许为有者亦多也。彼经虽说依他起与圆成实，俱有自相，《释论》仅说依他起者，因中观与唯识，净有无实性之主要所依，为依他起。以施设遍计执之所依是依他起，圆成实亦是依依他起而安立故。此宗则说，如是分别（遍计无性，依他有性。）亦非了义。又彼经说阿陀那识等八识品，谓离六转识外别有阿赖耶识。此宗说彼亦非了义。既无阿赖耶识，则亦不能安立染污意也。“等”字所摄，谓彼经中破除外境及究竟三乘二义。故此宗须解为不了义者，共有四义也。若于此等义，不得透澈了解，则不能知二宗差别，更不能了知此宗之不共要义。于《辨了不了义论》中皆已详释。

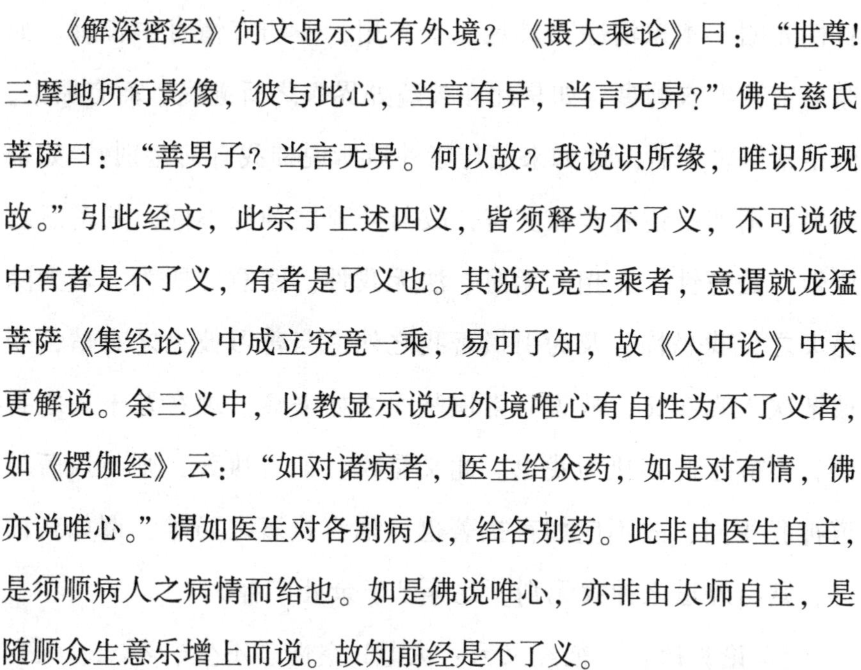

《解深密经》何文显示无有外境？《摄大乘论》曰：“世尊！三摩地所行影像，彼与此心，当言有异，当言无异？”佛告慈氏菩萨曰：“善男子？当言无异。何以故？我说识所缘，唯识所现故。”引此经文，此宗于上述四义，皆须释为不了义，不可说彼中有者是不了义，有者是了义也。其说究竟三乘者，意谓就龙猛菩萨《集经论》中成立究竟一乘，易可了知，故《入中论》中未更解说。余三义中，以教显示说无外境唯心有自性为不了义者，如《楞伽经》云：“如对诸病者，医生给众药，如是对有情，佛亦说唯心。”谓如医生对各别病人，给各别药。此非由医生自主，是须顺病人之病情而给也。如是佛说唯心，亦非由大师自主，是随顺众生意乐增上而说。故知前经是不了义。

《释论》于引“如对诸病者”之后，又广引《楞伽经》云：“如是，世尊于契经中说如来藏。”乃至“速证无上正等菩提。”此教是显，唯识宗许说阿赖耶识为了义者，亦是不了义。

疏说：“言如是者，谓经说常住坚固如来藏是不了义，如是显经说唯心亦是不了义。”此是倒说。《释论》显然是说“如经说唯心是不了义”故。彼文是说：如以“如对诸病者”等，解释经说唯心是不了义，如是以说常住坚固如来藏是不了义，亦能成立《解深密经》等说有阿赖耶识非如实言也。此须先知说如来藏非如实言。如《楞伽经》云：“随顺有情意乐所说诸经，是权便义，非如实言。譬如阳焰实无有水，欺诳渴鹿。彼所说法，亦为令诸愚夫欢喜，非是圣智安立之言。故汝应随义转，莫著言说。”又曰：“大慧问曰：佛于经中说如来藏，谓彼自性光明，本来清净，具足三十二相，一切有情身中皆有。如摩尼宝被垢衣缠裹，如是此亦被蕴处界衣之所缠裹，而有垢染，然是常恒坚固者。此如来藏与诸外道所说神我有何差别？”如来解释：谓如是说者非如实言，故与外道之神我不同。其密意之所依，是空性、无相、无愿、法无我性。密意之所为，是为除愚夫之无我恐怖，及为引摄著我之外道与曾习彼见之有情，令彼渐次入真实义，故说有常恒坚固之如来藏。现在及未来之菩萨，不应于此妄执为我也。此义是说：如言执著，则与执著外道神我相同，故不应如言执著也。如言执著之妨难，谓如言而许，则与外道之神我无别。此等已于余处广释。

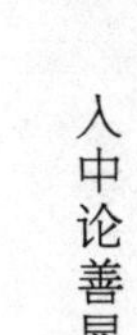

《释论》曰：“彼经又云：大慧！空性、不生、不二、无自性相，皆悉遍入一切佛经。”又曰：“是故如是行相契经，凡唯识师计为了义者，已由此教显彼一切皆非了义。”如是行相之经，非指其前无间所引两段《楞伽经》文，以彼两段经文，唯识宗不许是了义。《释论》前文，明说是《解深密经》也。

“由此教”句，疏中释为《释地经》中观察缘起，破余作者，极不应理。破余作者，是证《释地经》所说唯心不遮外境，非证虽破外境而非了义也。以是当知，颂中“此教亦显不了义”之此教，凡有三教：（一）显破外境说唯有心是不了义者，谓“如对诸病者”等四句。（二）显说阿赖耶是不了义者，谓明常恒坚固如来藏之教是不了义之教。由说有如来藏是不了义，如何成立说阿赖耶亦是不了义耶？如《厚严经》云：“地等阿赖耶，亦善如来藏，佛于如来藏，说名阿赖耶，劣慧者不知，藏名阿赖耶。”《楞伽经》亦云：“说如来藏名阿赖耶识，具前七识。”多说彼二，是异名也。由说彼二：一是常住，一是无常，故非说彼二如言义同。然依何义说如来藏，即依彼义说阿赖耶？观待密意所依，唯是异名，故义是一。由说前者是不了义，故亦能成立后者是不了义。《释论》云：“由随一切法性转故，当知唯说空性名阿赖耶识。”若将此文与说常恒坚固如来藏是不了义之经文，善为配观，则能知彼教，可显阿赖耶识亦非了义也。（三）经云：“大慧，空性”及至“遍入一切佛经。”又云：“任于何经，应当了知皆是此义。”是显分初二自性，有无自相之差别，是不了义之教也。

【科】申二　以理明不了义

今以正理明说唯心是不了义。颂曰：

佛说所知若非有，则亦易除诸能知，

由无所知即遮知，是故佛先遮所知。

如修植福德，是易悟入法性之方便，故佛先说布施等。如是最初不能通达甚深空义之众生，佛亦令彼渐入无性。若先为彼说无外所知，后易遣除能知自性。由先破外境说无所知，即是圆满通达无我之方便，故佛先遮所知外境。以了达无所知，外境无我，亦易遣除能知，了达能知无我故。了达外境无自性已，有唯以自力便能了达能知无自性者，有因他略加开导即能了达者。又《释菩提心论》，亦说无外境唯心有自性，是不了义。如云："为除愚夫怖，故佛说此等，一切皆唯心，然非如实言。"提婆菩萨《智藏集论》中，亦明显宣说。

【科】未二　明通达了不了义经之方便

诸有慧者，于余不了义经，凡未圆满宣说真实义者，皆应如是解释。颂曰：

如是了知教规已，凡经所说非真义，

应知不了而解释，说空性者是了义。

了知如上所说，了义不了义经之建立规矩者，凡有契经诠说非真实义，未明了宣说不生等缘起者，当知彼经即不了义。了知彼是不了义已，即当解释彼是悟入无自性之因。如《出世赞》云："大种非眼见，眼宁见彼造，佛为破色执，于色如是说。"经亦云："无常义者，是谓无义。"前教成证之理，谓佛于对法中，说四大种是触尘，非眼所见境，四大种所造色处，是眼所见。须俱许此二事也。佛明彼等之真实义时，谓若彼等有自性者，应四大种亦是眼所见，或应色境亦非眼所见。由知此理，则知前说非是彼等之真实义，须更通达彼真实义，亦知前说，是悟入真实义之方便也。后教成证之理，亦同前说，了知经说诸法生灭，即是无有自性之义也。

若有契经明了宣说人法性空，当知彼经是真了义。如《三摩地王经》云："当知善逝宣说空，是诸了义经差别，若说有情数取趣，当知彼法不了义。"经差别，谓不同不了义经之差别。说数取趣，仅是一例，说有作者、作业、作用等，亦是不了义经。此即安立契经有了不了义二类之根据。彼经又云："我于千世界，所说诸契经，不能尽宣说，文异义唯一。若能修一事，即遍修一切，尽一切诸佛，所说无量法，诸法皆无我。若人善解义，能于此处学，不难得佛法。"我于千世界等四句，谓尽诸佛所说一切经中，凡明显宣说胜义者，即是直接趣入真如。其不如是说之不了义经，亦是间接趣向真如，故趣入真如其义唯一也。初发业者，不能尽学世界所有一切佛经，可学任何一经之真实义。此是引证，诸未明说真实义之契经，亦是悟入真实义之因也。若能修一事等二句，若善了知一法之真实义而修习之，则能修习一切法之真实义，不须别修一一法之法性也。若修一事，即成修一切法，彼事为何？尽一切诸佛等三句，即明彼事，谓法无我。非说广大行品，唯修一法即足也。

如《月灯经》（即《三摩地王经》）安立了不了义之理，《无尽慧经》等亦如是广说。此等已于《辨了不了义论》中，详尽解说。

《释论》曰："略说少分。"谓既释《解深密经》所说三性为不了义，自宗如何安立三性耶？此谓略说彼义之少分。如蛇在盘绳之缘起上，是遍计执，以彼蛇于此绳上非是有故。于真蛇上则是圆成实，以非是于无上遍计执故，如是真理自性，于依他起有为法上，是遍计执。《中论》云："自性名无作，不待异法成。"以真理之自性，非所作法故。如于现见之缘起所作如幻法上，遍计执为真理之自性者，于佛如所有智所行境上乃是真理，以彼非于无上遍计执故。由智慧不触因缘所作事，唯亲证自性者，名曰佛，证悟真理故。不触之义，后当抉择。

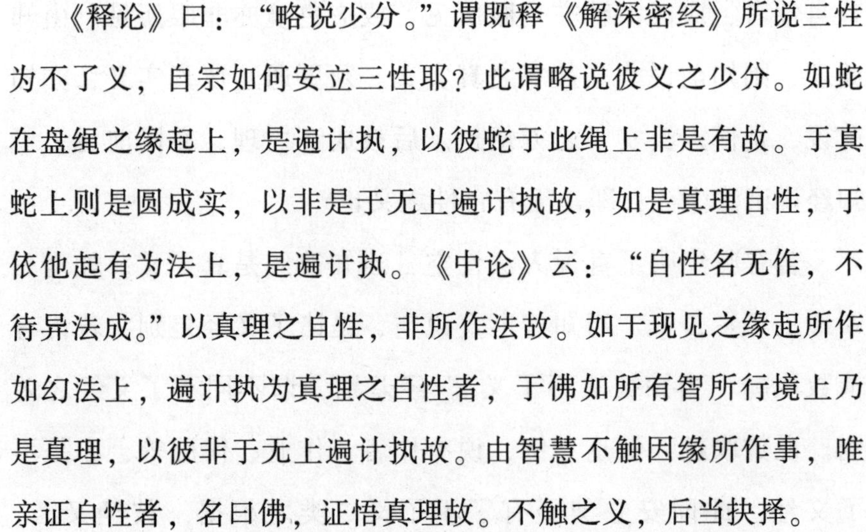

《释论》曰："当了达如是三性建立，而解说契经密意。"谓由彼道理，既可了知《弥勒问品》所说三性之密意，亦能了知《解深密经》所说三性之密意是不了义也。

又唯识师，说于依他起上，假立异体二取，为遍计执。此是所应思察者，以能取所取，即是依他起，离二取外，别无依他起事故。

《弥勒问品》所说之三自性，与《解深密经》所说三自性之建立，于《辨了不了义论》中，已广抉择。

【科】寅三　破共生

计从共生亦非理，俱犯已说众过故。

露形外道计自他共生，谓如从泥团、杖、轮、绳、水、陶师等而有瓶生。瓶要泥性中有乃得生，故从自生。陶师功用等他法，亦能生瓶，故亦从他生。外法既尔，内法亦然，要自他共乃得有生。彼宗安立九句义，谓人我所爱护之命，诸根等非命，能生善趣与解脱之法，与彼相违之非法，烦恼等诸漏，遮止犯戒等之律仪，苦，乐，从所知生能为知因之和合势力。如慈氏，要于前生命中已有乃受现生，故从自生。以慈氏与命不异故，命能从此世往他世故，复许能往天等诸趣故。慈氏亦从父、母、法、非法、有漏等他法生，故亦从他生。以不许自他各别能生，故前破自他各别生，于吾等无妨也。

不但计自他各别生不应道理，即计从自他和合共生亦不应理。前对各别生者所说众过，于计共生宗，亦成过故。若计慈氏观待彼命，是自生者，前说生应无用等过已破。若谓观待父母等是他生者，前说应从一切生等过已破。又如前说，计自生他生，于世俗胜义皆不应理，如是今计共生，亦定非有。故结颂曰：

此非世间非真实。

此计从自他共生，世间非有是事，于真实胜义亦非有也。颂曰：

各生未成况共生。

由自他各别生，尚且未成，故从共生亦非正理也。

【科】寅四　破无因生

顺世外道计自然生，谓若有因生，观待彼果，必是自生、他

生、共生，便有上过。我今不许从因生，故无彼三宗之过失。如莲茎之粗，莲瓣之柔，未见有人制造；其瓣、须、蕊等，颜色形状各别不同，亦未见作者。波那娑果及石榴等，各种差别亦皆如是。外物既尔，内界亦然。如孔雀、底底利鸟及水鹄等，未见有人强提为作种种形状色彩，故诸法生唯自然生。破彼颂曰：

若计无因而有生，一切恒从一切生，

世间为求果实故，不应多门收集种。

若计诸法无因自然而生者，应一切法，从一切非因而生，以一切法同是非因故。又如现见阿摩罗果等，要待时节乃得成熟，是暂时性。彼等亦应恒时而有，不待时故。如是乌鸦亦应有孔雀翎，孔雀于胎中亦应有鹦鹉之羽，彼皆不待因故。

如是已说违理，当说违背现事。世人为求谷实等果故，亦应不由多门劬劳收集种子，然实收集，故非自然生。

复有过失。颂曰：

众生无因应无取，犹如空花色与香。

繁华世间有可取，知世有因如自心。

若众生无因者，应诸众生，如同虚空青莲花之色香，都无可取。然此繁华复杂之世间，实有可取。故当知世间皆从自因而生，如有青相之自心是从青色而生也。又顺世外道，计四大种实物，为一切众生之因，谓地、水、火、风，由彼等变异差别，非但现见之莲花、石榴等，及孔雀、水鹄等各种差别，应合道理，即能了别各种物体之内心，亦唯从彼生也。如诸酒中由四大种和合变异差别，便有狂醉之功能，为诸众生狂醉、闷绝之因。如是由羯逻蓝等大种之差别变异，生诸心识，及至能广了别一切众物。故一切法，唯从现世因生，非是前世造业，今世成熟，此世造业，他世成熟，前后他世皆非是有。彼欲受用美女，为令美女了知无有后世，曾曰："美女善行善饮啖，妙身已去非汝有，此身唯是假合成，去已不返不须畏。"末句拏错译为："过去怖畏不复生。"

问：汝谓无有他世，为以何理决定？曰：他世非现见故。问：他世非现见，此为现事，抑非现事？若言现事者，既许非现见者为现事，应无事与现事不相违。是则汝宗无事亦成有事。以许他世非现见，为现见所亲量之现事故，犹如有事。既全无无事，亦应无有事，无所待故。若彼二非有，则汝有四大种及无他世之宗，皆当失坏也。若谓非现事者，既非现事，则以现量应不可见，云何由不可见门而比知他世非有耶？若谓由比量能知者，虽总不限于现量，由比量所成立者，亦能成办士夫之义利，奈此比量非汝宗所许！如云："唯根所行境，齐此是士夫，多闻者所说，欺惑如痕迹。"此说士夫见境之量，唯齐眼等诸根所行境也。颂曰：

汝论所说大种性，汝心所缘且非有，

汝意对此尚愚暗，何能正知于他世？

如汝论所说地等四大种性，于汝心所缘彼等境界尚且非有，汝意对此最粗显义，犹有厚重之愚暗，则于最极微细之他世，何能正知其为有无耶？复有过失。颂曰：

破他世时汝自体，于所知性成倒见，

由具彼见同依身，如计大种有性时。

破他世时，汝顺世外道自体，于所知自性成颠倒见，以具足彼毁谤他世见同等所依之身故，如计大种自性实有之时也。所依谓彼见安住之因，若谓我计大种实有时非颠倒见，汝之同喻缺所立法也。曰：此过非有。汝计自性不生自性非有之大种，为自性有及自性生，是颠倒见已成立故。此明自宗正因之量式中，所举同喻，要不缺所立法，则所建之正因亦必应尔。前说成立声是无常，以眼所见为因，犯不成过。故以正因成立宗，要具三相也。

若谓大种自性不生，犹待成立者。颂曰：

大种非有前已说，由前总破自他生，

共生及从无因生，故无未说诸大种。

彼诸大种非有自性，如前已说。由前破自生、他生、共生、无因生时，大种自性生，我已总破。前总破时未说到之诸大种，皆悉非有，故喻已成。

如是破除毁谤一切智者，及计有余自性法等诸宗派时，亦当配云："谤正觉时汝自体，于所知性成倒见，由具彼见同依身，如计大种有性时。"意在总破一切有无见故。

若谓汝自宗亦应同犯此过，曰：非有，以无成立我等为倒见之同喻故。且可作是说："我达他世为有时，即成正见所知性。由具此见同依身，如许通达无我时。"如是配云："我达一切智有时，即成正见所知性。"因喻同前。于一切法亦如是说。

释曰：由此道理，即善成立"彼非彼生岂从他，亦非共生宁无因”前说之四宗，故不应说，唯破他宗，不立自宗也。

【科】丑三　破四边生结成义

问：若诸法不自生、他生、共生、无因生者，为如何生？曰：若计诸法有自性，决定无疑，或自生，或他生，或共生，或无因生，以更无余生故。诸计大自在天等能生诸法者，彼大自在天等亦必是若自、若他、若共。故计大自在天等为因，亦不能出上说诸过，故无第五能生之因。以无余因故，由破四种分别妄计之生，故说诸法无自性生。为显此义，颂曰：

由无自他共无因，故说诸法离自性。

由无自生、他生、共生、无因生故，故说诸法永离自性。此明破四边生后，依止正因引生比量之理，言无四边生，即正因。诸法，是有法。永离自性，即所立宗也。

【科】子二　释妨难分二

丑一　正义

丑二　总结

今初

若谓诸法皆无自性生者，不生之青等云何可见？曰：青等自性，非有无明染者之所见境，故现在眼等识，都不能见青等自性也。若尔，现前数数所见之境性，为是何事？曰：此是颠倒增上所现，非真自性，唯有无明染著增上者，乃见彼境性故。为明此义，颂曰：

世有厚痴同稠云，故诸境性颠倒现。

世间众生，由有厚重愚痴，如同稠云，障蔽青等自性，令不得见。故诸愚夫，不能亲见青等自性，其于境上可倒执为自性者，唯诸实执愚夫，颠倒所现耳。若谓由愚痴覆蔽故，虽可不见真实义，何以反见颠倒性耶？曰：虽无自性而现有者，是由愚痴之力。当以外喻显示。颂曰：

如由翳力倒执发，二月雀翎蜂蝇等，

如是无智由痴过，以种种慧观有为。

如有翳根，由眩翳力，虽无毛发、二月、雀翎、蜂蝇等事，倒执为有。如是诸无智异生，由愚痴过失力故，以种种慧解，观察青等之有为。如佛于《缘起经》云："无明缘行"，又云："补特伽罗由无明随逐故，造福、非福、不动诸行。"又云："无明灭故行灭。"由此道理，颂曰：

说痴起业无痴灭，唯使无智者了达，

慧日破除诸冥暗，智者达空即解脱。

佛说：依于无明愚痴，起诸行业，若无愚痴业则不生者，唯使无智众生了达彼义，是依彼增上而说。智者见说无明缘行，非但了达诸行空无自性，且以通达缘起真理之慧日，破除如同冥暗之无明，即亦不取诸行业；由已断造业之无明因，故亦决定解脱生死也。《般若摄颂》曰："菩萨般若观缘起，了知无生无有尽，如日无云放光明，破无明障证菩提。"

若谓色等诸法于真实胜义中都无自性者，应如石女儿，于名言中亦无青等自性。然色等性于世俗有，故彼等有，亦应是胜义中有也。颂曰：

若谓诸法真实无，则彼应如石女儿，

于名言中亦非有，故彼定应自性有。

今当告彼。颂曰：

有眩翳者所见境，彼毛发等皆不生，

汝且与彼而辩诤，后责无明眩翳者。

如有眩翳人所见毛发等境，皆悉不生，与石女儿不生相同。汝应且先问彼为眩翳等坏眼根者，何故汝等唯见非有之毛发等境，不见石女儿耶？后再责难为无明翳障慧眼者，同是自性不生，汝何故唯见色等，不见石女儿耶？此于我等不应责难，以经说："诸瑜伽师诸法如是，余欲求得瑜伽智者，于所说法性亦应如是信解。"我等是依圣教说瑜伽师通达诸法皆无自性，非依自智而作是说，我等亦被无明眩翳障蔽慧眼故。如经云："知蕴性离皆空寂，菩提性空亦远离，所修正行无空性，智者能知非凡了。能知智慧自性空，所知境界空离性，了达知者亦如是，是人能修菩提道。"故于诸瑜伽师亦无此责难，彼于世俗中不见少法是有自性，于胜义中亦不见故。

暂勿责难有眩翳人，且应诘问汝自身。颂曰：

若见梦境寻香城，阳焰幻事影像等，

同石女儿非有性，汝见不见应非理。

若见梦中房屋，乾闼婆城，幻师所幻之男女等，及阳焰为水，影像为人，等取谷响、变化等无生非有之事。既同属非有性，汝云何只见彼等，不见石女儿耶？此亦应非理。故应先自责难，后问我等也。颂曰：

此于真实虽不生，然不同于石女儿，

非是世间所见境，故汝所言不决定。

此色等法于真实中虽无有生，然不同石女儿，非是世间所见之境。故汝所言："若胜义无，应如石女儿，于名言中亦无所见。"此因不定，有错误失。薄伽梵亦说："言诸趣如梦，非依真实说，梦中都无物，倒慧者妄执。乾闼婆城虽可见，十方非有余亦无，彼城唯名假安立，佛说诸趣亦复然。有水想者虽见水，然阳焰中水终无，如是分别扰乱者，于不净中见为净。犹如净镜中，现无性影像，大树汝应知，诸法亦如是。"此教亦说，色等虽自性不生，然是世间共见之境，石女儿则不尔。此于汝自宗成不定过。此于我等不成责难，以我等非于世俗许色等有自性生，次于胜义中破也。

【科】丑二　总结

问：汝宗何故非世俗中许色等有自性生，胜义中破？颂曰：

如石女儿自性生，真实世间均非有，

如是诸法自性生，世间真实皆悉无。

如石女儿之自性生，非但于真实义中无有，于世间名言中亦非是有。如是色等一切诸法，于世间名言与真实义中俱无自性生也。诸法自性生，虽于错乱执前似有，然中观师绝不许为世俗中有。复应忆念，于所破上加自性生之简别也。由此道理，颂曰：

故佛宣说一切法，本寂静离自性生，

复是自性般涅槃，以是知生恒非有。

是故佛薄伽梵宣说一切诸法，本来寂静，离自性生，自性涅槃。以是当知自性生恒时非有。《宝云经》云："佛转妙法轮，宣说一切法，本寂静不生，自性般涅槃。"此说诸法真实义，由是寂静智之境，故名寂静。其理由，谓自性不生故。不生之理由，谓若法有自性，彼乃有生，自性且无，彼云何生耶？故是清净涅槃。言本来者，表示诸法非唯得瑜伽智时乃不生，是于彼前世间名言时，亦自性不生也。"本"字是最初之异名。

自部不应难云：若胜义中无，世俗中亦应无。何以故？是彼所共许故。颂曰：

如说瓶等真实无，世间共许亦容有，

应一切法皆如是，故不同于石女儿。

如说瓶等，于真实胜义中无，于世间共许名言中有，一切诸法皆应如是，故胜义中无，不同石女儿。如《俱舍》云："彼觉破便无，慧析余亦尔，如瓶水世俗，异此名胜义。"论曰："若彼物觉彼破便无，应知彼物名世俗有，如瓶被破为碎瓦时，瓶觉则无。又若有物，以慧析余彼觉便无，亦是世俗。如水被慧析色等时，水觉便无。若彼物觉彼破不无，及慧析余彼觉仍有，应知彼物名胜义有。如色等物碎至极微，或以胜慧析余味

等，彼觉恒有。受等亦尔。”

此等是说，彼诸部师不可说云：“若胜义无，世俗亦无。”非说彼等安立二谛之理与自宗二谛相同。以彼等立为世俗有者，亦是中观师所说之胜义有故。

要有假有瓶等所依之四大种及所造色是实物故，乃可假立瓶等有因有依。汝中观师，说一切法皆唯假有，都无假有所依之实物，则同石女儿，无可避免也。曰：此说非理，假有所依之实物，不得成故。如依假有之形等和合，便有假有影像可见，及依假有柱等，假立为屋，依假有树等，假名为林。又如梦中见从自性不生之种子，出生自性不生之芽。如是一切假有法，理应唯以假法为依也。

【科】子三　以缘起生破边执分别

若汝于二谛俱破自生、他生、共生、无因生者，则从无明生行识等，及从种子生芽苗等，此世俗生如何决定？颂曰：

诸法非是无因生，非由自在等因生，

非有他生所共生，故知唯是依缘生。

由前所说道理，诸法之生，非无因自然生，非由大自在天为因而生，等取非从时、微尘、自性、士夫、那罗延天等生，亦非自生、他生、共生。故知唯是依此因缘，有彼果生。破四生已，唯有彼生，故亦不破坏世间之因果名言。如薄伽梵说：“诸法名言，谓此有故彼有，此生故彼生，所谓无明缘行。”

《宝鬘论》云："此有故彼有，如有长说短。此生故彼生，如灯然发光。"《中论》云："因业有作者，因作者有业，除此缘起外，更无成业因。如破业作者，受受者亦尔，及余一切法，亦应如是破。"唯说有此生，不说有四边生。如佛说唯有缘生，圣者亦唯作是说，并许依业立作者等观待缘起。言"除此缘起外"，即分别自宗生与他宗生之差别。凡属有法皆如是说。月称论师亦多励力总许有生，由非四边生，故许缘起生。有违反此宗，倒说四边不生即全无生者，当知是以恶分别垢，污染此宗通达空性之无上正理，谓缘起深义即空性义也。

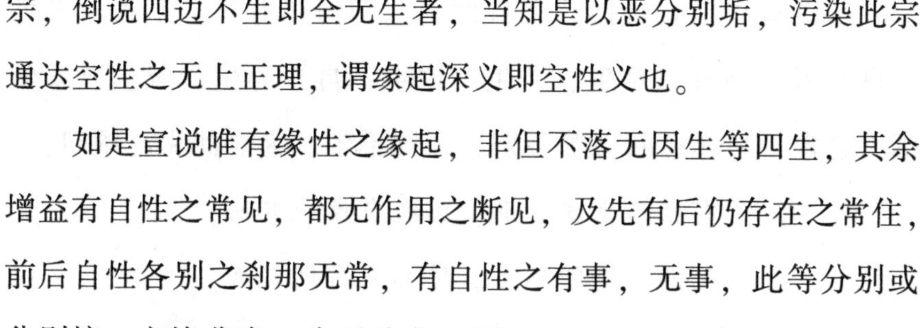

如是宣说唯有缘性之缘起，非但不落无因生等四生，其余增益有自性之常见，都无作用之断见，及先有后仍存在之常住，前后自性各别之刹那无常，有自性之有事，无事，此等分别或分别境，亦皆非有。为显此义，颂曰：

由说诸法依缘生，非诸分别能观察，

是故以此缘起理，能破一切恶见网。

依此为缘有彼果生，唯由此道理，诸世俗法便得成立，非由余理，故非自他生等诸邪分别之所能观察。以此缘起道理，即能破除前说计自他生等一切恶见网也。

唯以此缘性立为缘起义之中观师，不许少法是有自性。《六十正理论》云："若依彼彼生，即自性不生，自性不生者，云何得名生？"此说依缘生者即自性不生，是则如何可说苗芽由自性生？《中论》亦云："因缘所生法，我说即是空，亦为是假名，亦是中道义。"此说由是因缘生故，即是自性空。经亦云："若从缘生即不生，此中无有生自性。若法依缘即说空，知空即是不放逸。"从缘生是因，不生是所立，第二句解释彼义，谓自性不生，故非于所破不加简别。《显句论》引《楞伽经》云："大慧，我依自性不生密意，说一切法不生。"佛自解其密意故。龙猛菩萨由见世尊以缘起理破自性生，最为希有，故《中论》及《六十正理论》等，多由宣说缘起门，称赞世尊。诸有智者，不可臆说，由依缘生即是不生也。

不许诸法是有自性，无自性中，如何得有自他生等？唯计有自性者，乃有自然生、自生、他生、自在等生，及生已安住不灭之常，与坏已断灭等分别，余则不尔。为显此义，颂曰：

有性乃生诸分别，已观自性咸非有，

无性彼等即不生，譬如无薪则无火。

执诸法有自性，乃生诸边执分别。由前道理已观诸法是无自性，既不执诸法有自性，则不生彼等边执分别。譬如无薪为因，则不生火果也。诸瑜伽师由修所抉择之真实义故，证圣道时，以根本智不见戏论境相之理而见真实义，无始所习执著诸法实有之分别，皆得息灭。如眩翳人涂以安膳那药，令毛发等相皆归息灭，即所得之果，非令毛发等相转成余性之境也。

【科】子四　明正理观察之果

异生皆被分别缚，能灭分别即解脱。

智者说灭诸分别，即是观察所得果。

由诸异生，不知如前所说法性，即被边执分别系缚，诸圣瑜伽师，由能如是通达法性，不邪分别，即得解脱。故破尽一切边执分别所执之境，令分别息灭，智者说彼即是龙猛菩萨《中论》等中，观察所得之果。《四百论》云："若法有自性，见空有何德？虚妄分别缚，彼是此所破。"此说诸法若有自性，彼即诸法之真理，见彼为妙，见自性空则无功德。虚妄分别执有自性，彼即是缚，彼所著境即此《中观论》之所破也。月称《疏》亦云："分别谓增益不实之自性。"此说于非真实有，增益为真实有，故非说一切分别，是说实执分别与边执分别。边执分别之边字，虽亦通多义，然离边见之边，如《中观光明论》云："若计任何一法是胜义有性者，以有彼故，随执为常，或云无常，皆是边见。若谓如实随顺诸法真实性转，如理作意，是堕落处者，则不应道理。"此谓若如所执而境有者，彼境非边，彼心亦是如理作意，非是边见。故此之边是堕落处，如世间之悬险名边，堕彼险处名堕边处。如是由执何事能使执者衰损，即名堕落边处。由自性有，于名言中亦不可有，其自性无，于名言中则可容有。故云"胜义无"，非执无边，及云"非如是"，亦非彼无边。然执所破之无为真实有，则是堕落于无事边，破彼亦是破无边也。因果等法于名言有，无量能害。若执彼无或执非有，其所执境即是无边，其能执心即无边执。若谓佛无过失，则非是无边及无边执。此执无因果等，是损减之无边，前者是增益执之无边。无边即断边，有边即常边。除前说之所破，若执余法为胜义有或自相有，其所执境即是有边，其

能执心即有边执。若谓佛有悲智，则非是有边及有边执。论亦有时，说一切胜义有，皆是有边。颂曰：

论中观察非好争，为解脱故显真理。

龙猛菩萨于《中论》中演说极多观察道理，当知非好争论，为降伏他故而说，是为解脱众生故，演说观察道理，显示真理；谓念云何能使众生无倒通达此真实义，而得解脱。

汝于论中岂非列举实事师一切所计而破斥乎？故汝造论专为诤论，云何可说唯灭分别为所得果？曰：此诸观察虽非为争论而发，然由显示真实义时，他宗本性脆弱，所有教理不能建立，如近光明冥暗自息，此于我等何咎之有！颂曰：

若由解释真实义，他宗破坏亦无咎。

若由解释真实义故，破坏他宗假立诸法，无有过咎。《四百论》云："诸佛虽无心，说法摧他论，而他论自坏，如野火焚薪。"谓如然火意在煎茶，非为制造灰炭，然灰炭亦自然而有也。

若因好争而说法者，决定嗔他有过宗，爱自应理宗，必不能灭贪嗔分别。何以故？颂曰：

若于自见起爱著，及瞋他见即分别。

若爱著自见，及瞋恚他见，此即系缚之分别。贪嗔分别增长不息，是为系缚，非是解脱。若时说法非为争论。颂曰：

是故若能除贪瞋，观察速当得解脱。

是故若能除遣贪著自宗，瞋恚他宗，而以正理观察，则能速得解脱。《六十正理论》云："智者无争论，彼即无所宗。

自宗尚非有，云何有他宗？”《四百论》云：“若汝爱自宗，他宗则不喜，不能证涅槃，二行无寂灭。”《三摩地王经》云：“若闻此法起贪爱，闻说非法动瞋心，被骄慢摧成颠倒，由骄慢力受众苦。”此说若于自他宗，不能弃舍贪瞋私见，以正直慧如理观察，则于宗派观察修习，依此因缘，反令生死系缚紧迫。当知此是由大悲心赐给我等最胜教授。

《释论》说：从破自生至此，明法无我。意谓多明有为法无我，中间亦兼明无为法无我。

【科】癸二　以理成立人无我分三

子一　明求解脱者当先破自性我

子二　破我我所有自性之理

子三　观我及车亦例余法

今初

上文已以圣教正理明法无我，今当明人无我。颂曰：

慧见烦恼诸过患，皆从萨迦耶见生，

由了知我是彼境，故瑜伽师先破我。

诸瑜伽师，欲求悟入真实义，断除一切烦恼过患，先作是念：生死轮回以何为本？既以正慧观察已，便见贪等烦恼，与生老病死等一切过患，皆从执我我所有自性之染慧萨迦耶见而生。彼等皆是萨迦耶见之果。诸有智者，如是见已，为欲断除萨迦耶见故，便知要如前引《法界赞》与《四百论》所说，由观彼境上无彼所执之我，乃能断除。进观萨迦耶见为著何事，以何为所缘，则能了知所言之我，是我见所缘之境，以我执是缘我之心故。欲求断除一切过患者，应断根本萨迦耶见。后由通达彼所缘我是无自性，乃能断除。故瑜伽师先应观察我执所缘之我，为有无自性。诸瑜伽师由破自性我故，便断萨迦耶见，灭尽一切过患。故观察我，即是修解脱之方便。《集学论》云：“若善成立补特伽罗空，由根本断故，一切烦恼皆悉不生。《如来秘密经》云：寂静慧，如斩断树根，一切枝叶皆当干枯。寂静慧，如是若灭萨迦耶见，一切烦恼及随烦恼亦皆寂灭。”诸天论师于此所说意旨相同，故当了知生死过患，如理思唯，次应认识何为其本。为断彼故，须求能断正确方便，破所著境，于无我见获决定解，后于彼义数数修习，是大小乘共需之道。

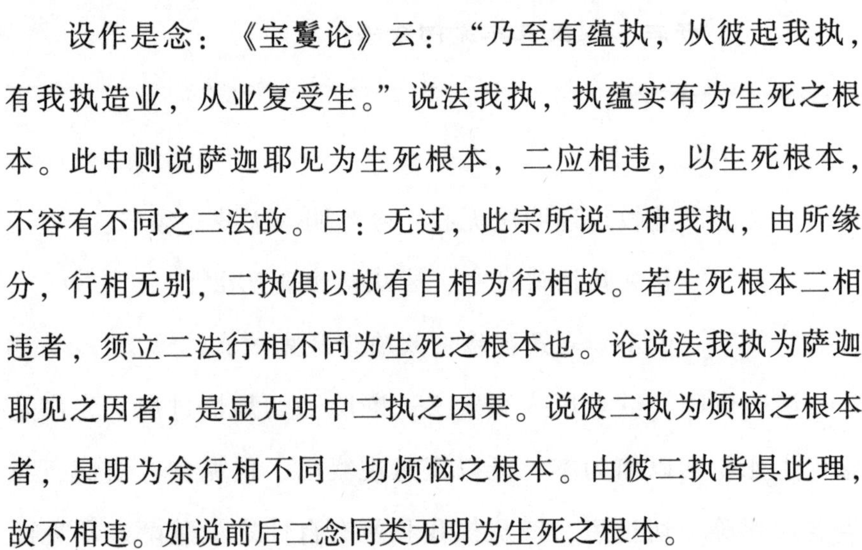

设作是念：《宝鬘论》云：“乃至有蕴执，从彼起我执，有我执造业，从业复受生。”说法我执，执蕴实有为生死之根本。此中则说萨迦耶见为生死根本，二应相违，以生死根本，不容有不同之二法故。曰：无过，此宗所说二种我执，由所缘分，行相无别，二执俱以执有自相为行相故。若生死根本二相违者，须立二法行相不同为生死之根本也。论说法我执为萨迦耶见之因者，是显无明中二执之因果。说彼二执为烦恼之根本者，是明为余行相不同一切烦恼之根本。由彼二执皆具此理，故不相违。如说前后二念同类无明为生死之根本。

【科】子二　破我我所有自性之理分二

丑一　破我有自性

丑二　破我所有自性

初又分六

寅一　破外道所计离蕴我

寅二　破内道所计即蕴我

寅三　破能依所依等三计

寅四　破不一不异之实我

寅五　明假我及喻

寅六　明此建立易除边执分别之功德

初中又二

卯一　叙计

卯二　破执

初中又二

辰一　叙数论宗

辰二　叙胜论等宗

今初

萨迦耶见所缘之我其相云何？且述外道计。颂曰：

外计受者常法我，无德无作非作者，

依彼少少差别义，诸外道类成多派。

数论计我，是能受者受苦乐等，是常法，非变异之作者，无喜忧暗之功德，遍一切故，更无作用。彼论云："根本自性非变异，大等七性亦变异，余十六法唯变异，神我非性非变异。”由能生故名自性。于何时生？谓见神我起欲时生。若时自性了知神我欲受用声等境，即与神我相合，次由自性出生声等。生起次第谓自性生大，大生慢，慢生十一根与五唯共十六法。十六法中，声等五唯复生五大。言自性非变异者，谓但生果，非如大等亦通变异。大等七法既是能生，亦是变异，以大等七法，望自果则是自性，望根本自性则是变异。五知根等十六法唯是变异。神我既非能生，亦非变异。耳等五根由意加持，摄取声等五境，觉便贪著。神我思唯觉所著义，即由彼欲受用诸境也。若时神我于境少欲，观察诸境过患，远离诸欲，修习静虑，依止静虑得天眼通。次以天眼观察自性，由是观察，自性含羞，如他人妇，即便脱离神我，一切变异亦皆逆转入自性中隐灭不现，尔时神我独存，名曰解脱。由彼神我常时独立，故名为常。

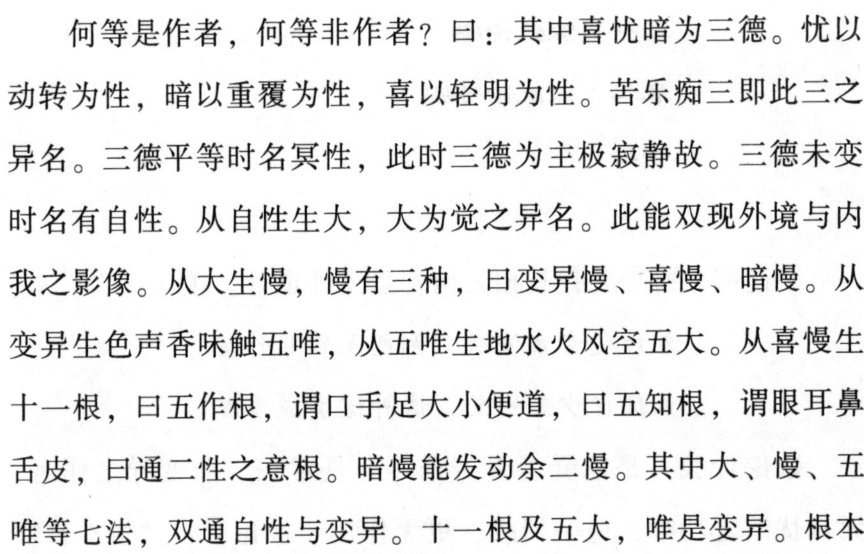

何等是作者，何等非作者？曰：其中喜忧暗为三德。忧以动转为性，暗以重覆为性，喜以轻明为性。苦乐痴三即此三之异名。三德平等时名冥性，此时三德为主极寂静故。三德未变时名有自性。从自性生大，大为觉之异名。此能双现外境与内我之影像。从大生慢，慢有三种，曰变异慢、喜慢、暗慢。从变异生色声香味触五唯，从五唯生地水火风空五大。从喜慢生十一根，曰五作根，谓口手足大小便道，曰五知根，谓眼耳鼻舌皮，曰通二性之意根。暗慢能发动余二慢。其中大、慢、五唯等七法，双通自性与变异。十一根及五大，唯是变异。根本自性唯是自性（自性即因，变异即果）。

【科】辰二　叙胜论等宗

如数论派所计之我，即依彼我少少差别，诸外道类演成多派，如胜论派，计觉、乐、苦、欲、瞋、勤勇、法、非法、行势，为我之九种功德。觉谓能取境，乐谓受所欲境，苦与上相违，欲谓希望所愿事，瞋谓厌离所不欲境，勤勇谓于所作事思唯善巧令到究竟，法谓能感增上生与决定胜者，非法与上相违，行势谓从知生复为知因。若时我与九德和合，即由彼等造善不善业，流转生死。若时神我以真实智，断除觉等功德，便获独存而得解脱。又说彼神我，为常住，能作果，能受用果，有功德，遍一切故，更无作用。胜论有一派计我有屈伸作用。

吠陀派计，如一虚空，瓶等各异。由所依身异，即一能依神我成为多种。

《释论》曰："依我少少差别，诸外道类遂成异派。"有说此谓依数论之差别，分成多派外道者，是未了解论义。

【科】卯二　破执

外道各派说我不同。颂曰：

如石女儿不生故，彼所计我皆非有，

此亦非是我执依，不许世俗中有此。

彼等所计之"我"皆非实有，以离生故，如石女儿。此因是外道自许比量。彼因虽破所说有法，然无过失，以因与法，皆唯遮诠故。如是他所计我亦非是俱生我执所依，因喻同前。言非我执所依者，谓非所缘境，以彼所缘境，是我及补特伽罗，许此是有事，与不生相违故。其行相境谓补特伽罗我，此于名言亦不许有，与不生无违也。有说此宗许补特伽罗我于名言有者，是未了解此宗关要，复未能分萨迦耶见所缘境与行相境之差别，随意妄说。

如是破彼我有，及萨迦耶见之境，是依胜义差别而破。非但如是，当知于世俗中亦破彼二。言不许有我者，谓不许我为实物也。

又彼因喻，非但破上述二义，当知亦破外道所计我之差别，一切非有。颂曰：

由于彼彼诸论中，外道所计我差别，

自许不生因尽破，故彼差别皆非有。

数论论典与胜论等论典中，外道所计我之一切差别，当知以外道自许之不生因与石女儿喻，便能广破我之自性差别。颂曰：

是故离蕴无异我，离蕴无我可取故。

是故无离蕴之异我，以离五蕴别无单独之我可取故。若我与蕴异，以俱无二种系属故，应全无关系，有我可取，如不取瓶可单取衣。然彼都无可见也。《中论》云："若离取有我，是事则不然，离取应可见，而实无可见。"又云："若我异五蕴，应无五蕴相。”取即五蕴也。复有过失。颂曰：

不许为世我执依，不了亦起我见故。

不许此异蕴之我，为世间有情无始以来我执所依之境，以不了知外道所计之我，不执彼相。然由执著差别之力，亦起我见、执我、我所故。此与前文“此亦非是我执依”，无重复过。前破实我为我见所缘，此破异蕴我为所缘故。

设作是念：现在诸人，虽不了知我有常住不生等差别，然由往昔串习之力，彼等亦有缘彼我之我见也。曰：此亦不然，唯学邪宗者，乃计离蕴之我为我见所依；初未学邪宗之有情，现见彼等亦有我执。颂曰：

有生旁生经多劫，彼亦未见常不生，

然犹见彼有我执，故离五蕴全无我。

有诸有情生旁生趣，经过多劫，至今未出旁生趣者，彼亦未见有如外道所计常住不生之我，然犹见彼等有我执转，谁有智者，执著外道所计之我为我执所依耶？故离五蕴全无异体之我。“亦”字摄堕地狱等趣。

【科】寅二　破内道所计即蕴我分五

卯一　明计即蕴是我之妨难

卯二　成立彼计非理

卯三　明计即蕴是我之余难

卯四　解释说蕴为我之密意

卯五　明他宗无系属

初又分二

辰一　正义

辰二　破救

初中又二

巳一　叙计

巳二　破执

今初

此中内教人计，颂曰：

由离诸蕴无我故，我见所缘唯是蕴。

由离诸蕴无异体我，故我见萨迦耶见之所缘，唯是自蕴，以彼所缘，异蕴即蕴二类决定，异蕴非理，故说唯自内蕴为我。此是犊子部等正量部计。复有异执。颂曰：

有计我见依五蕴，有者唯计依一心。

正量部二派，计自身五蕴为我见所缘之依，说此我执从五蕴起。如薄伽梵说："苾刍当知，一切沙门、婆罗门等所有执我，一切唯见此五取蕴。"为显此见是于可怀积聚之法而起，非于我、我所起，故说我、我所行相之见，名萨迦耶见。因经说见五取蕴，故计五蕴为我见所缘。正量别派则计唯心为我，如契经云："我自为依怙，更有谁为依，由善调伏我，智者得生天。"此颂即说内心为我。何以知然？以无异蕴之我故，余经亦说调伏心故。如契经云："应善调伏心，心调能引乐。"故说我执所依之心名我。

《分别炽然论》云："我等于名言中亦于识上安立我名。由识能取后有，故识是我。"又引教云："有契经说：调伏内心能得安乐。有契经说：由调伏我能得生天。故于内心安立为我。"又以理成立云："能取蕴者谓我。识能取后有，故立识为我。"清辨论师不许阿赖耶识，故说取后有之识是意识。余不许阿赖耶识者，当知亦尔。许阿赖耶识者，则计阿赖耶识为补特伽罗。彼等宗中，说二乘能证无实物之补特伽罗，然不许彼能证无实物之第二识（第六、第八）。言补特伽罗无自立实物者，是说补特伽罗自相无实，非说补特伽罗所相识无实也。

【科】巳二　破执

若谓五蕴即是我，由蕴多故我应多，

其我复应成实物，我见缘物应非倒。

若谓自身五蕴即是我者，由蕴多故，一补特伽罗亦应有多我。若谓唯心是我，由眼识等差别，或由一一刹那有多识生灭差别，有多识故，我亦应多。《释论》说："我应成多之过，于彼二派中为第一派出，或余过失通难两派。"此非说凡许我与多蕴是同体者，便能出过，是许我与蕴全无异者，乃能出过。他宗初不许尔，故先应难彼，若是假我与蕴同体异相，虽可无过，然汝计我蕴实有，故应成全无差别之一体。次乃难彼我应成多，或五蕴应成一也。契经说："世间生时，唯一补特伽罗生。"故他宗亦不许有多我。

我应是实物者，由色等物有过去等差别，唯诸异法说名为蕴。汝说彼等是我，故我应是实物。然契经说："苾刍当知，有五种法，唯名唯言唯是假立，谓过去时、未来时、虚空、涅槃、补特伽罗。"又有颂言："如即揽支聚，假想立为车，世俗立有情，应知揽诸蕴。"故彼亦不许我为实物。

又见诸蕴之萨迦耶见，由于实物转故，是缘实物之心，应非颠倒，如缘青黄等识。故断萨迦耶见，应非令其同类相续不生名断，应如断缘青黄色等之识，唯断缘萨迦耶见之欲贪，说名为断也。复有过失。颂曰：

般涅槃时我定断，般涅槃前诸刹那，

生灭无作故无果，他所造业余受果。

若如汝说，自蕴是我者，则无余依般涅槃时，由五蕴断故，我亦决定应断，故成边执之断见。以汝等说缘所计我执常断者，是边见故。未般涅槃前诸刹那中，如五蕴刹那生灭，其我亦应一一刹那各别生灭。如忆宿命，决不念曰："我今此身昔已曾有。"如是亦不应说："我于尔时为顶生王。"以彼时我，如身已灭，现在非有，汝许离彼前我，别有异性之义，受此生故。《中论》云："非所取即我，彼有生灭故，云何以所取，而作能取者？"又曰："若五蕴是我，我应有生灭。"若前后刹那自性各异，应无能作之我，由业无所依故，业亦应无，则我与业果亦应无关系。

设作是念：前刹那造业，后刹那受果，无过失者，是则他人作业，应余人受果。以他造业，余受报故。如是亦犯造业失坏、未造受报等过失。《中论》云：“若谓有异者，离彼应有今，我住过去世，未死今我生，如是则断灭，失坏诸业报，他作业此受，有如是等过。”此说若前后我自性各异，则后我不应观待前我，即无前我后我亦应生。前我照常安住不死，今我应自生也。

【科】辰二　破救

设有是念：前后刹那虽异，而是一相续，故无过咎。颂曰：

实一相续无过者，前已观察说其失。

若谓诸真实异法，是一相续故无过者，此不应理。前文“如依慈氏近密法”，观察自性异法是一相续时，已说其过失。《中论》云：“若天异于人，是即为无当，若天异人者，是则无相续。”故自性互异诸法，是一相续，不应正理。未造业而受报，造业后失坏等过，仍不能免。颂曰：

故蕴与心皆非我。

故计自身诸蕴为我，与计内心为我，皆不应理。

【科】卯二　成立彼计非理

非但以上文所说道理，诸蕴与内心非我，复有过失。颂曰：

世有边等无记故。

世间有边，等取无边、二俱、双非，世间常、无常、二俱、双非，如来死后有、非有、二俱、双非，身即命者，身异命者，许此十四见，为不应记故。此不应记见，一切部中咸诵持故，说蕴是我不应道理。若“世间”言目诸蕴者，自宗许诸蕴生灭，则应记世间无常。般涅槃后诸蕴皆无，汝亦应记世间有边，如来死后非有。然问世间有边等遮止授记，故计诸蕴是我不应道理。此中命者是我之异名，问世间亦是依我而问。问者意乐既是依神我而问，彼所别事尚属非有，如何可记其能别法？若依假我而答，由彼问者尚非通达无我之法器，故亦不可作如是答。

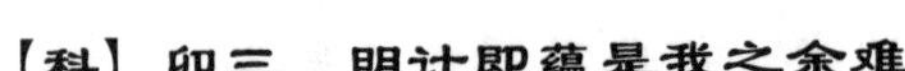

【科】卯三　明计即蕴是我之余难

复有过失。颂曰：

若汝瑜伽见无我，尔时定见无诸法。

若如汝说，则瑜伽师现见无我时，谓见一切法无我，是见苦谛无我相。尔时决定由见无有蕴等诸法名见无我，以计五蕴及心即是我故；然不许尔，故五蕴非我。问：不许诸蕴为我之宗，现见无我时，亦应见安立为我之补特伽罗毕竟非有，理相等故。答：未解微细正理者，不能答此难，兹当解释。他宗计蕴与心为我者，是因未知我及补特伽罗等，唯由名言增上假立，谓要寻求假立之义有所得者乃能安立，故计五蕴或内心为我，成为有自性之我。现见无我时，应见彼我毕竟非有，故他宗计为内我之五蕴内心等性，亦应见为一切非有也。其计唯由假名安立，非由寻求假义而立之宗，则无彼失。

设作是念：业果关系时，由离五蕴更无别法，故所说我唯诠五蕴。见无我时，则诠外道所计神我，故见无我时，是离神我唯见诸行，不犯见无蕴等诸法之失。颂曰：

若谓尔时离常我，则汝心蕴非是我。

若谓见无我时，是离常住神我，见为非有，余处所说之我，亦不可作别义解，则汝所说内心及蕴，皆非是我，便失汝自宗。

若谓业果关系时，不许外道所计之我于彼境转，故无失坏自宗之过失者，此亦非理。汝于此时，说是神我，于业果关系时，则说是五蕴，如斯随意转计，非正理故。

若谓于业果时，决无神我为作业者及受果者，则五蕴上亦无此我，前已宣说。故说一切法无我时，不许“我”字诠五蕴者，则业果时亦应不许。若业果时许彼“我”字诠五蕴者，则说一切法无我时亦应许“我”字诠表五蕴。复有过失。颂曰：

汝宗瑜伽见无我，不达色等真实义，

缘色转故生贪等，以未达彼本性故。

若如汝宗，则瑜伽师现见无我时，应不通达色等真实义，以彼于尔时唯见无有外道所计之常我故。由缘色等有实执故，则缘色等生贪等烦恼，以未通达彼色等之本性真理故。如昔未曾尝花中蜜汁者，仅见花上有鸟，犹不能知彼味甘美。如是诸瑜伽师先不曾知色等体性者，仅见蕴等法离常住之我，后仍不知色等体性。又如曾尝花中蜜汁者，即见花中无鸟，非即不知彼味甘美，亦不能断彼味之爱著。如是执著色等自性实有者，虽见无有常住之我，由何能断缘色等所起之贪等耶？若见无有

常住之我，即能断除缘色等之贪等，任何有情，皆不为令神我快乐求可乐境，及恐常我痛苦避不可爱境。是故若无能断贪等之因缘，则必不能解脱生死，犹如外道。

【科】卯四　解释说蕴为我之密意分五

辰一　解释经说我见唯见诸蕴之义

辰二　依止余经解释蕴聚非我

辰三　破蕴聚之形状为我

辰四　计蕴聚为我出余妨难

辰五　佛说依六界等假立为我

初又分三

巳一　明遮诠遮遣所破是经密意

巳二　纵是表诠亦非说诸蕴即我

巳三　破救

今初

设作是说：吾等以圣教为量，诸分别量不能妨难，圣教中说唯蕴为我。如世尊说："苾刍当知，一切沙门婆罗门等，所有执我，一切唯见此五取蕴。"颂曰：

若谓佛说蕴是我，故计诸蕴为我者，

彼唯破除离蕴我，余经说色非我故。

若谓此经说蕴是我，便计五蕴为我者；然彼经非说诸蕴是我，佛说唯蕴之密意，是破计离蕴之我为我见所缘，是观待世俗谛外道论，及为无倒显示世俗谛中所有之我故。

由何知彼是破离蕴之我耶？曰：以余经说色非我等，破色等是我故。余经如何破？颂曰：

由余经说色非我，受想诸行皆非我，

说识亦非是我故，略标非许蕴为我。

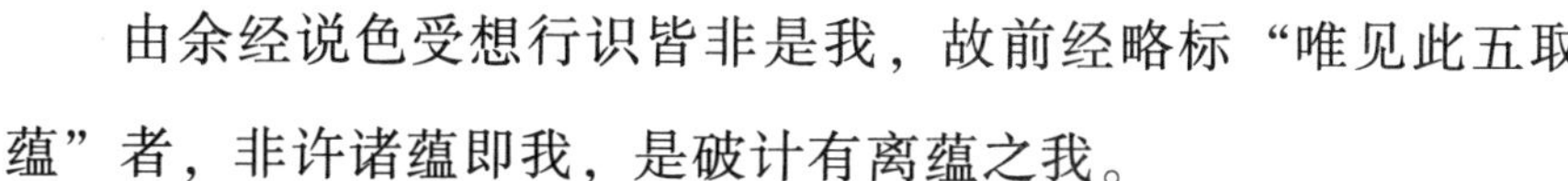

由余经说色受想行识皆非是我，故前经略标“唯见此五取蕴”者，非许诸蕴即我，是破计有离蕴之我。

设作是念：彼经言“唯见”，虽破异我，然言“唯见此五取蕴”。既说见五蕴，则明说诸蕴为我见所缘，故彼经意，是说诸蕴为我见所缘也。若如是者，则违余经说诸蕴非我，以俱生我执萨迦耶见之所缘，定是我故。此于后经义，都无妨难。不尔，则如前说违难极多。后亦当说。故知前经非说诸蕴即萨迦耶见之所缘，经言“唯见诸蕴”者，当知是说缘依蕴假立之我。计即蕴离蕴为我执所缘，皆已破故。

若有经中破除色等为我，当知彼经，亦破萨迦耶见所缘，依蕴假立能取诸蕴之我为有自性，以说色等非我之经，是依真实义而说故。若能取之我是无自性，则我所取之诸蕴自性亦定非有。故于色等远离实执之贪著，亦应正理。

若将众经互相配合，破除即蕴离蕴为我见之所缘，则知唯由名言增上，依蕴假立我名，安立此补特伽罗为无我义。此不共理，是内教大乘各宗论师解释契经密意者所未能阐发之契经密意，今以精微教理无倒揭出。依此道理，亦显安立所余诸法法无我义，与前无别。披露诸佛最深密意，是此论师不共深旨，诸有智者，当善学习。

【科】巳二　纵是表诠亦非说诸蕴即我

即使经说“唯见此五蕴”，是表诠门说蕴是我，然亦非说一一蕴皆是我。颂曰：

经说五蕴是我时，是诸蕴聚非蕴体。

经说五蕴是我时，是说诸蕴总聚为我，非说一一蕴体皆是我。如言众树为林，是说树聚为林，非说一一树皆是林。此是他宗共许之喻。若谓许蕴总聚为我者，颂曰：

非依非调非证者，由彼无故亦非聚。

经说我为依怙，可调伏，为证者。若如汝宗，则彼蕴聚非是依怙，亦非可调伏，非是证者。以唯蕴聚，无实物故，故蕴聚亦非我。经说我为依怙等，如云：“我自为依怙，亦自为怨家，若作善作恶，我自为证者。”此说我为依怙为证者。又云：“由善调伏我，智者得生天。”此说我可调伏。

【科】巳三　破救

若作是念：离有聚法别无总聚，能作依怙等果，即是有聚法。故我作依怙，可调伏，为证者，亦应道理。破曰：汝之我名，时诠蕴聚，时诠有聚诸蕴，何得如是随意转计？此过如前已说，复有过失。颂曰：

尔时支聚应名车，以车与我相等故。

若计蕴聚为我者，尔时车之支分堆聚一处亦应名车，以车与我，于自支聚安立不安立，二者相等故。如经云："汝堕恶见趣，于空行聚中，妄执有有情，智者远非有。如即揽支聚，假想立为车，世俗立有情，应知揽诸蕴。"

【科】辰二　依止余经解释蕴聚非我

由前说道理，颂曰：

经说依止诸蕴立，故唯蕴聚非是我。

经说依止诸蕴假立有情，故唯蕴聚，非即是我。此以量式立云：凡依他法而立者，非唯他法支聚，依他立故，如大种所造。如以大种为因，安立青等大种所造色与眼等根，然彼二法非唯大种相聚。如是以蕴为因安立为我，说唯蕴聚亦不应理。

设作是念：若经云"揽诸蕴聚"，虽不可说蕴聚即是补特伽罗，然经仅云"揽诸蕴"，而无"聚"字，不可证明蕴聚为安立补特伽罗之所依也。曰：不然！经举喻云："如即揽支聚"，说依支聚假立为车。次合法云："应知揽诸蕴。"虽未明说"聚"字，势必应有。故当知智者诵经之文句，而生欢喜。若谓瓶等不决定者，此亦不然，说瓶等唯色等聚亦不成故。彼亦与观察我相同。如唯我之支聚为不可说为我，唯色等支聚亦不可说为瓶等，二者相同。

【科】辰三　破蕴聚之形状为我

设作是念：唯轮等堆积犹非是车，要轮等堆积，具足特殊车形，乃名为车。如是有情身中色等诸蕴之有形状乃是自我。此亦不然。颂曰：

若谓是形色乃有，汝应唯说色是我，

心等诸蕴应非我，彼等非有形状故。

形状唯色法乃有，汝宗应说唯色法是我，心心所等聚，应不立为我，以心心所等非有形故，非色法故。

【科】辰四　计蕴聚为我出余妨难

复有过失。颂曰：

取者取一不应理，业与作者亦应一。

由此取故，名能取者，即作者我。由取此故，名所取事，即所作五蕴。言彼二为一体不应理者，谓安立蕴聚为我，不应道理。倘计色等蕴聚即是我者，则作业作者皆应成一。然非汝许，以大种与所造色，瓶与陶师皆应一故。《中论》云："若薪即是火，作者业则一。"又云："以薪与火理，说我与所取，及说瓶衣等，一切皆如是。"如不许火与薪为一，亦不应计我与所取为一，论说彼二相等故。

设作是念：此中全无能取蕴聚之作者，唯有所取蕴聚之所作业耳。此亦不然，颂曰：

若谓有业无作者，不然离作者无业。

若无作者，亦无无因之业故。《中论》云：“如破作作者，应知取亦尔，及余一切法，亦应如是破。”此说以破作业作者有自性之理，当知亦破受与受者是有自性。言余法者，《显句论》云：“亦破能生所生，能去所去，能见所见，能相所相，能出所出，支与有支，德与有德，能量所量等法是自有性。智者应知唯是互相观待而有。”此中总说一切能作所作，别说能量所量非有自性，许为观待而有。故此观待，当知更有不共互相观待之理也。言取者，此中“事”字界“邬跛札”，给以“罗札”字缘，犹能取故，名之为取。若离作用则亦无事，故所取能取，俱名曰取。问曰：“罗札”字缘，表由此取之作用，云何可说通所取业？答：如《声明论》云：“枳达与罗札是多分。”谓多分虽尔，然于作业可给“罗札”字缘，故通所取业亦不相违。《中论》亦云：“我不异于取，亦不即是取，而复非无取，亦不定是”无。”此说我非异所取而有，亦非即是所取，复非不待所取，此我亦非全无，故非无作者而有作业。《胜义空经》说无作者，有业有报。当知是破有自性之作者，非破名言支分假立之我。如经广云：“补特伽罗无明随转，作诸福行。”《解释正理论》虽说前经于无性宗不相符合，于唯识宗极为符顺。然此宗安立补特伽罗之理，谓蕴之自性作者，名言中亦无。若名言中所有业报，则如后经所说能作业之补特伽罗，亦定许有。故不立所取即我，立我为彼之能取者，极为善哉！

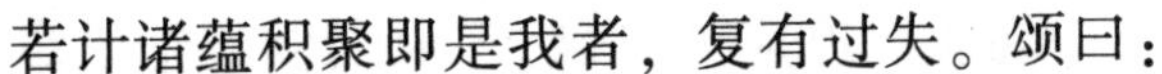

【科】辰五　佛说依六界等假立为我

若计诸蕴积聚即是我者，复有过失。颂曰：

佛说依于地水火，风识空等六种界，

及依眼等六触处，假名安立以为我。

说依心心所立我，故非彼等即是我。

彼等积聚亦非我，故彼非是我执境。

佛于《父子相见经》中，说依于六界，谓地水火风识界，鼻孔等空界，及依六触处，谓眼触处乃至意触处，假说名我。既说依于心、心所等法假立为我，故非彼地等任何一界即是我，亦非彼等积聚即立为我，故彼诸法若总若别，皆非无始传来我执心之所缘也。经云："大王，六界、六触处、十八意近行，是士夫补特伽罗。"士夫与补特伽罗是异名。六界、六触处、十八意近行之三者，是所具之法，补特伽罗是能具之人。十八意近行，谓缘六种可爱境，生六种喜受；缘六种不可爱境，生六种忧受；缘六种中庸境，生六种舍受。由忧喜舍受之力，含意于色声等境，数数驰逐，故名意近行。

如是诸蕴既非俱生我执所缘境，离诸蕴外亦无彼之所缘，故我执所缘境非有自性。诸瑜伽师由见我无自性故，亦知我所是无自性，即能断除一切有为生死系缚，不受后有而得涅槃。是故五蕴若总若别，及离五蕴，皆不立为我见所缘，然善安立我见所缘补特伽罗。依此道理，便能安立补特伽罗是自性空。此观察慧，是最利根求解脱者，至上庄严，于他宗中皆非有故。

【科】卯五　明他宗无系属

寻求我执所缘假我义，有计为五蕴，有计为唯心者。若如彼宗，则至自身有诸蕴时，即应有补特伽罗我执生起。以计我执所缘之我义，是寻求所得而立，彼即补特伽罗我执所依境，是有事故。颂曰：

证无我时断常我，不许此是我执依，

故云了知无我义，永断我执最希有。

汝计现证补特伽罗无我时，唯断除常我，然不许此常我是俱生我执萨迦耶见所缘行相任何所依境，故云唯见无此常我，修习彼智，使能永断无始传来之我见。噫！汝此事，可谓最希有矣。

计唯见无有常我，即能断无始我执，当以世喻明其毫无系属。颂曰：

见自室壁有蛇居，云此无象除其怖，

倘此亦能除蛇畏，噫嘻诚为他所笑。

有诸愚人，见自室壁中有蛇居住，甚可怖畏。余人告曰：汝勿恐怖，此室无象。若谓由知彼室无象，非但能除象怖，亦能除蛇畏者，噫嘻！诚为智者所窃笑也。若有毒蛇恐怖因缘，唯因他语，由知无象，便安闲居住，不知恐怖，不作除彼恐怖之方便，则定遭蛇噬。如是仅见无如象之常我，若谓修习彼义，亦能断除无始传来如蛇之我执恐怖，便安闲而住者，必不能除缘五蕴之我执萨迦耶见。故彼补特伽罗亦定不能解脱生死。此显自他各部诸欲抉择诸法真实义者，由不知破除俱生我执所执境，而作抉择余真实义之建立，皆徒劳无果。故知此义至为切要。

【科】寅三　破能依所依等三计分二

卯一　正破三计

卯二　总结诸破

今初

已说我与五蕴自性一异不成，今说我、蕴亦无自性更互相依。颂曰：

> 于诸蕴中无有我，我中亦非有诸蕴，
>
> 若有异性乃有此，无异故此唯分别。

于诸蕴中无有自性能依之我，于我中亦非有自性能依之诸蕴。何以故？若蕴与我，有自性成就之异性，乃可有此自性成就之能依、所依二种分别。然实无自性成就之他性，故此自性成就之能依、所依，唯是颠倒分别之所安立。喻如世间盘、酪异性，乃见能依所依。我与诸蕴，未见是事，故能依、所依都无自性也。

我亦非自性有五蕴。颂曰：

> 我非有色由我无，是故全无具有义，
>
> 异如有牛一有色，我色俱无一异性。

亦不许我自性有色蕴。何以故？以我与诸蕴自性一异，皆已破讫，是故我与诸蕴无自性具有义。以具有之因缘，异性者，如云天授有牛；不异性者，如云天授有色。然我与色俱无一性异性，故我亦非自性有色也。破自性有余四蕴，应知亦尔。

【科】卯二　总结诸破

今当总结以上诸破，由行相所缘颠倒数量门明萨迦耶见，颂曰：

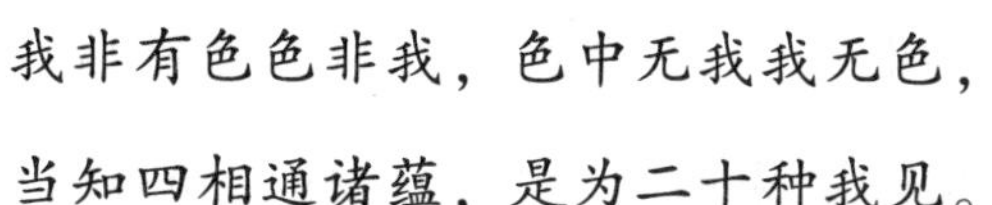

我非有色色非我，色中无我我无色，

当知四相通诸蕴，是为二十种我见。

色非是我而见为我，我非自性有色而见为有色。我自性不在色中，色亦不在我中，而见相在。如于色蕴所说四种萨迦耶见，当知于受等四蕴，皆有四见。是为二十种萨迦耶我见。

若谓：此加我异色蕴见，于一一蕴可作五类观察。《中论》亦云：“非蕴不离蕴，此彼不相在，如来不有蕴，何处有如来。”应成二十五种我见，云何只说二十种耶？曰：二十种萨迦耶见，是经所建立。建立之理，谓萨迦耶见，若不先取五蕴，必不能起我执，故由四相缘虑诸蕴执以为我。执离五蕴第五相为我者，唯诸外道乃起彼执，故经不说第五事。《中论》说第五异品者，当知是为破外道而说也。

经言：“以金刚智杵，摧坏二十种萨迦耶见高山，证预流果。”此义，颂曰：

由证无我金刚杵，摧我见山同坏者，

谓依萨迦耶见山，所有如是众高峰。

萨迦耶见山，以我为所缘，执有自性为行相。未以圣金刚

智杵摧坏之前，始从无始生死而有，从无明地基之所发起，日日增长烦恼巉岩，竖穷三界横遍十方。经现证无我金刚智杵摧坏之后，与所摧我见同时摧坏者，谓依根本萨迦耶见山而住，即前所说五蕴各有四相之二十种高峰也。《释论》译为："与最高峰同时坏者，当知彼等即是高峰。"今如颂译，谓与根本萨迦耶见同时，又俱生萨迦耶见我执，都非前说二十种见摄。故论云："依萨迦耶见山。"谓二十种萨迦耶见高峰，依止根本萨迦耶见而住。然预流果所断，与二十种见同时之根本萨迦耶见，亦是分别我执。彼非仅执我是有自相，且计彼执为应正理，是依邪宗所熏之种子，为预流所断也。

【科】寅四　破不一不异之实我分二

卯一　叙计

卯二　破执

今初

今为破正量部所计实我，颂曰：

有计不可说一异，常无常等实有我，

复是六识之所识，亦是我执所缘事。

正量部有云："由离诸蕴无我故"之理，我与诸蕴非是异性，亦非即蕴为性，若是则我应有生灭故。故我与五蕴一性、异性俱不可说，亦不可说我是常、无常。然计彼我是实物有，以是能作二业者，与能受苦乐二果者，及是系缚生死者，与解脱涅槃者故。复计彼我是六识之所识，亦计彼我是我执所缘事也。

【科】卯二　破执

此计实有补特伽罗，亦不应理。颂曰：

不许心色不可说，实物皆非不可说，

若谓我是实有物，如心应非不可说。

如不许心与色是一性、异性俱不可说法，则诸实物皆非不可说者。若谓我是实物，则应如心，非是一异俱不可说也。此颂已明，不可说者定非实有。次显假有补特伽罗。颂曰：

如汝谓瓶非实物，则与色等不可说。

我与诸蕴既叵说，故不应计自性有。

如汝谓瓶非是独立之实物，则计彼体与色等支分，不可说是一性异性。如是彼我，既与诸蕴是不可说一性异性之假有，故不应计补特伽罗为自性有也。

如是二颂，已破实有，成立假有。今当更述一异，为实法所依。以我非所依，破我实有。颂曰：

汝识不许与自异，而许异于色等法，

实法唯见彼二相，离实法故我非有。

若如汝计我实有者，如汝内识不许与自体相异，则补特伽罗亦定不异自体，即可说为一。又如汝识许与色等为相异法，则补特伽罗亦可说与诸蕴相异也。凡诸实法，决定唯见彼一异二相，故我非实有，以离一异实法理故。

【科】寅五　明假我及喻分四

卯一　明七边无我唯依缘立如车

卯二　广释前未说之余二计

卯三　释妨难

卯四　余名言义均得成立

今初

如上观察实有补特伽罗，不应道理。颂曰：

故我执依非实法，不离五蕴不即蕴，

非诸蕴依非有蕴。

故我执所依，非有自性之实法，以观察时，我非离蕴别有异体，诸蕴总别亦非是我。我非诸蕴之所依，蕴在我中；亦非以蕴为我所依，我在蕴中。我亦非自性能有诸蕴也。是故内教诸部，随计假我，或计我非胜义可得，然皆不应计如上行相。颂曰：

此依诸蕴得成立。

此我唯依诸蕴即得成立也。如为不坏世俗谛故，唯许依彼因缘有此法生，然不许无因生等四边生。如是观察我时，其许依蕴假立我者，虽破上述有过五计，然为使世间名言得安立故，亦许依止诸蕴假立之我。现见有名言假立之我，不可强拨为无也。

为显所说假我之义，复说外喻。颂曰：

如车不许异支分，亦非不异非有支，

不依支分非支依，非唯积聚复非形。

如不许车异自支分，亦非是一，全不相异，又非自性有彼支分。自性不依支分，支分亦不依车，亦非唯支积聚，复非支分形状。我与五蕴当知亦尔。

【科】卯二　广释前未说之余二计分二

辰一　正义

辰二　旁通

初中又二

巳一　破计积聚为车

巳二　破计唯形是车

今初

初五计如前说，此当别破计聚为车与计形为车。颂曰：

若谓积聚即是车，散支堆积车应有。

若谓车支积聚即是车者，则车拆散之支，堆积一处，亦应有车。前虽已破车聚为有分，此中说者，是为显示所余过失。复有过失。颂曰：

由离有支则无支，唯形为车亦非理。

由离有支，则无支分，故支分亦非有。以彼诸部自许，无有支车故。若谓彼等许支聚为有分，诸支为分，亦可如是许支与有支，故彼非许无有支也。曰：无过。以自宗中，如蕴若别若总皆是所取，非能取者。如是车之支分，若零若聚亦俱安立为支，不安立为有支。彼等诸部不许离聚之有支，聚已破故。

颂中“亦”字，摄未明说之积聚，谓唯支形为车，不应道理。当知唯聚为车，亦不应理。

【科】巳二　破计唯形是车

复次，若汝计唯车形是车者，为是一一支分之形耶？抑是积聚之形耶？若谓如前者，为是不舍未成车时原有之形耶？抑是舍弃原形别有余形耶？若谓如前，且不应理。何以故？颂曰：

汝形各支先已有，造成车时仍如旧，

如散支中无有车，车于现在亦非有。

如汝所许，车轮等一一支分，如先未成车时所有形状，后造成车时仍如旧者，是则如未造车前分散之支中全无有车，现在支分积聚之时车亦应非有。以汝唯以各支形状，立为车故，各支形状前后无差别故。

若如第二义，谓不同先形，后生余形以为车者，颂曰：

若谓现在车成时，轮等别有异形者，

此应可取然非有，是故唯形非是车。

若谓现在车成之时，轮、轴、辖等车众支分，方长圆等各别形状，与未成车前别有不同者，则此各支之不同形状，眼识应有可取。然实非有。故唯各支之形状仍非是车。

若谓轮等支分合积之特殊形状乃立为车，亦不应理。颂曰：

由汝积聚无所有，彼形应非依支聚，

故以无所有为依，此中云何能有形？

若所言积聚有少实体，乃可依彼假立形状。然所言支聚无少实体，由汝积聚都无所有，无少实体，故彼形状应非是依支聚假立。以汝宗说，假有诸法，要以实法为所依故，汝亦许支聚是假有故，此观察车时，云何能以都无所有、无少实体者为所依事，而安立有车之形耶？此中仅说敌者计假有诸法，要以独立实有诸法为所依事乃能假立，复许积聚与形状，俱是假有。今若计积聚为形状所依事，则自成相违。然亦应知，如人之形色不可安立为人，如是车之形色亦不可安立为车，以彼二法俱是车之所取故。

【科】辰二　旁通

若谓积聚虽假有非实，然即依彼，安立不实假有之形。颂曰：

如汝许此假立义，如是依于不实因，

能生自性不实果，当知一切生皆尔。

如汝许此依假有积聚，安立假有形状，如是应知依于无明与种子不实之因，能生诸行与苗芽自性不实之果，其余一切自性不实之因果，当知皆如是生。则于无肉可食之物影假鹿，徒费百千辛劳强执实有。此复何为？颂曰：

有谓色等如是住，便起瓶觉亦非理。

内教多说，如瓶之色等八微合积而住即是瓶，故于彼上便起瓶觉。以此车喻即能破除，故彼说亦非理。复次颂曰：

由无生故无色等，故彼不应即是形。

由前已说无自性生，故色等亦无自性。由计瓶等有实法为因，不应道理，是故瓶等不应即是色等之形状差别。

【科】卯三　释妨难

问：若以所说七相道理，求车之假立义都非有者，则车亦应无，世间由车假立之名言，皆应断绝。然此不应理。现见世云取车、买车、造车等，由是世间所共许故，车定当有。曰：此过唯汝乃有。此是我为汝所立者。汝计要观察车假立义，乃安立车。若不观察，不许有余能安立车之方便。若于七相求假立义，则取车等世间名言，于汝宗中云何得有？此是论师答彼妨难。现在藏地讲应成者，谓七相寻求若不得车，则不能安立车，是中观宗之攻难。当知是以恶分别水，污此清净宗义也。我宗则无彼过。颂曰：

虽以七相推求彼，真实世间皆非有。

若不观察就世间，依自支分可安立。

虽以七相推求彼车之假立义，随于真实胜义，或于世间世俗，皆不得有彼车。若不观察此车之假立义，唯就世间名言，如立青与受等，即可依轮等支分安立为车。如许缘起性，亦许此车依自支分假设立故。故于我宗，取车等世间名言，无不应理。彼等亦应许此义也。此说不以推求车假立义，而安立为车之中观宗，许有世间名言，即彼宗亦应许，非是难他之过，自不能免，便云我无所许也。

【科】卯四　余名言义均得成立

此中观宗依世间所许，非但成立名言为车，即车之诸名差别，皆可不推求假设立义，唯依世间所许而自许也。颂曰：

可为众生说彼车，名为有支及有分，

亦名作者与受者。

可为众生宣说彼车，观待轮等诸支名为有支，观待轮等诸分名为有分。又即彼车观待有取轮等之作用，名为作者。观待所受色等事亦名受者。复有倒解佛经义者，而更倒说世间世俗，谓只有支聚，离支聚外决无有支，以异支聚之有支，不可得故。如是复说：只有分、业、所取等聚，离彼之外决无有分、作者、受者，以异彼之有分等不可得故。若如彼宗，即以彼说无有支之因，其支聚等亦皆非有。颂曰：

莫坏世间许世俗。

故应遮止，莫妄破坏世间共许之车等世俗也。

内教大小诸部计支聚等即有支者，因见不以彼等立为有支，更无异彼等之有支，便不能安立有作用之有支等，故作是计。由彼等推求有支等假立义若无可得，即不知安立彼等，故彼不许车等唯假名安立，而计车等为自性有。故《释论》说彼等是倒解经义者。此宗则说，若支积聚，若支分离，皆非有支。然唯假名之有支等，亦善安立其作用，是为此宗解释经义，亦是如来不共意趣。故有智者当善学此宗解经之理。

【科】寅六　明此建立易除边执之功德分五

卯一　正义

卯二　释难

卯三　车与我名法喻相合

卯四　明许有假我之功德

卯五　明凡圣系缚解脱所依之我

今初

此世间世俗，若以推求假立义之七相观察，都无可得。若不观察，唯依世间共许，则皆是有。故瑜伽师以此次第，如前观察我及车义，速能测得真理底蕴。所以者何？颂曰：

七相都无复何有，此有行者无所得，

彼亦速入真实义，故如是许彼成立。

若车有自性，以七相推求，于七相中定当有所得。但瑜伽师都不能得此车是有。以七相推求都无所得，复云何可说是有自性？故瑜伽师生是定解，言车有自性，唯是由无明翳障蔽慧眼者之所妄计，其自性实无所有。即由彼理，速易悟入真实义性。"亦"字摄亦不失坏世俗建立。故此中观宗时，即如是许彼车成立之理，谓不观察。

《释论》说："诸善巧中观宗者，当知前说此宗全无过失，唯有功德，决当受许。"故当自许此无过宗，不应避过谓此无宗。

【科】卯二　释难

问：诸瑜伽师如前观察，虽不见有车，然见有彼支聚，此应有自性。答：汝于烧布之灰中寻求缕线，诚属可笑。颂曰：

若时其车且非有，有支无故支亦无。

若时车无自性，由有支无自性故，其支亦无自性。

若谓车拆毁时，其车轮等聚岂非可见，云何可说由无有支亦无支耶？曰：此亦不然。其执车拆散之支聚，为车支者，是由先见彼支与车相属，乃知轮等是车支分。余先未见如是相属者，则定不知。彼人却见轮等，观待自支，而知轮等自为有支。由彼人全不曾见轮等系属于车，故亦不知彼等是车之支也。

复次，若车无自性，则彼支分亦无自性。当以喻明。颂曰：

如车烧尽支亦毁，慧烧有支更无支。

喻如火烧有支车，则诸支分亦皆烧毁。如是诸瑜伽师，若以观察所发无所得之慧火，烧尽有支车之自性，则成为慧火柴薪之支分，亦定不能存其自性，必为慧火之所烧毁。

【科】卯三　车与我名法喻相合

如为不断灭世俗谛故，诸瑜伽师速能悟入真实义故，观察车义立为假有。颂曰：

如是世间所共许，依止蕴界及六处，

亦许我为能取者，所取为业此作者。

如是由世间共许门，依止五蕴、六界及六处等，亦许我为能取者，是依彼等安立我故。如是亦可安立所取五蕴为作业，此我为作者。

【科】卯四　明许有假我之功德

若安立我为假有，则非坚不坚等边执分别之所依，故计常、无常等有自性之分别，皆易遣除。颂曰：

非有性故此非坚，亦非不坚非生灭，

此亦非有常等性，一性异性均非有。

此依诸蕴假立之我，若坚不坚皆无自性。若我为自性不坚，则我与所取应无异性，即所取为我。若果尔者，则我一一刹那，应是自性各别生灭，是则前后全无系属。又所取法应成能取。故不应理。如是若谓常住坚固，亦不应理。我若常者，应前生之我即现在我，又前世我与现在我，所取诸蕴自性各异，则我应非一，以离所取无异体之我故。《中论》曰："若五蕴是我，我即为生灭。"《释论》云："可知龙猛菩萨许非生灭二种差别。"此言生灭谓有自性者。

此我亦非自性有之常性等四。《中论·观如来品》云："寂灭相中无，常无常等四。"又此我亦非自性有之一性异性。此等之理由，谓非有自性我故。如经云："世间依怙说，四法无有尽，谓有情虚空，菩提心佛法。若彼法实有，宁不有穷尽，无实不可尽，故说彼无尽。"经说有情无实故无穷尽，即此证也。

【科】卯五　明凡圣系缚解脱所依之我

七相推求假立我义，常无常等决定非有。若不见我是无自性，由无明力执有自性，以萨迦耶见执著我有自性，则流转生死。颂曰：

众生恒缘起我执，于彼所上起我所，

当知此我由愚痴，不观世许而成立。

推求我时，外道求我之理，由见即蕴是我不应道理，故倒执我性异蕴。内教诸部则见离蕴别无异我，故倒执唯蕴是我。意谓彼二必须许一也。诸正解经义者，了知前二俱无有我，而得解脱。人、鬼、旁生等一切众生，恒缘我事，起我执心，及缘此我所自在事或属我事，谓我施设所依之眼等内法，及诸外事，于彼我所上起我所执心。当知彼我，是由不观察世间共许愚痴无知而成立，非有自性。此我虽无自性，然由愚痴无知，假名为有。诸瑜伽师，见如是我毕竟不可得。我若不可得，则彼自性我所取之眼等亦不可得。诸瑜伽师由见我、我所事，都无自性可得，故解脱生死。《中论》云："若内外诸法，我我所皆灭，诸取亦当灭，取灭故生灭。"

【科】丑二　破我所有自性

云何我无自性，我所亦无自性？颂曰：

由无作者则无业，故离我时无我所，

若见我我所皆空，诸瑜伽师得解脱。

若无作者陶师，则无作业之瓶。故我无自性，则我所亦无自性。若瑜伽师见我与我所皆自性空，修习彼义，定能解脱生死。

若见色等皆无自性可得，则缘色等自性之贪等烦恼，皆当随灭。声闻独觉，便能不受后有而般涅槃。诸菩萨众虽见无我，然由大悲增上，至未证菩提，恒生三有，以是大小二乘最胜道故，诸有智者应当勤求如是无我。

【科】子三　观我及车亦例余法分三

丑一　例瓶衣等法

丑二　例因果法

丑三　释难

今初

如我及所取，唯是假立，与观察车相同。如是观察余法亦尔。颂曰：

瓶衣帐军林鬘树，舍宅小车旅舍等，

应知皆如众生说，由佛不与世诤故。

所有瓶盂、衣服、帐幕、军队、森林、珠鬘、树木、舍宅、小车、旅舍等物，若以观察车之道理，七相推求各各假立之义，俱无所得。若不观察，只就世间共许，则皆容有。如是此类诸法，应知皆如众生言说，不加观察，唯就世间共许而有。何以故？以佛世尊不与世间起异争故。如《宝积经·三律仪会》云："世与我争，我不与世争。"此说世间名言所安立者，佛亦许有，故不应违害世间所许也。

世间如何安立诸法名言？颂曰：

功德支贪相薪等，有德支贪所相火，

如观察车七相无，由余世间共许有。

如瓶是有支，瓦砾等是支，瓶是有德，绀青花纹等是德。贪著可爱境之有情是有贪，缘有漏可爱境增上染爱名贪。瓶是所相，鼓腹、翻口、长项等是瓶之能相。火是能燃，薪是可燃等。要依于支乃立有支，依于有支乃立名支。如是乃至火与薪等皆是相依假立。若以七相推求彼等假立之义，虽无可得，然仍可安立为有者，当知是由世间名言而立，非以观察实义正理而立也。

【科】丑二　例因果法

不但支等是相待立，即因果二法亦是相待安立。颂曰：

因能生果乃为因，若不生果则无因，

果若有因乃得生，当说何先谁从谁？

要因能生果，彼能生法乃可为因。若不生果，既不能生，则果应无因。果法亦要有因，乃从彼生。故因果二法亦是相待而有，非自性有。若谓因果是自性有者，汝且当说，因果二法何者居先，为是何法由何法生。若有自性，说因在先不应道理，以于因时，要有所待果故。说果居先亦不应理，成无因故。以是当知，因果唯是假立，相依而有，非自性有，如车。

复次，若谓因自性能生果者，为与果合而生，为不合而生？颂曰：

若因果合而生果，一故因果应无异，

不合因非因无别，离二亦无余可计。

汝若谓因与果合而生果，则因果力应一，如江与海合。若成一者，不能分别此法是因，彼法是果，因果无异故，复谓何法生于何法也？若谓不合而生，则所计之因与诸非因，应无能生不能生之差别，以自性各别诸法无关系故。又计因果有自性者，能生所生离合不合二计之外，亦无余第三类可计，故自性因定不生果。故又颂曰：

因不生果则无果，离果则因应无因。

汝若转计自性因不生果者，则果应无自性。由生果故，乃安立因为因。若离果亦可安立因者，则应无安立因之因相。此非汝许，故因果二法非有自性。

若尔，汝宗云何？颂曰：

此二如幻我无失，世间诸法亦得有。

若如他宗，能生所生皆有自相，则当观察因果二法为合不合，俱有过失。若如我宗，诸法皆由虚妄遍计增上而生，唯由名言分别假立，故因果二法如同幻事，自性不生。虽无自性，然是名言分别安立之境，如眩翳人所见毛轮，不可思维，与计因果有自性者犯过相同，故我无有所说合不合之过失。世间所许不观察诸法，因果及车等，亦皆得有，故一切皆成。《释论》此处，破因果法，于所破上加自性等简别，是说许无自性者不犯彼过。不应不辨有自性与有之区别，专作相似之答难也。

【科】丑三　释难分二

寅一　难破因果过失相同

寅二　答自不同彼失

今初

此中破因果自性。他作是难：观因生果为合不合，汝同犯过。何则？颂曰：

破所破合不合，此过于汝宁非有？

汝此能破与所破法，为合为破，为不合而破？此过于汝宁非亦有？若合而破，则应成一，复谓何法破于何法？若不合而破，则一切法同是不合，皆成能破，不应道理。离此二外，更无第三可计。则汝之能破都无破除所破之力。由汝能破既已被破，则因果法是有自性。颂曰：

汝语唯坏汝自宗，故汝不能破所破。

由汝所说之似能破，唯能坏汝自宗，故汝不能破除他宗之所破也。复次，颂曰：

自语同犯似能破，无理而谤一切法，

故汝非是善士许，汝是无宗破法人。

汝为敌者所出过失，自语亦同犯彼过。唯以彼似能破，别无正理而毁谤一切法，故汝非是善士所许可者。何则？汝说："若不合而生，则一切同是不合者，皆应能生。然彼不能生。"此有何正理？如磁石未合，唯能吸引可引处之铁，不引一切不合之铁。如眼不合，唯见可见处之色，不见一切不合之色。如是因虽不合而生果，然不遍生一切不合者，要可生之果，乃能发生。复次汝是破法人，若不立自宗唯破他宗，名破法人，汝今亦尔。

【科】寅二　答自不同彼失分四

卯一　自宗立破应理

卯二　不同他过之理

卯三　如成无性难成有性

卯四　了知余能破

初又分二

辰一　于名言中许破他宗

辰二　许立自宗

今初

今当解释，颂曰：

前说能破与所破，为合不合诸过失，

谁定有宗乃有过，我无此宗故无失。

前说能破所破，为合而破，为不合而破，所有诸过失，若谁定计有自性之宗，彼乃有过。由我无此有自性之宗，故汝所说若合不合二种过失，我定非有，以我许能破所破俱无自性故。《释论》前说：为他宗所出，因果合不合之过失，自宗不同犯之理，谓“他计因果实有自相，自许如幻都无自性”。此处说：他所出过，自宗不犯之理，谓“无自性故”。于是应知，自宗不同之理，是因自不许有自性之二品也。《回诤论》云：“若我有少宗，则我有彼过，由我全无宗，故我唯无失。”此等所说之宗义，当知皆如上说。《般若经》云：“‘具寿须菩提，为以生法，得无生得，为以无生法，得无生得？’须菩提言：‘具寿舍利弗，我不许以生法得无生得，亦不许以无生法得无生得。’舍利弗言：‘具寿须菩提，岂无得无证耶？’须菩提言：‘具寿舍利弗，虽有得有证，然非以二相。具寿舍利弗，若得若证，唯是世间名言。预流，一来，不还，阿罗汉，独觉，菩萨，亦唯世间名言，于胜义中无得无证。’”“亦不许以无生法，得无生得”以上，谓推求能得所得二假立义，则得非有。故观察时，破由二门得其所得，由二相观察之所得，于无自性法中不应理故，唯不观察于世间名言，许有此得。经云：“虽有得有证，然非以二相。”即明彼义。言得者，谓证得所得。如说此二于胜义无，于名言有。如是能破虽胜义中不破所破，然名言中破于所破。

【科】辰二　许立自宗

复次，颂曰：

如日轮有蚀等别，于影像上亦能见，

日影合否皆非理，然是名言依缘生。

如为修饰面容故，影虽不实而有用，

如是此因虽非实，能净慧面亦达宗。

如日轮与面容上所有差别，如日蚀等，汝由见影像为缘，亦能观见。若推求日轮、面容，与彼二影像，为相合而生，为不合而生，虽皆不应理，然是依日轮及面容，唯由名言增上，安立有影像生。复能成办所求之事。如为修饰面容，影像虽非实有，然依影像亦有彼用。如是此中所说之缘起因及离一异等因，虽非有实自性，然能清净慧面之垢，亦能通达无自性宗。“亦”字显示无自性之能破，亦能破于所破也。由二边言论，于许唯假有者，全不应理。故依二边若破若答，欲求中观宗之过失，毕竟不能得便。《四百论》云：“有非有俱非，诸宗皆寂灭，于彼欲兴难，毕竟不能申。”《中论》亦云：“依空问难时，若人欲有答，是则不成答，俱同于所立。”由此所说观察能破、所破为合不合之理，当知亦能观察能生因为合不合而破。

清辨论师云：“《中论》是说能生因，非能显因。观合不合，是能显因，非能生因，故我自语非似能破。”此说观察能生因为合不合，不能观察能显因等。然不成答。以此有过答复，他必不忍，如计能生因实有犯过，则计能显因有自性亦犯过故。又清辨论师，为成立《中论》所说无自性宗故，自安立因，他举能破。释彼难时，仅答似破。此唯是他人之所破。凡许有自性者，若能生因若能显因，俱犯合不合之过失。若不许有自性，则无彼过。故唯吾人之答复，最为端严。

【科】卯二　不同他过之理

复次，颂曰：

若能了因是实有，及所了宗有自性，

则可配此合等理，非尔故汝唐劬劳。

若计能了宗之因是实有，及所了之宗是有自性，则可配此能破之理，推求能立与所立，为合而立，抑不合而立。由彼自性都无所有，汝将不净宗之过失，推于净宗，是于我等，唐设劬劳，都无所益。如破眩翳人所见发等，一性、多性、圆形、黑色等宗，于无翳人都无妨害。如是观察无自性之因果，汝执二边而破，亦无妨难。故彼所立眼与磁石等喻，虽不相合而有作用，亦应破除，以计有自性，亦必同犯合不合之过故。汝今弃舍无自性之直途，爱著恶分别之斜径，分别臆造，障蔽真道。汝何用此大劬劳为!

【科】卯三　如成无性难成有性

复次，颂曰：

易达诸法无自性，难使他知有自性，

汝复以恶分别网，何为于此恼世间?

如中观师，能以敌者所许幻梦等喻，极易令他了达世间一切诸法皆无自性。汝则不能使中观师，了达诸法皆有自性，以无共许实有喻故。此说成立无实之缘起因等，若于同喻上，未能了解，凡是缘起决定无实，则于有法上更无正量，能了解无实也。由是当知，我能破除诸实事师一切妨难。谁亦不能作合法之解答，是谁差汝损恼世间？诸世间人，如蚕作茧，已为烦恼恶分别茧之所缠缚，汝今何为复于其上，更以恶分别丝结为坚网，周匝遍绕？故应弃此实执妄诤。一切虚妄如同影像之法上，宁有自性成就之自相、共相、现量、比量耶？此中现证一切所知者，唯一现量，谓一切智智。

【科】卯四　了知余能破

复次，颂曰：

了知上述余破已，重破外答合等难，
云何而是破法人，由此当知余能破。

前安立缘起，如依种子而有芽生，及安立假设，如依诸蕴，假设补特伽罗时，破实事宗所余之能破，谓即上说，因为合而生果，为不合而生果。亦当了知此能破，观察因果，合不合生。外人为答此妨难故，反观能破为合不合，则于尔时，当重破彼，谓彼观察，于自不同。上文所说亦仅一例耳。又《中论》中所有立破，皆为遣除实执分别。我于"异生皆被分别缚"时，已广说故。《中论》宁有破法之过！其破法者是恐安立自宗犯过，唯破他宗故。我今此中亦非胜义破除他宗，以胜义中全无法故，故我宁有破法之过！若人不立自宗，而许胜义破除他宗，是破法人相。诸中观师谁于名言不立自宗，谁于胜义而许破他？二俱非有，故中观师亦无破法人，故彼破法人相毕竟非理。如是前说能破之余义，即由此无间所说，而当了知。

始从“彼非彼生岂从他”至“观察速当得解脱”，明法无我，次从“慧见烦恼诸过患”，直至此颂，明人无我。

【科】壬三　说彼所成空性之差别分二

癸一　略标空性之差别

癸二　广释彼差别义

今初

今为宣说空性差别，颂曰：

无我为度生，由人法分二，
佛复依所化，分别说多种。
如是广宣说，十六空性已，
复略说为四，亦许是大乘。

诸法无自性之无我，佛说为二，谓人无我及法无我。此二分别之理，非由人法上所无之我，有所不同故分为二。以所无之我，同是有自性故。是由所依有法，有蕴等法与补特伽罗之差别而分也。何故宣说彼二？为度二乘众生解脱生死故，说人无我；为度菩萨众生得一切种智故，说二无我。如前所说声闻、独觉，虽亦能见缘起实性，然彼不能由无量门，经无量劫，圆满修习法无我义，仅有断除三界烦恼种子之方便，亦可说彼等圆满修习补

特伽罗无自性之人无我。虽无以无边道理破除补特伽罗实有之智慧，然圆满修烦恼种子之对治，未圆满修所知障之对治。

如是二种无我，世尊复依所化种种意乐，分别说为多种。如《般若经》中，已广宣说十六空性之差别，复略说为四种，亦许彼等即是大乘。如是略分为二，中分为四，广分为十六种。如经云："复次善现，菩萨摩诃萨大乘相者，谓内空，外空，内外空，空空，大空，胜义空，有为空，无为空，毕竟空（藏文为离边空），无际空，无散空，本性空，一切法空，自相空，不可得空，无性自性空。"广说十六空已，复说四空。如云："复次善现，有性由有性空，无性由无性空，自性由自性空，他性由他性空。"又说此诸空性，名为大乘。若空不空，都无少许自性。如是空性行相各别，唯约世俗而说。如《中论》云："若有不空性，则应有空法，实无不空法，何得有空法？空则不可说，非空不可说，共不共叵说，但以假名说。"前数句明有自性品皆不可说，末句明可说世俗假有。

【科】癸二　广释彼差别义分二

子一　广释十六空

子二　广释四空

初又分四

丑一　释内空等四空

丑二　释大空等四空

丑三　释毕竟空等四空

丑四　释一切法空等四空

初又分二

寅一　释内空

寅二　释余三空

初又分二

卯一　正义

卯二　兼明所许本性

今初

由本性尔故，眼由眼性空，

如是耳鼻舌，身及意亦尔。

非常非坏故，眼等六内法，

所有无自性，是名为内空。

眼等六内法无自性，是为内空。此复眼由眼自性空，以眼之本性即自性空故。如眼所说，耳鼻舌身意，当知亦尔。如是空之理由，谓眼等诸法，于胜义中非常非坏故。此中跋曹译为："此中非常，谓不舍本性，此复暂住即灭，非全坏故。此谓若法有自性，定非常住，及非坏灭。"此译错误。若如是者，因应遍于宗异品故。拏错译为："若法有自性，则应是常，或永失坏。"极为善哉！故前译为遮词，定有误也。疏中将颂译为："由是常住性，及非不坏故。"解曰："若眼等有自性，自性无变无坏，彼等亦应无变无坏。然彼不尔，故彼等法皆无自性。"亦不应理。若如是者，言应无坏，则成有坏。经说非坏，则成相违。又："此中非常，谓不舍本性"句，应如拏错所译："常谓不坏之性。"若谓既破常住，则眼等法本位暂住，后即坏灭，当是实有。为破此执，故云非坏。总谓若常无常皆非实有。《二万光明论》更有异解。诸法本性，如《中论》云："性从因缘出，是事则不然，性从因缘出，即名为作法。性若有作者，云何有此义？性名为无作，不待异法成。"

【科】卯二　兼明所许本性

龙猛菩萨论中，所说不从因缘生之本性，如是本性是菩萨所许否？曰：如薄伽梵说："诸佛出世若不出世，诸法法性，恒常安住。"所说法性可许是有。此法性为何等？曰：即眼等之本性。眼等本性为何？曰：即眼等之不造作，不待因缘，唯是离无明翳之净慧所通达性。有计此论师不许胜义与法性者，及计离无明染全无智者，此文已善破讫。

有此法性耶？曰：谁云此无？若无此性，则诸菩萨复为何义，修学波罗蜜多道？谓若无胜义谛，则无由通达彼谛而到究竟。若无究竟，则修彼道徒劳无益。然诸菩萨，实为通达法性与到究竟故，而勤修习百千难行。此即显示，若计法性胜义谛都非任何智慧之境，而复修学无量难行，乃最钝根。此如《宝云经》云："善男子，当知胜义，不生，不灭，不住，不来，不去，非诸文字所能诠表，非诸文字所能解说，非诸戏论所能觉了。善男子，当知胜义不可言说，唯是圣智各别内证。善男子，当知胜义，若佛出世若不出世，为何义故，诸菩萨众，剃除须发，披著法服，知家非家，正信出家。既出家已，复为证得此法性故，勤发精进，如救头燃，安住不坏。善男子，若无胜义，则修梵行徒劳无益，诸佛出世亦无有益。由有胜义，故诸菩萨，名胜义善巧。”“不可言说”与“非诸戏论所能觉了”者，是说如无分别智亲见胜义，言说分别不能觉了，非说全不能知。既无胜义谛有诸妨难，则反显为有。前文亦说是有，故妄分判无与非有之差别，是自显智慧太薄弱也。跋曹译本多作“若佛出世若不出世，为何义故”。拏错译本则作“若佛出世若不出世，胜义不失”，与《释论》前文引经，“若佛出世若不出世，诸法法性恒常安住”，极相符顺，故为善哉！

外曰：呜呼！噫嘻！既不许少法是有自性，忽许无所造作，不待他成之本性，汝诚可谓自相矛盾者。答曰：是汝未了《中论》意趣。此中意趣，谓若愚夫所取眼等缘起性，即眼等之本性实际，由颠倒心亦能现证彼本性故，则修梵行徒劳无益。由此眼等缘起性，非本性故，为证彼性而修梵行。所破自性，是破眼等即是实际；所许自性，是许眼等之法性为本性。故破诸法性有自性，与许诸法之法性本性，全不相违。如是法性，亦是依世俗谛唯名言有，说为无所造作，不待他成，说愚夫通常心不能见之法性，名为本性，甚为应理。唯许此世俗有，非是胜义有事，亦非真实之无事，以彼即是自性寂灭故。非但龙猛菩萨自许有此法性本性，亦能令敌者许有此义。故辩论究竟，即立此本性为自他共许也。

有计热等为火等本性者，毕竟非理。以热等是缘生性，是造作故，待因缘而生故。则说眼等本性，无所造作，不待因缘，皆不应理。次跋曹译云："言彼中者，谓无胜执法故，于世俗中，明如是行相义故"。拏错译云："此中谓无胜执性故，于世俗中，如义成立故"。译为"此中谓"较为妥善。余义：谓无实执所著之境事，于世俗中则明有造作及观待他之行相义故。

由此所说龙猛菩萨许有本性，则《法界赞》中："尽其佛所说，显示空性经，皆为灭烦恼，非失坏此界"，说显示空性之经，唯是灭坏实执烦恼之所缘，非说失坏破彼所缘而显之空如来界，亦可了知。

此言眼等由眼等空者，是显眼等由自性空，非说眼等由离作者我故空，如声闻部计；亦非如唯识，谓眼由异体二取空，计眼等自性不空。由此一法无彼一法，说名空性。

【科】寅三　释余三空

由本性尔故，色由色性空，
声香味及触，并诸法亦尔，
色等无自性，是名为外空。

相续不摄之色等六境，由自性空之无自性，名为外空。外色由色自性空，即彼色之本性故。声香味触法，性空之理，当知亦尔。此空及余空，经说"非常非坏"，如前内空时所说，应当了知。又颂曰：

二分无自性，是名内外空。

内识相续所摄之根依处，由是识相续所摄，诸根不摄，故是内外法。此法之无自性，名内外空。余义如上。又，颂曰：

诸法无自性，智者说名空，

复说此空性，由空自性空。

空性之空性，即说名空空，

为除执法者，执空故宣说。

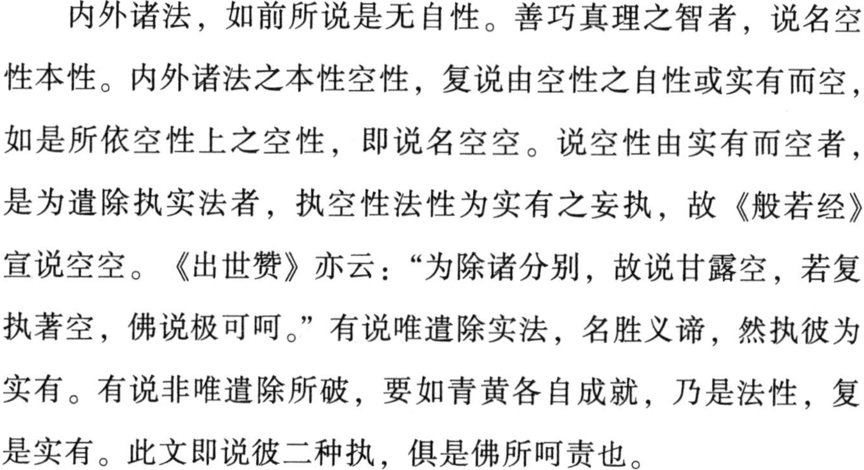

内外诸法，如前所说是无自性。善巧真理之智者，说名空性本性。内外诸法之本性空性，复说由空性之自性或实有而空，如是所依空性上之空性，即说名空空。说空性由实有而空者，是为遣除执实法者，执空性法性为实有之妄执，故《般若经》宣说空空。《出世赞》亦云：“为除诸分别，故说甘露空，若复执著空，佛说极可呵。”有说唯遣除实法，名胜义谛，然执彼为实有。有说非唯遣除所破，要如青黄各自成就，乃是法性，复是实有。此文即说彼二种执，俱是佛所呵责也。

【科】丑二　释大空等四空

由能遍一切，情器世间故，

无量喻无边，故方名为大。

离东西等方，别无情器世间，由方能遍一切情器世间故。又修慈等四无量时，缘十方所遍一切有情而修，由所缘门立为无量故，喻如十方无有限量，如是修行亦无边际，无有限量，故十方名大。又颂曰：

如是十方处，由十方性空，

是名为大空，为除大执说。

如是东西等十方，即由十方自性空，此名大空。是为遣除执诸方大为有自性之大执而说。邪执诸方者，如胜论外道，执方为常住实法。又颂曰：

由是胜所为，涅槃名胜义，

彼由彼性空，说名胜义空。

为除执法者，执涅槃实有，

故知胜义者，宣说胜义空。

胜义之“义”字，有于所为说名义者，如云“此中有义”。有于所知说名义者，如“五义”。此中是说涅槃法身，涅槃是此胜所为故，即此法身，由自性空，名胜义空。是为遣除执实法者，妄执涅槃法身为实有之妄执，故了知胜义之佛陀，说胜义空。又颂曰：

三界从缘生，故说名有为，

彼由彼性空，说名有为空。

由从缘生，故说三界名为有为。即彼三界由彼自性空，说名有为空。又颂曰：

若无生住灭，是法名无为，

彼由彼性空，说名无为空。

若法无有生、住、异、灭，是名无为。即彼无为由彼自性空，说名无为空。

【科】丑三　释毕竟空等四空

若法无究竟，说名为毕竟，

彼由彼性空，是为毕竟空。

若执常断一边，即堕险处，说名究竟，非执无为法常，与阿罗汉断绝业力生死相续，亦为究竟。故当分别所治品险处之常断，与常断之差别也。若于何法，堕边执见之常断二边都不可得，即说名毕竟。即彼毕竟由毕竟自性空，是为毕竟空。如《三摩地王经》云："断除有无与净不净二边，亦不住中间。"断除二边，执中间实有，为除彼执故说此空。如唯识师远离自宗所说常断二边，许彼中道以为实有。又颂曰：

由无初后际，故说此生死，

名无初后际。三有无去来，

如梦自性离，故大论说彼，

名为无初际，及无后际空。

如云：此前非有，自此乃有，是为初际，如云：此后便无，是为后际。由生死无彼二际，故说生死名曰无际。即彼三有无自性往来，犹如梦事。由彼三有自性远离，故般若大论说彼名为无初后际空。又颂曰：

散谓有可放，及有可弃舍，

无散谓无放，都无可弃舍。

即彼无散法，由无散性空，

由本性尔故，说名无散空。

“散”谓有放自弃，“无散”谓无可舍者。以彼自体任于何时都无可弃，即不可弃舍之大乘。彼无散法，由无散自性空之空性，说名无散空，以彼空性，即无散法之本性故。又颂曰：

有为等法性，都非诸声闻，

独觉与菩萨，如来之所作。

故有为等性，说名为本性，

彼由彼性空，是为本性空。

有为等之法性，说名本性。以彼有为等之法性，都非声闻、独觉、菩萨如来所作，本来如是安住故，即彼本性由本性自性空，是为本性空。问：于空空时岂非亦说此义？曰：前所说者，是为破执内外诸法空性，由是理智所成，计为实有。此中说者，是为破执都非由他所作之本性，而为实有，故无重复之失。若能了知，于法性上虽有此二疑难，然能破实有，都不相违，则计胜义谛，都非任何智慧所能通达之邪分别，皆可息灭也。

【科】丑四 释一切法空等四空分三

寅一 一切法空

寅二 自相空

寅三 不可得空与无性自性空

今初

十八界六触，彼所生六受，

若有色无色，有为无为法，

如是一切法，由彼性离空。

一切法，谓眼等所依六根界，眼识等能依六识界，色等所缘六境界，眼触乃至意触等六触，六触为缘所生六受，及有色无色，有为无为等诸法。如是一切法，即由彼自性远离而空，是为一切法空。

【科】寅二　自相空分三

卯一　略标

卯二　广释

卯三　总结

今初

变碍等无性，是为自相空。

色蕴自相谓有变碍。“等”字等取乃至一切种智，一切染净诸法各各自相。此等无自性，是为自相空。

【科】卯二　广释分三

辰一　因法自相

辰二　道法自相

辰三　果法自相

今初

色相谓变碍，受是领纳性，

想谓能取像，行即能造作，
各别了知境，是为识自相。
蕴自相谓苦，界性如毒蛇。
佛说十二处，是众苦生门。
所有缘起法，以和合为相。

何为色等之自相？谓变碍是色自相。如经云：“诸苾刍，由有变碍，名色取蕴。”此诸自相，是举能表各各本性者，非说各别定义。受是苦、乐、舍三种领纳性。想则能取青黄等外像，与苦乐等内像，像为形状分齐。行即造作，谓除四蕴诸余有为。各别了知色声等境，是识自相。五蕴之自相谓苦。诸界之自相体性，谓能令有情摄取生死，如同毒蛇捉持于他而作损害。佛说十二处能生众苦，是苦生门。此三约生死中之蕴界处而说。缘起之自相，谓因缘和合。

【科】辰二　道法自相

施度谓能舍，戒相无热恼，
忍相谓不恚，精进性无罪，
静虑相能摄，般若相无著，
六波罗蜜多，经说相如是。
四静虑无量，及余无色定，
正觉说彼等，自相为无嗔。
三十七觉分，自相能出离，

空由无所得，远离为自相。

无相为寂灭，第三相谓苦，

无痴八解脱，相谓能解脱。

布施波罗蜜多自相，谓身、财、善根，皆能放舍之心。尸罗自相，谓无烦恼之热恼，获得清凉。忍辱自相，谓不嗔恚，即能忍耐心。精进自相，谓摄持无罪善法，勇悍为性。静虑自相，谓为摄一切善法故，于善所缘心一境性。般若自相，为不贪著，为趣涅槃，于任何法都不贪著，破实执故。上来所述六波罗蜜多之自相，是经中作如是说也。初静虑等四种静虑，慈无量等四种无量，及余空无边处等四无色定，正觉佛陀，说彼等之自相，为无嗔恚，由离嗔恚乃能得故。三十七菩提分法之自相，谓能获得出离解脱。空解脱门之自相，谓实执所得诸分别垢不能染故，以远离为自相。无相解脱门，由相不可得故，寂灭为相。第三无愿解脱门之自相，谓于行苦性正观为苦，更不希愿三有盛事，及以真实慧，观察诸行本性，于出世果位，亦不执为实有，而生希愿。故以苦及无痴为相。八解脱之自相，谓能解脱诸等至障。八解脱，谓内有色想观外色解脱，内无色想观外色解脱。此二是变化障对治。《释论》本多将第二，作内有色想，文有误失。净解脱第四静虑相是为第三。此是乐变净色、不乐变不净色杂染心之对治。现法乐住之道有二：一住顺解脱道，谓四无色等至解脱；二住寂灭道，谓想受灭等至解脱。

【科】辰三　果法自相

经说善抉择，是十力本性。

大师四无畏，本性为坚定。

四无碍解相，谓辩等无竭。

与众生利益，是名为大慈。

救护诸苦恼，则是大悲心。

喜相谓极喜，舍相名无杂。

许佛不共法，共有十八种。

由彼不可夺，不夺为自相。

一切种智智，现见为自相。

余智唯少分，不许名现见。

下文所说之十力，当知以善抉择为自相。由善抉择诸境，于诸境上无碍而转，故名为力。自称于一切所知成正等觉，自称我已永尽诸漏并诸习气，自称我说贪等是障解脱法，自称我说勤修地道能尽众苦。不见有一人，能依法立难，谓非如是。佛此四无所畏，以极坚定性为自相，任何敌者不能动故。法义词辩诸无碍解，以辩等无竭无尽为相。与诸众生利益安乐，是大慈相。救护一切苦恼有情，是大悲相。大喜以极欢喜为相。大舍谓于此不贪，于彼不嗔，远离贪嗔无杂为相。许佛不共法有十八种，以不被他夺为自相。由佛无有不共法之所治品误失等事，无隙可乘，不能映夺，不能屈伏故。十八不共法，有三六聚。身常无误失，语无粗暴音，意无忘失念，无不定心，生死涅槃无种种想，无不择舍，是初六聚。志欲，精进，意念，等持，般若，解脱，皆无退失，是第二六聚。一切事业，语业，意业，智为前导，随智而转，于过去世，未来世，现在世，无著无碍，正智见转，是第三六聚。

不共之训诂，谓彼诸法，唯佛身乃有，余身非有，故身不共。此等广释，如《释论》中引《陀罗尼自在王请问经》，应当了知。一切种智智，以现见一切所知为自相，一切余智，唯于少分境转，故不许为现见一切所知也。如是所说，从色乃至一切种智所有诸相，唯是能表彼诸法之自体，与所破之自相，有大差别。

【科】卯三　总结

若有为自相，及无为自相，

彼由彼性空，是为自相空。

若有为法之自相，及无为法之自相，彼等自相即由彼自性空，是为自相空。

【科】寅三　不可得空与无性自性空

现在此不住，去来皆非有，

彼中都无得，说名不可得。

即彼不可得，由彼自性离，

非常亦非坏，是不可得空。

此现在法，自生以后不能安住；过去已生，其生已灭；未来当生，现未尚生，故三世中皆非是有。已生、当生及现在法，如其次第于已灭时，未生时，及自生以后，都无可得，故说名不可得。彼不可得，由彼自性远离，非常非坏，故名不可得空。颂曰：

诸法从缘生，无有和合性，

和合由彼空，是为无性空。

诸法由是因缘生故，无有因缘和合所生之自性，即说彼等名曰无性。此和合生法，由自性空，是为无性自性空。

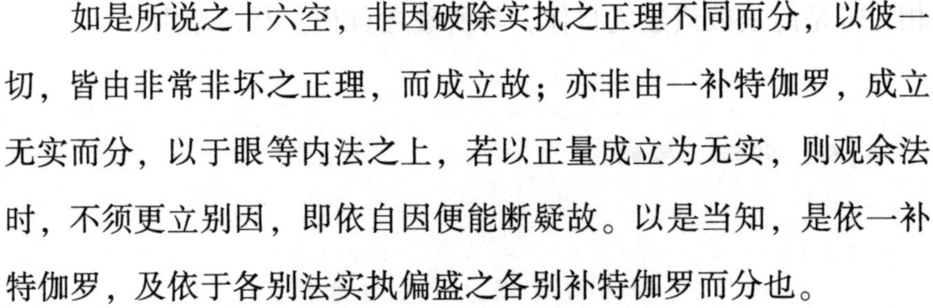

如是所说之十六空，非因破除实执之正理不同而分，以彼一切，皆由非常非坏之正理，而成立故；亦非由一补特伽罗，成立无实而分，以于眼等内法之上，若以正量成立为无实，则观余法时，不须更立别因，即依自因便能断疑故。以是当知，是依一补特伽罗，及依于各别法实执偏盛之各别补特伽罗而分也。

【科】子二　广释四空

应知有性言，是总说五蕴，

彼由彼性空，说名有性空。

应知有性空之有性言，是说五蕴，非分别说，是总略而说。即破五蕴，由彼自性空，经说名有性空。颂曰：

总言无性者，是说无为法，

彼由无性空，名为无性空。

若不分别，总言无性者，是说虚空与涅槃等诸无为法，即彼无为法，由无性之自性空，名为无性空。颂曰：

自性无有性，说名自性空，

此性非所作，故说名自性。

言自性者，谓诸法之本性，由此自性非声闻等所作，诸法本性如是住故。由此法性自性，无有自性，说名自性空。颂曰：

若诸佛出世，若佛不出世，
一切法空性，说名为他性。
实际与真如，是为他性空，
般若波罗蜜，广作如是说。

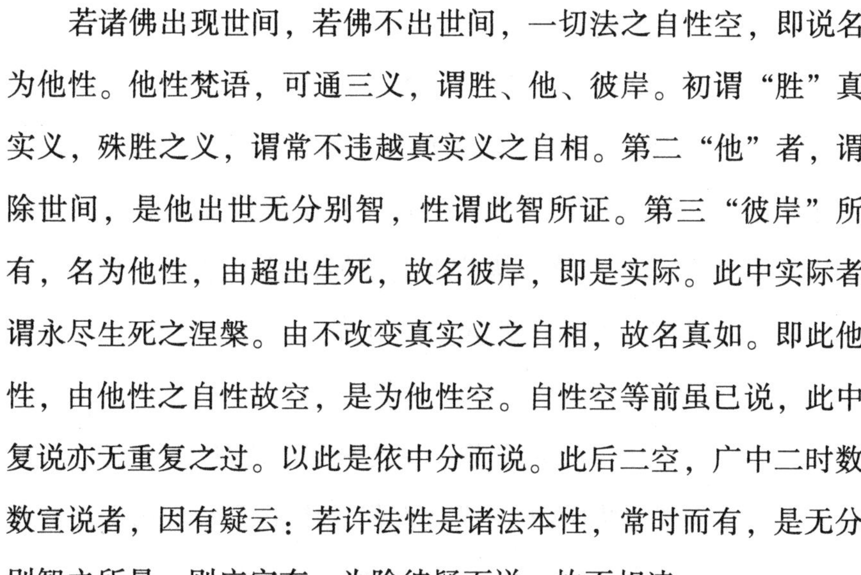

若诸佛出现世间，若佛不出世间，一切法之自性空，即说名为他性。他性梵语，可通三义，谓胜、他、彼岸。初谓“胜”真实义，殊胜之义，谓常不违越真实义之自相。第二“他”者，谓除世间，是他出世无分别智，性谓此智所证。第三“彼岸”所有，名为他性，由超出生死，故名彼岸，即是实际。此中实际者谓永尽生死之涅槃。由不改变真实义之自相，故名真如。即此他性，由他性之自性故空，是为他性空。自性空等前虽已说，此中复说亦无重复之过。以此是依中分而说。此后二空，广中二时数数宣说者，因有疑云：若许法性是诸法本性，常时而有，是无分别智之所量，则应实有。为除彼疑而说，故不相违。

此中所说空性之差别，与空性之道理，是如《般若波罗蜜多经》中广作如是宣说也。

【科】庚四　结述此地功德

今当宣说信解般若波罗蜜多菩萨不共功德，结述般若波罗蜜多品。颂曰：

如是慧光放光明，遍达三有本无生，

如观掌中庵摩勒，由名言谛入灭定。

此地菩萨以如前所说行相，如是观察，发生慧光，放大光明，灼破障蔽见真实义所有黑暗。遍达三有本来自性无生，如观掌中庵摩勒果。复以名言世俗谛力，入灭尽定。如是虽能入灭尽定，然不弃舍救众生心。颂曰：

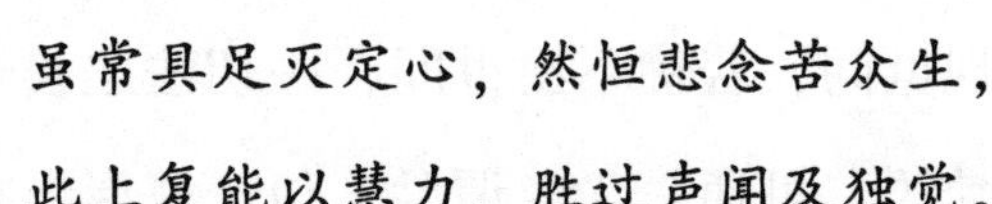

虽常具足灭定心，然恒悲念苦众生，

此上复能以慧力，胜过声闻及独觉。

第六地菩萨虽常具足灭定光明意乐，然于无依苦恼众生，悲心转增。由是当知此菩萨之加行，是生死摄，意乐则是涅槃所摄。又此第六地菩萨，从此以上复能以智慧之力，胜过一切如来语生之声闻，及中佛独觉。又颂曰：

世俗真实广白翼，鹅王引导众生鹅，

复承善力风云势，飞度诸佛德海岸。

第六地菩萨犹如鹅王，成就世俗广大道次第与真实义甚深道次第，如同双翼，洁白丰广，引导所化众生，犹如群鹅。复承往昔所修善根之力，势如风云，即能飞度诸佛功德大海之彼岸也。是故欲学此菩萨者，亦须具备二种道次第之双翅。若全无翅，或仅一翅，安能成飞！故不应自满，当修具足方便智慧二品之道，而趣佛地。

释第七胜义菩提心

【科】己三　释远行等四地分四

庚一　第七地

庚二　第八地

庚三　第九地

庚四　第十地

今初

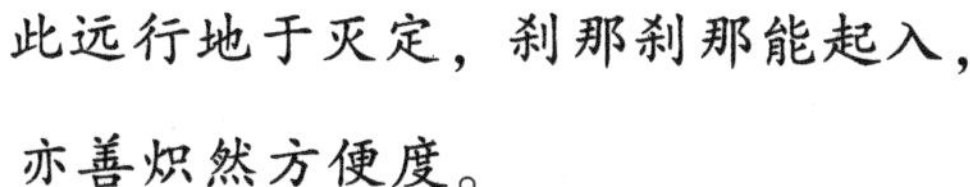

此远行地于灭定，刹那刹那能起入，

亦善炽然方便度。

住第七远行地菩萨，于第六地所得灭定，此时刹那刹那能入能起。入灭定者谓入实际，此说真如名为灭定，以圣根本定时，能于此真如灭尽一切戏论相故。如《十地经》云："佛子！菩萨从第六地来，能入灭定。今住此定，能念念入，亦念念起，而不作证"。又此地中方便善巧波罗蜜多亦善炽然，最极清净。清净之理，如前诸地所说道理，应当了知。唯由般若波罗蜜多行相差别，安立后四波罗蜜多。以择法时，即是慧度，非余相故。安立为方便善巧波罗蜜多之方便善巧，菩萨地中说二六种，初谓依内修证佛法六种方便善巧：一者菩萨，于诸有情悲心俱行，顾恋不舍；二者菩萨，于一切行如是遍知；三者菩萨，恒于无上正等菩提所有妙智，深心欣乐；四者菩萨，顾恋有情为依止故，不舍生死；五者菩萨，于一切行如实遍知为依止故，轮转生死而心不染；六者菩萨，欣乐佛智为依止故，炽然精进。次谓依外成熟有情六种方便善巧：一者菩萨方便善巧，能令有情以少善根感无量果；二者菩萨方便善巧，能令有情少用功力，引摄广大无量善根；三者菩萨方便善巧，于佛圣教憎背有情，除其恚恼；四者菩萨方便善巧，于佛圣教处中有情，令其趣入；五者菩萨方便善巧，于佛圣教已趣入者，令其成熟；六者菩萨方便善巧，于佛圣教已成熟者，令得解脱。共有十二方便善巧。

释第八胜义菩提心

【科】庚二 第八地分三

辛一 明此地愿增胜及起灭定之相

辛二 永尽一切烦恼

辛三 证得十种自在

今初

数求胜前善根故，大士当得不退转，

入于第八不动地，此地大愿极清净，

诸佛劝导起灭定。

第七地菩萨，数数为求胜前善根故，当得不退转入第八不动地。此地胜过七地以下众善之理，如《十地经》云："佛子！譬如乘船欲入大海，未至于海，多用功力排牵而去。若至海已，但随风去，不假人力，以至大海一日所行，视未至时，设经百岁亦不能及。佛子，菩萨摩诃萨亦复如是。积集广大善根资粮，乘大乘船，到菩萨行海，于一念顷以无功用智，入一切智智境界。本有功用行，经于无量百千万亿那由他劫，所不能及。"此中未到大海，喻七地以下，到大海已，喻得八地所行之道。昔生第一出世心时，广发百万阿僧祇等十种大愿，至此地中皆得清净，故此地中愿波罗蜜多最为增上。又立此地名童真地，第九地时名法王子位，第十地时得佛灌顶，如转轮王。又不动地入法性灭定时，诸佛劝导令起灭定。如《十地经》云："佛子！此住不动地菩萨，由本愿力故，住此法门流。诸佛世尊，与彼起如来智，作如是言：善哉！善哉！善男子！此胜义忍随顺佛法。然善男子，我等所有十力、四无畏等不共佛法，汝今未得，汝应为欲成就此法，勤加精进，勿复放弃如此忍门。又善男子，汝虽得是寂灭解脱，然诸凡夫未能证得，种种烦恼常现在前，种种寻伺常相侵害，汝当愍念如是众生。又善男子，汝当忆念本所誓愿，普大饶益一切众生，皆令得入不可思议智慧之门。又善男子，此诸法法性，若佛出世，若不出世，法界常住，所谓一切法空无所得。诸佛不以得此法故名为如来。一切声闻独觉，亦皆得此无分别法性。”又云：“若诸佛世尊，不与此菩萨起一切智智门者，彼时即入究竟涅槃，弃舍一切利众生业。”此说八地菩萨于无分别智获得自在，住彼定时，劝令起定，为得诸佛十力等因，于后得位修集资粮。即二乘人亦得亲证法性之无分别智。有说通达真实义已，不须修余资粮，可专修真实义者，是愚人妄说也。

【科】辛二　永尽一切烦恼

净慧诸过不共故，八地灭垢及根本，

已尽烦恼三界师，不能得佛无边德。

八地菩萨为诸佛劝起灭定已，由无著净智与贪等烦恼不共存故，八地菩萨无分别智，如同日光，其如黑暗，三界所行能招生死诸烦恼垢，及彼根本种子，皆悉消灭。如是菩萨虽已永尽一切烦恼，成为三界之师范，然当其尽烦恼时，犹不能得诸佛无量无边如同虚空之功德。为求证得彼功德故，八地菩萨更当勤加精进也。如何得知此地菩萨已尽一切烦恼？《十地经》

说：“彼时即入究竟涅槃。”故知此地已离三界欲；若未离欲，定不能证究竟涅槃故。

【科】辛三　证得十种自在

此地菩萨，已离三界欲，则生死永灭，如何能圆满一切成佛之因耶？颂曰：

灭生而得十自在，能于三有普现身。

此八地菩萨，既已永灭由烦恼业力流转生死，当其证此地时，即得智自在等十种自在。故此菩萨，能如《胜鬘经》说受意生身，普于三有一切众生之前，现种种身。故此菩萨圆满资粮，都不相违。十自在者，一得寿自在，于不可说不可说劫加持寿量故。二得心自在，已于无量无数等持，智观入故。三得财自在，已能示现一切世界无量庄严具，庄饰加持故。四得业自在，应时能现，业果加持故。五得生自在，于一切世界示现受生故。六得愿自在，于随所欲佛刹时分，示现成佛故。七得胜解自在，已能示现一切世界佛充满故。八得神通自在，诸佛刹中皆能示现神通游戏故。九得智自在，已能示现佛力、无畏、不共佛法、相好、正等觉故。十得法自在，已能示现无边无中，法门明故。如《十地经》广说。

释第九胜义菩提心

【科】庚三　第九地

第九圆净一切力，亦得净德无碍解。

第九地菩萨，一切力波罗蜜多皆得圆满清净。力波罗蜜多中说有十力，如《十地经》云："得善住意乐力，远离一切烦恼现行故。得善住增上意乐力，不离于道故。得善住大悲力，不舍利益有情事故。得善住大慈力，能救一切诸世间故。得善住总持力，无忘失法故。得善住辩才力，于一切佛法选择分别得善巧故。得善住神通力，于无边际诸世界中，行善差别处得善巧故。得善住大愿力，不舍一切菩萨所作故。得善住到彼岸力，普集一切诸法故。得善住如来加持力，一切种一切智智现在前故。"（原论转引《庄严能仁密意论》中经文，条文有误，今依经改正。）如已圆满力波罗蜜多，如是亦得四无碍解清净功德。所谓法、义、词、辩四无碍解。《释论》云："以法无碍解，了知一切诸法自相；以义无碍解，了知一切诸法差别；以词无碍解，善能无杂演说诸法；以辩无碍解，能知诸法次第相续无间断性。"余处则说：法谓了知诸法异名，义谓了知所诠诸义，词谓了知训诂，辩谓辩说无尽。

释第十胜义菩提心

【科】庚四 第十地

十地从于十方佛，得妙灌顶智增上，

佛子任运澍法雨，生长众善如大云。

十地菩萨，从十方诸佛，得大光明胜妙灌顶，谓此菩萨证得百万阿僧祇三摩地已，最后名为一切智智最胜灌顶大三摩地而现在前。此三摩地才现前时，有大宝王莲花出现，其花量等百万三千大千世界，以满百万三千大干世界极微尘数莲花而为眷属。菩萨身相，与其莲花，正等相称。此三摩地现在前故，示坐宝王莲花座上。适坐已，十方一切佛刹诸佛众会，皆从眉间白毫相中，出大光明，入此菩萨而为灌顶。广如《十地经》说："又此菩萨，十波罗蜜多中，智波罗蜜多最为增上。"智波罗蜜多与慧波罗蜜多之差别，如《菩萨地》云："于一切法如实安立清净妙智，当知名智波罗蜜多。今于此中，能取胜义无分别转清净妙慧，当知名慧波罗蜜多。能取世俗有分别转清净妙智，当知名智波罗蜜多。如是名为二种差别。"

如云降雨，生长世间一切稼穑，如是十地菩萨，亦为生长所化众生善根稼穑，任运澍濡法雨，是故此地名法云地。

【科】戊三 明十地功德分三

己一 明初地功德

己二 明二地至七地功德

己三 明三净地功德

今初

菩萨时能见百佛，得佛加持亦能知。
此时住寿经百劫，亦能正入前后际。
智能入起百三昧，能动能照百世界。
神通教化百有情，复能往游百佛土。
能正思择百法门，佛子自身现百身，
一一身有百菩萨，庄严围绕为眷属。

菩萨发胜义菩提心得初地时，一刹那顷，能见百佛，得彼百佛加持皆能了知。又住初地时，能住寿百劫，亦能正入前际后际各至百劫。此义谓智见能入前际后际百劫之事。又此大智菩萨，能入起百三摩地。又能动百世界，及能照百世界。又此菩萨能以神通教化成熟百有情，复能往游百佛世界，又能正思择百种法门。又此佛子，自身复能示现百身，于一一身有百菩萨庄严围绕而为眷属。

【科】己二　明二地至七地功德

如极喜地诸功德，如是住于无垢地，
当得功德各千种。余五菩萨得百千，
得百俱胝千俱胝，次得百千俱胝量，
后得俱胝那由他，百转千转诸功德。

如极喜地菩萨所得十二类功德，各有一百，转入第二无垢地时，彼十二类功德，当得一千。其余三地、四地、五地、六地、七地菩萨，如其次第，则得百千，百俱胝，千俱胝，百千俱胝、俱胝那由他百转千转，即百千俱胝那由他十二类功德也。

【科】已三　明三净地功德

八地以上所得功德，计算俱穷，当以微尘而数。颂曰：

住不动地无分别，证得量等百千转，

三千大千佛世界，极微尘数诸功德。

住第八不动地菩萨，于人及法，都无实执分别，证得百千三千大千世界极微尘数十二类功德。颂曰：

菩萨住于善慧地，证得前说诸功德，

量等百万阿僧祇，大千世界微尘数。

菩萨住于第九善慧地，证得如前所说十二类功德，量等百万阿僧祇三千大千世界极微尘数。颂曰：

且说于此第十地，所得一切诸功德，

量等超过言说境，非言说境微尘数。

于此第十地中所得如前所说之十二类功德，量等超过言说境非言说境，即不可说不可说转佛刹极微尘数也。言且说者，谓十地菩萨之功德，犹不止如此所说者，故下文更述诸余功德。颂曰：

一一毛孔皆能现，无量诸佛与菩萨，

如是刹那刹那顷，亦现天人阿修罗。

又此菩萨，能无分别示现化身，于自身一一毛孔，刹那刹那能各别示现无量诸佛菩萨，各有无量菩萨而为眷属。如是一一刹那顷，亦能于一一毛孔示现其余天人阿修罗等，不相杂乱。“亦”字摄未说者，谓应以帝释、梵王、护世、人王、声闻、独觉、如来等身教化之有情，即能任运示现帝释等身而为说法。广如《十地经》说，应当了知。

【科】丙二 果地分五

丁一 初成正觉之相

丁二 建立身与功德

丁三 明变化身

丁四 成立一乘

丁五 成佛与住世

初又分二

戊一 正义

戊二 释难

今初

如净虚空月光照，生十力地复勤行，

于色界顶证静位，众德究竟无与等。

譬如月光于净虚空中能照耀一切众生，如是已得第十菩提心之菩萨，净治能障佛法之冥暗，了知自身能得佛法，于能生十力佛地之前第十地时，为得佛地故，复更精勤修行。尔时世尊唯于色界顶摩醯首罗天宫，证得最极寂静无上智位。此位一切功德皆到究竟，以念住等一切功德，至此为极最胜妙故。此智复无与等，以无同此者故，更无过上者故。言唯于色界顶者，显先未成佛，最初成佛者，必是色究竟天身。若先已成佛，后示现成佛者，则欲界身亦可。此是波罗蜜多大乘规。诸佛世尊于色界顶初成佛时，唯于一刹那顷得一切种智。颂曰：

如器有异空无别，诸法虽别性无差，

是故正知同一味，妙智刹那达所知。

如瓶盘等器虽有无量差别，然遍于一切器皿之虚空，同是遣除障碍之所显故，无余差别。如是色受等法从因缘生，虽有无量差别不同，然彼等上自性不生之真实义，则无少许差异。是故当知此真实义唯是一味。此一味真实义，唯以一刹那智而正了知。故妙智世尊一刹那顷，证得通达一切所知之妙智也。

【科】戊二　释难分二

己一　叙难

己二　解释

今初

若静是实慧不转，不转而知亦非理，

不知宁知成相违，无知者谁为他说？

汝既安立自性不生为色等之真实义，又安立智慧能知于彼。若时安立自性不生之寂静是真实义者，则于彼境应许智慧不转。若于自性不生之真实义，智慧能转，则彼智慧为见彼境是何行相？由全不见境之行相，故于真实义智慧不转。若时智慧于境不转，则说智慧知所知境亦不应理，何能遍知此真实义？由不遍知云知真义，不应道理。故不遍知境者宁是能知？成相违故。若能知真实义之心都无有生，则亦无有能知真实义之人，谁复为他所化，说我了知真实义行相如是耶？

【科】己二 解释分二

庚一 释不证真实义难

庚二 释无能知者难

今初

不生是实慧离生，此缘彼相证实义，

如心有相知彼境，依名言谛说为知。

于此世间，若识随彼境相而缘，即说此识了知彼境。如心生时具青境相，即说此心了知青境。如是若能缘智生，具真实义之行相，依名言谛亦可说为了知真实义。内识随缘真实义行相之理，谓如自性不生是境之真实义，其能缘慧，亦具离自性生之行相，如水注水中。由缘彼境之行相，立为证真实义，故无所难之过失。《释论》云："故由假名立为通达真实义，实无少法能知少法，能知所知俱不生故。"假名之义，如颂云："依名言谛说为知。"谓非由自性说为了知，是由假名立为了知。非说了知真实义，唯是假说也。言"实无少法"等，义谓：若唯现离戏论相不立为知，要现如青黄等相乃立为知，则定非有。

如所缘境真实义是不生，其能缘慧亦具自性不生之行相也。如敌者说：慧不能现真实义之行相。若慧不现境相，则不于境转；若不于境转，则不知彼境。若不知境，则说心能知彼，成相违失。其慧不现境相则不转等，自宗亦许，不须解答。故唯破其慧不能现胜义谛相，说彼行相慧能现起，由现彼相，立为通达彼境，并举喻为证。有说此宗，无有通达胜义谛之无分别智者，当知是谤最胜圣智。此云："刹那达所知。"说证得一刹那顷能达一切所得之智。又说如所有智不现能知、所知各别二相而知，故于诸佛了达如所有性与尽所有性之理，应善了解。兹当略说。未成正觉，一刹那慧，不能双达各别有法与彼法性，彼二必须各别了达。若已断尽实执习气，成正等觉，恒常安住亲证胜义谛之根本定中，永不起定，根本、后得不复别起。如《二谛论释》云："以一刹那智，周遍所知轮。"离根本智，更无异体知尽所有性之后得智，是故当许唯以一智能知二谛一切所知。若时观待法性成如所有智，则此智前一切二相皆悉寂灭。是故此智如水注水，一味而转。若时观待有法成尽所有智，则有心境二相显现。由已拔除错乱二相之习气故，是于所见境不错乱之二相，非错乱二相。此不错乱之理，余处已广说。又佛地中具有根本、后得二智，如《宝性论》云："慧智及解脱，光明照耀净，无异故如日，光明照耀等。"《疏》云："佛身出世无分别慧，能破除所知胜真实义之黑暗故，如同光明。其后得见一切所知之智，遍一切种所知事转故，如同照耀。"出世无分别慧即根本智。彼是观待真实义而立，即破除等义。言后得之后，

非从根本定起，时间前后之后，是由根本定力所得或所生之义。言“遍一切种所知”等义，谓彼后得智，是由遍缘一切尽所有性而立也。故观待有法则非如所有智，观待法性则非尽所有智。若能善解此义，则于《二谛论》云：“由离遍计性，所现唯缘生，一切种妙智，现见此一切。”又云：“若能知所知，自体皆不见，尔时相不生，坚住故不起。”此说诸佛现见一切尽所有性，又说能知、所知以二相理皆无所见。余诸大论师亦多作是说。不须强解谓：“能知、所知都无所见，是依佛本分而说。现见一切所知，是就众生分上而说，无有佛地所摄之智。”即佛一智观待二境，有二了达之相，无少相违也。

若尔，前云“由于诸法见真妄”等所明二谛之相，与此建立应成相违。曰：无违。前说二谛相，是依总义而立。此说佛智见境之相，与十地以下皆悉不共，是依别义而立也。诸佛见境之相，总略言之，若是见真理智正量所得，要待彼境方成理智正量者，是胜义谛相。世俗谛相由此可知。若是如所有智所得，要待彼境方成如所有智，及是尽所有智所得，要待彼境方成尽所有智。如是观待各别境界，立为见胜义、世俗之相，亦当了知。复当忆念，前文观察自证分，应不应理之自宗也。

【科】庚二　释无能知者难分二

辛一　正义

辛二　明理

今初

又汝说云："若无知者，谁复为他说真实义行相如是耶？"今当解释。佛地亲证真实义智，与境自性不生胜义，虽是一味而转，然诸世间亦非不能了知真实。此中难义，是谓智与真实恒一味转，则无具说法分别之说者。既无说者，则不说法。下文答云："虽无分别，说法亦应理故。"为答此难，颂曰：

百福所感受用身，化身虚空及余物，

彼力发音说法性，世间由彼亦了真。

诸佛住何色身亲证法界法身？佛此色身，是由无量福德资粮之所感得，具足不可思议种种妙色，是诸菩萨受用法乐之因，名受用身。由此色身发出法音，演说诸法真实义。世间众生是闻法之法器，即能无倒了知真实也。不但百福所感之报身能作是事，即此报身加持之化身，及由化身之力，从虚空中及余草木壁崖等无心之物，亦能发出法音，演说诸法真实，令诸众生了知真实义也。

【科】辛二　明理

诸无分别心心所法，于说法时现前既无发起作用，云何能为说法作用之因？当举外喻以明此义。颂曰：

如具强力诸陶师，经久极力转机轮，

现前虽无功用力，旋转仍为瓶等因。

如是佛住法性身，现前虽然无功用，

由众生善与愿力，事业恒转不思议。

譬如世间具有强力之陶师，由经久时极力旋转其机轮，次彼陶师虽现前不起转动机轮之功力，亦见彼轮旋转不停，成为瓶等之因。如是诸佛住法性身成正觉时，如摩尼珠及如意树，现前虽无分别功用，然由众生善根成熟，应从佛所听闻是法，及由诸佛昔为菩萨时发广大愿牵引之力。故佛事业恒转不息，极不可思议也。发愿之相，谓如诸佛随顺机宜利益众生，安住法界刹那不动，调伏众生而不失时，愿我亦当能如是也。拏错译本中于此处引有经证。

【科】丁二　建立身与功德分二

戊一　建立身

戊二　建立十力功德

初又分三

己一　法身

己二　受用身

己三　等流身

今初

今当说法身，颂曰：

> 尽焚所知如干薪，诸佛法身最寂灭，
>
> 尔时不生亦不灭，由心灭故唯身证。

佛智本性身由智慧火，尽焚一切如同干薪之二相所知境。即如所知自性不生行相而转，故智慧自性不生行相之寂灭真实义即是诸佛之法身。《能断金刚经》依此义云："应观佛法性，即导师法身，法性非所识，故彼不能了。”此说诸佛于一切时安住法性，即是导师之胜义法身，又此法性，亦非二相之理所能识也。

尔时此真实义法身，不生不灭。经依如是义云：“曼殊室利，当知不生不灭，即是如来增语。”如是佛地妙智所缘真实义中，分别心心所毕竟息灭不转。无分别智与真实义，如水注水，无可分别。故世俗安立，唯由报身证彼佛果也。拏错译本，引《不退转轮经》。心灭之义，《显句论》云：“经云：云何胜义谛，谓尚非心所行，况诸文字。此谓无分别。”此说无心之行为无分别。此处《释论》解寂灭义，谓离心心所已，虽是寂灭，然亦能作利众生事，举如意树及摩尼珠喻。其后又云：“此身虽无分别，如如意树及摩尼珠。”亦明显说是离分别心心所法，故引此文证佛无智慧，实乃未达论义，妄兴毁谤也。

【科】己二　受用身

此寂灭身无分别，如如意树摩尼珠，

众生未空常利世，离戏论者始能见。

此亲证法身之受用身，由离分别心心所故，是寂灭身。此身虽无分别，然亦能作利众生事，如如意树及摩尼珠，虽无分别亦为成办众生欲乐之因。又此报身，为利一切众生故，尽未来际常久住世，是故当知世界未空，虚空未尽，诸佛唯为饶益有情安住世间。又此报身，唯诸久修二种资粮，已得离诸戏论无垢慧镜之地上菩萨，始能现见，余有戏论诸异生类则不能见。

《归依七十颂》云："诸佛妙色身，相好极炽然，众生随自解，执为种种身。无量福资粮，所生彼色身，十地诸佛子，始能快先睹。此身受法乐，则是诸佛行。"

【科】己三　等流身分三

庚一　于一身及一毛孔示现自一切行

庚二　于彼示现他一切行

庚三　随欲自在圆满

今初

由佛法身，或由上述色身之力，离前受用身外，起余化身，即是法报等流果身。此身唯以调伏众生因缘而起，为显此身威力差别亦不可思议，颂曰：

能仁于一等流身，同时现诸本生事，

自身虽已久迁灭，明了无杂现一切。

能仁于一法、报、等流色身，为欲示现无始生死以来一切本生事故，自本生事虽久已迁灭，然能同时明了无杂，任运示现一切本事，如明镜中现众色像。颂曰：

何佛何刹能仁相，诸佛身行威力等，

声闻僧量如何行，诸菩萨身若何等，

演说何法自若何，如何闻法修何行，

作何布施供佛等，于一身中能普现。

如是持戒修忍进，禅定智慧昔诸生，

彼等无余一切行，于一毛孔亦能现。

又佛世尊昔行布施波罗蜜多时，为于何佛所，作何供事；于何等佛刹，如吠琉璃宝等为地，纵横相等；其土有情如何庄严，能仁于彼如何示现出胎等相，诸佛身相、胜行、势力，复若何等；诸佛眷属声闻僧伽若干数量，彼于正法如何修行成为僧伽，又彼佛土诸菩萨众相好严身，如何受用衣服、饮食、房舍等事；演说何法，为说三乘抑说一乘；自于彼土，为生婆罗门等何等种姓，成就智慧，在家，出家，复若何等；闻正法已，受何学处，若满非满，修习何种菩萨大行；于诸佛所及诸菩萨、声闻等所，衣服、饮食、珍宝等物，作何布施，经几许时，供何数量，如是一切于一身中能普示现。如现修行布施波罗蜜多本事，如是往昔修学持戒、忍辱、精进、禅定、智慧波罗蜜多时，昔诸本生事，一切无余，于一身中亦能普现。又非但能于一身普现一切本生事迹，即于一毛孔中亦能普现一切诸行也。

【科】庚二　于彼示现他一切行

诸佛过去及未来，现在尽于虚空际，

安住世间说正法，救济苦恼众生者，

从初发心至菩提，一切诸行如己行，

由知诸法同幻性，于一毛孔能顿现。

诸佛世尊，若已过去，若尚未来，若现在世，尽虚空际，安住世间演说正法，救济苦恼诸众生者，从初发心，至证菩提，三世诸佛一切诸行，如己所行，于一毛孔皆能顿现。通常幻师以咒药力，尚能于自身中示现情器种种行相，何况诸佛菩萨，已知诸法本性与幻事性全无差别，复经多劫修习彼义，岂不能现彼诸幻事！是故智者，谁仍不了是义，或似了知而反生疑，当由此喻增上信解。

如自诸行与诸佛行，于一毛孔皆能顿现。颂曰：

如是三世诸菩萨，独觉声闻一切行，

及余一切异生位，一毛孔中皆顿现。

如是三世菩萨、独觉、声闻一切诸行，及余异生位一切诸行，于一毛孔中亦皆能顿现。

【科】庚三　随欲自在圆满

已说三身圆满，次显虽无分别而得随欲自在圆满。颂曰：

此清净行随欲转，尽空世界现一尘，

一尘遍于无边界，世界不细尘不粗。

佛离一切垢，清净妙行随欲而转，能于一微尘境上，示现尽量虚空际一切世界，及现一微尘遍于无边一切世界，然彼一尘亦不加大，一切世界亦不减小。颂曰：

佛无分别尽来际，一一刹那现众行，

尽赡部洲一切尘，犹不能及彼行数。

佛无分别尽未来际，于一一刹那示现种种妙行，尽赡部洲所有一切微尘数量，犹不能及彼一刹那诸行数量。前颂依处增上说，此颂依时增上说。

【科】戊二　建立十力功德分四

己一　略标十力

己二　广释十力

己三　一切功德说不能尽

己四　知深广功德之胜利

今初

佛地是由十力所显，故当略说少分差别。颂曰：

处非处智力，如是业报智，
知种种胜解，种种界智力，
智根胜劣智，及知遍趣行，
静虑解脱定，等至等智力，
宿住随念智，如是死生智，
诸漏尽智力，是谓十种力。

能仁十力，谓处非处智力，如是知业异熟智力，了知种种胜解智力，种种界智力，如是了知根胜劣智力，遍趣行智力，静虑、解脱、等持、等至等智力，宿住随念智力，如是死生智力，漏尽智力，是谓十力。

【科】己二　广释十力

庚一　释处非处智等五力

庚二 释遍趣行智等五力

今初

彼法定从此因生，智者说此为彼处，

违上非处无边境，智无碍著说名力。

若彼果法定从此因法生，智者诸佛，即说此因为彼果之处，如从不善业生不可爱果，从圣有学道得涅槃等。若与上说相违，名为非处，如从善业生不可爱果，已得见道犹随业力受第八生，皆无是处。如是处非处境无量无边，佛智无碍著转，说名处非处智力。颂曰：

爱与非爱违上相，尽业及彼种种果，

智力无碍别别转，遍三世境是为力。

爱谓善业，非爱谓不善业，是为不杂二业。与上相违谓诸杂业。能尽有漏业者谓无漏业，及彼诸业种种果报。智无碍著别别而转，遍于三世所摄一切业果等境，是为业异熟智力。颂曰：

贪等生力之所发，有劣中胜种种欲，

余法所覆诸胜解，智遍三世名为力。

“贪”字亦表瞋等烦恼，“等”字等取信等诸法，“生”即种子。由彼种子之力，所发欲解，此有下劣、中等、殊胜极不相同之种种欲解。又彼欲解种子虽被余法诸行之所覆蔽，然佛妙智遍三世转，了达一切欲解，名为种种胜解智力。颂曰：

诸佛善巧界差别，眼等本性说名界，

正等觉智无边际，遍诸界别说名力。

诸佛善巧一切界之差别，谓眼根等，等摄耳至意为六根，色至法六尘，眼识至意识六识。说彼之内空等本性名界。正等觉智，遍于一切界差别转，说名种种界智力。颂曰：

遍计等利说名胜，处中钝下名为劣，

眼等互生皆了达，种智无碍说为力。

虚妄增益之遍计，于生贪等有自在力，故名为根。等摄信等诸根。其最利者说名胜根，其处中根与钝下根，说名劣根。眼等二十二根，及诸根互能生果。一切种智于彼一一根性皆甚了达，无碍著转，说为根胜劣智力。

【科】庚二　释遍趣行智等五力

有行趣佛亦有趣，独觉声闻二菩提，

天人鬼畜地狱等，智无障碍说为力。

颇有行道能趣佛果，有行能趣独觉菩提，有行能趣声闻菩提，有行能趣天、人、饿鬼、畜生、地狱诸趣。“等”字显示正定邪定等种种诸行。于彼一切智无障碍，说为遍趣行智力。颂曰：

无边世界行者别，静虑解脱奢摩他，

及九等至诸差别，智无障碍说名力。

无边世界中，行者各差别，如四静虑，八解脱，奢摩他等持，及九次第等至与杂染清净无边差别，佛智于彼一切均无滞碍，说名杂染清净智力。颂曰：

过去从痴住三有，自他一一有情生，

尽情无边并因处，彼彼智慧说为力。

始从愚痴辗转传来，于过去世住三有中，随念自他一一有情，一切生事，尽有情数无有边际，并念其因，并念相貌，谓念自他如是色类，并念处所，谓念从彼处没来生此处，于彼一切随念境上，所有彼彼无障碍智，说为宿住随念智力。颂曰：

尽虚空际世界中，一一有情死生时，

于彼多境智遍转，清净无碍说名力。

尽虚空边际诸世界中，诸有情类，一一有情死时、生时，由种种业感种种果。佛清净智于彼众多境界，无障碍转，说名死生智力。颂曰：

诸佛一切种智力，速断烦恼及习气，

弟子等慧灭烦恼，于彼无碍智名力。

诸佛由行一切种智之力，永断贪等一切烦恼及诸习气。声闻弟子与独觉辈，以无漏慧灭诸烦恼。佛智于彼无障无碍，是名漏尽智力。言速者，显示佛智一刹那顷，最细习气尽皆断除。

此中所言烦恼习气，《释论》云："若法于心染著，熏习，随逐而转，是名习气。烦恼边际，熏习根本，习气，是诸异名。"声闻独觉虽断烦恼，然不能断除习气。《释论》云："无明习气，能障了达所知。"此说习气是所知障。此宗许法我执是烦恼障，故所知障，当是二取错乱习气。龙猛师徒于余论中皆未明说何为所知障，故当依止此论所说也。《释论》又云："无明与贪等习气，唯一切种智于成佛时，始得永断，非余能断。"故余处说二乘阿罗汉与八地菩萨，断尽一切烦恼种子，当知彼烦恼种子与此处所说烦恼习气，亦非一事。又此习气系最微细之品，十地最后心无间道现起，同时息灭，而成最初解脱道时，即是佛智第一刹那，故说以一切种智力断除习气也。如是说此诸力知一切所知者，是现前知。以佛之现量，不现而知，不应道理，故是现起而知。又不现行相而知，非此宗义。《六十正理论释》中已明了宣说。故亦非是由现见现在之力，而兼知去来也。例如今日于现在时，观待此时之去来非有。虽于此时不量去来，然了知今日智，即能了知去来一切亦不相违。譬如种子，虽不生种子时之芽，然种子生芽全不相违也。

【科】己三　一切功德说不能尽

诸佛所有一切功德，假使诸佛加持寿量，经无数劫不作余事，专一汲汲演说功德，犹不能尽；况诸菩萨，尤况二乘，岂能了知宣说，诸佛所有一切功德。当以譬喻显示此义。颂曰：

妙翅飞还非空尽，由自力尽而回转。
佛德无边若虚空，弟子菩萨莫能宣。
如我于佛众功德，岂能了知而赞言。
然由龙猛已宣说，故我无疑述少分。

如妙翅鸟王翅翎丰广，仗承风力，善能致远，彼向虚空极力飞去，后飞还时，非缘虚空已尽而还，是由彼久飞，自力用尽而回转。如是诸佛功德无量无边，广如虚空，声闻弟子及诸独觉，并入大地诸菩萨众，不能尽说而自退止。此亦非由佛德已尽故止，是因自己慧力已尽而止也。由佛功德说不能尽，如我作释者，于佛功德岂能了知而赞说耶？我以自力虽全不知诸佛功德，然我无疑竟能略说少分功德者，是因龙猛菩萨已说此等功德，我是依彼而说。

【科】己四　知深广功德之胜利

甚深谓空性，余德即广大，

了知深广理，当得此功德。

总此论中显示诸佛甚深、广大二种功德。甚深者，谓空性法身，及因位行位之空性。其余十一地之功德所说十力等，即广大功德。若善了知如斯甚深广大功德之理，依义修习，当能证得此二种功德。

【科】丁三　明变化身

诸佛化身，是诸声闻、独觉、菩萨共同境界，共同方便，随其所应，亦是诸异生境界，是能成办善趣等因。颂曰：

佛得不动身，化重来三有，

示天降出胎，菩提转静轮。

世有种种行，为多爱索缚，

佛以大悲心，咸导至涅槃。

(原文四句六十字)

诸佛已得安住真实永无动摇之法身，现诸化身重来三有，示现从兜率天降，及出胎等，父母妻子系属之相。又现证大菩提，适应诸根，转妙法轮，令往寂静涅槃大城。世界有情，有种种界行，复为众多爱索所缚。佛以大悲心，不顾名利等，尽行引导安立于大般涅槃。

【科】丁四　成立一乘

已说三身建立，次明于一乘中，佛说三乘是密意教。颂曰：

离知真实义，余无除众垢。
诸法真实义，无变异差别。
此证真实慧，亦非有别异。
故佛为众说，无等无别乘。
（原文四句）

离了知诸法真实义，更无余法能除一切二障垢染。诸法真实义亦无不同之变异差别，故此证真实义之智慧，缘境行相亦无别异。故佛能仁，为诸众生，宣说无余能等全无差别之一乘。经云："迦叶，由知一切法平等性故而般涅槃。此唯有一，无二无三。"龙猛菩萨亦云："由法界无别，故乘无差别，佛说三乘者，为导诸有情。"

此说：若不通达真实义，则不能尽断一切烦恼。诸法真实义复无最大差殊。故有处说，往涅槃城，有达不达真实义之因乘差别，及说断尽烦恼证涅槃已，不复更学余乘之果乘，有多乘者，当知是为引导众生而说。若能善解此义，则经说二乘不证法无我之密意，亦能了解。

若得涅槃后，不复更学余乘，此大涅槃唯有一乘，云何经说二乘亦能般涅槃耶？曰：此是密意语言。颂曰：

众生有五浊，能生诸过失，

故世界不入，甚深佛行境。

然由佛善逝，具智慧方便，

昔曾发誓愿，度尽诸有情。

(原文四句)

由诸众生，有劫浊、见浊、烦恼浊、众生浊、寿命浊等五浊，能为发生诸大烦恼过失之因，使其身心都无堪能。由此能坏胜上胜解，障求佛智。是故世界众生，于佛甚深难测行境，不能趣入。然由诸佛善逝，具足调伏众生之巧便妙智，及不忘失利益众生之大悲方便，复由往昔行菩萨道时，曾发誓愿，愿我度尽一切有情，决定当以他种方便，成满斯愿也。

由诸众生有多障缘，障入大乘，复应大乘诸众生，安立涅槃。颂曰：

以是如智者，导众赴宝洲，

为除众疲乏，化作可爱城。

佛令诸弟子，意趣寂灭乐，

心修远离已，次乃说一乘。

(原文四句)

《法华经》说，如大商主具足智慧，引导众人赴大海宝洲之时，为除众人行久之疲乏故，于未到宝洲之中间，化作可爱城邑，令众休息。如是诸佛世尊，于未到大乘之此岸，示以能得大乘之方便，令声闻弟子及独觉人，心意暂趣寂灭乐故，宣说二乘。待彼修心，已能远离生死烦恼，次乃宣说唯一大乘。彼等亦当如佛世尊，圆满资粮而得佛果。成立一乘，《集经论》云："唯有一乘，无量经中皆宣说故。"如彼应知。

【科】丁五　成佛与住世分二

戊一　释成佛时

戊二　释住世时

今初

十方世界佛行境，如其所有微尘数，

佛证菩提劫亦尔，然此秘密未尝说。

十方所有一切世界，唯是佛所行境，如其中所有一切微尘之数量，佛证最殊胜大菩提之劫数亦有尔许。虽然，昔未集善根者，极难信解，故佛于此秘密，未尝宣说。若能增上信解，即得无量福德资粮，故此言之。《疏》云："此因一切诸佛同一法身，故作是说。若不尔者，则无余佛出世矣。"此说非理。《释论》说是依示现化身说故。《疏》又云："现化身因，意说法身。"此亦非理。若许证法身之量，有尔许时，亦犯无余佛出世之过失。若一切佛同一法身，则前佛成佛时，其未成佛者，于成佛时所当得之法身，应已先得。极相违故，以是当知，此是说证菩提之数量，然非说成佛后之时量，是说成佛已后，化身重现成菩提之数量。拏错译为：“佛境诸刹遍十方，如彼所有微尘数，佛亦当成大菩提。”较为妥善。若不作是解，而照疏中所说，正是本论所指不可说此秘密之机也。

【科】戊二　释住世时

直至虚空未变坏，世间未证最寂灭，
慧母所生悲乳育，佛岂入于寂灭处。

诸佛未来之寿量，直至虚空无为未曾变坏，一切世间众生未证最寂灭之佛果，而无尽期。盖诸佛系从般若波罗蜜多佛母所生，由大悲乳母之所养育，岂能入于一向寂灭处耶？

诸佛为利济无边无际一切有情，其大悲心，行相云何？颂曰：

世间由痴啖毒食，如佛哀愍彼众生，
子毒母痛亦不及，以是胜依不入灭。

诸世间人，由愚痴过失增上力故，贪著五欲，如啖毒食。以是能生大苦之因，名杂毒食。如佛哀愍彼食毒众生之量，设使慈母，见自爱子误啖毒食，所生之悲痛，亦不能及佛也。是如诸佛为最胜依怙，终不入于一向寂灭。颂曰：

由诸不智人，执有事无事，
当受生死位，爱离怨会苦，
并得罪恶趣，故世成悲境，

大悲遮心灭，故佛不涅槃。

（原文四句）

由诸世人不知真实义，凡执有实事，深信业果，能生人天者，决定当受生死位苦，亦定当受爱别离苦，怨憎会苦。其执无因果事成就邪见者，则当堕于诸罪恶趣地狱等中，亦定当受前说众苦，故诸世人成为大悲所愍之境。由大悲力遮世尊心不趣寂灭，是故世尊常住世间，不般涅槃。

【科】乙三　如何造论之理

月称胜苾刍，广集《中论》义，

如圣教教授，宣说此论义。

如是无倒解释龙猛菩萨意趣之论义，是月称苾刍，广集《中观论》义，如了义诸经圣教，及龙猛菩萨之教授而解说也。颂曰：

如离子本论，余论无此法，

智者定当知，此义非余有。

如离中观诸论，余论典中未有无倒宣说此空性法者。如是智者决定当知，我等此中所说论义，如空性法，亦是余论所未有者。《释论》云："是故有中观师谓经部与萨婆多部所说胜义，诸中观师许为世俗。当知此说是未了知《中论》之真实义。以出法与世间法相同，不应理故。"此显自宗许为名言有者，皆是无自相法。故小乘二部于许有自相上一切建立，自宗非但胜义中不许有，即名言中亦不许有。于是当知此宗非但不共唯识，即与解释龙猛、提婆意趣之余中观师宗亦不相共。然此论师许佛护释堪为完量，故非讥彼。静天菩萨与此师宗极相符顺。由此，于名言中亦不许有自相，而能安立二谛，故有多种不共善说，如不许自续及阿赖耶识等。《辨了不了义》等论中皆已广说，此不烦赘。有说出世法为越出世间名言之他宗，世间法为自宗者，与《释论》相违。《释论》说；“弃舍此出世法”，故当反上而说。世间与出世之义，是如实知不知真实义也。

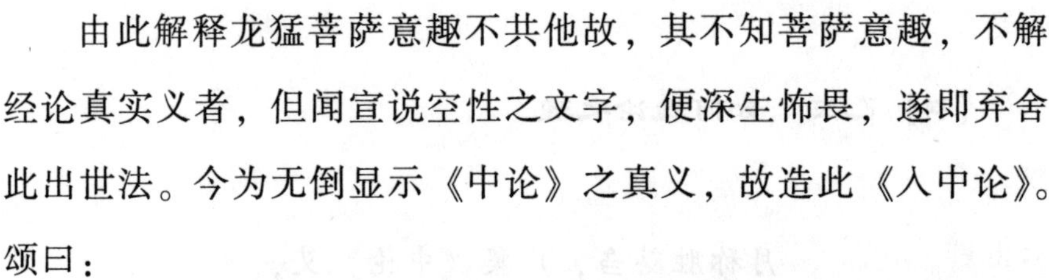

由此解释龙猛菩萨意趣不共他故，其不知菩萨意趣，不解经论真实义者，但闻宣说空性之文字，便深生怖畏，遂即弃舍此出世法。今为无倒显示《中论》之真义，故造此《入中论》。颂曰：

由怖龙猛慧海色，众生弃此贤善宗，

开彼颂蕾拘摩陀，望月称者心愿满。

龙猛菩萨通达甚深空性之慧海，极广难测，颜色黝黑，见者恐怖。故唯识师等众生，皆远弃龙猛此贤善宗义。然《中观论》如拘摩陀花之蓓蕾，诸企望月称开放彼花者，今皆满其心愿矣。《释论》云：“若谓上座世亲、陈那、护法等诸造论者，彼等是否闻文生怖，弃舍无倒显示缘起义耶？即作是答：世亲、陈那等论中，虽皆是解释唯识宗义，然彼诸师究竟何所许？如我等凡愚，实难揣测也。”

又此甚深空义，谁能通达？颂曰：

前说深可怖，多闻亦难解，

唯诸宿习者，乃能善通达，

由见臆造宗，如说有我教，

故离此宗外，莫乐他宗论。

（原文四句）

如前所说甚深真实义，极可恐怖。唯诸众生曾于宿世树殖增上胜解空性之习气者，由久修习故，乃能决定通达。此处拏错译云：“现见于外道恶论执为真实者，由宿因力故亦能通达空性。”较跋曹所译为善。如诸外道若昔无信解空性之习气，即使暂断对法所说，唯除有顶，其余三界之烦恼现行，能别创立宗派者，然于佛说胜义空性不能信解。如是彼诸论师，多闻圣教，终难了解此甚深义。除中观宗，由见他宗解说胜义之理，未得佛意，唯由臆造，如同宣说有人我之邪教，故离此中观宗外，于他论师所许论宗，当舍欢喜之心。以他随意所创宗义不足为奇，唯自能增上信解空性正见，最为希有。

我释龙猛宗，获福遍十方，

惑染意蓝空，皎洁若秋星，

或如心蛇顶，所有摩尼珠，

愿普世有情，证真速成佛。

（原文四句）

我以教理显释龙猛大阿阇黎之贤善宗义，所获广大福德，遍十方际，此于烦恼所染心意如蔚蓝色之虚空中，最为皎洁，如同秋星，或如造者心蛇顶上之摩尼宝珠。今仗此力，唯愿一切世间有情，如实通达甚深真理，速趣如来普光明地。

【科】甲四　结义分二

乙一　何师所造

乙二　何人所译

今初

《入中论》颂，是萨曼达国，光显龙猛深广理趣，证持明位，得如幻定，住无上乘，成就逆品不可夺之殊胜智悲，能于所画乳牛犛乳，破除有情实执之月称大阿阇黎，著作圆满。

【科】乙二　何人所译

迦湿弥罗圣天王时，印度底拉迦迦拉沙论师，与西藏跋曹日称译师，于迦湿弥罗国无比大城宝密寺中，依迦湿弥罗本翻译。后于拉萨惹摩伽寺，印度金铠论师序与前译师，依照东印度本，善加校改，讲闻抉择。此中所列，与《释论》中造论序、翻译序相同者，是将别译本颂与《释论》中之合本颂，合并校对而序也。

一切尊经心要义，离边中道深缘起，

远离二边如实解，谓佛授记圣龙猛。

彼最胜宗圣天意，智者造释有多种，

圆满释者谓佛护，月称论师与静天。
合三大士所许门，要义尽决文句到，
以此善说今应成，最胜宗义净无垢。
北方虽多信此宗，然不能分清微理，
无福信解深义者，反谤此宗自不解。
为除所见诸垢染，为善根者显深道，
并愿我于一切生，不离此道故解释。
由此勤劳所生善，普愿众生达深义，
一切昼夜勤修习，诸佛菩萨常欢喜。

《入中论善显密意疏》，初由善吉祥大善知识，供四十两银曼荼罗。复由众多信解此法，慧力殊胜之大善知识，殷诚劝请，造一文义明显，总义决断，广解《释论》诸难处之大疏。大中观行者，多闻苾刍，东宗喀巴善慧称吉祥，造于格敦寺尊胜洲。

1942 年 3 月 30 日

译于缙云山编译处